Manual del estilista

Pedro González

Manual del estilista

Ilustración:
Carmen Alonso (Estilos)
Rocío Cantalapiedra (Prendas, Complementos y Detalles)
Virginia Vargas (Colección de Moda)

4ª EDICIÓN

ALMUZARA

© Pedro González Jiménez, 2011-2015
© Editorial Almuzara, s.l., 2015

Primera edición: junio, 2011
Segunda edición: septiembre, 2012
Tercera edición: abril, 2015
Cuarta edición: febrero, 2020

De las ilustraciones: Carmen Alonso (Estilos), Rocío Cantalapiedra (Prendas, Complementos y Detalles), Virginia Vargas (Colección de Moda *Looks*)

Editorial Almuzara
Colección Horizonte profesional
Director editorial: Antonio E. Cuesta López
www.editorialalmuzara.com
pedidos@editorialalmuzara.com - info@editorialalmuzara.com

Diseño y preimpresión: Equipo Almuzara
Maquetación y corrección: Deculturas S. Coop. And
Imprime: Gráficas La Paz

I.S.B.N: 978-84-92924-74-5
Depósito Legal: J-676-2011
Ibic: AKT; WJF; VSC

Hecho e impreso en España - *Made and printed in Spain*

Índice

Introducción

....

Hacer un manual sobre estilismo es teorizar sobre una profesión, una disciplina, hoy en día tan valorada, tan requerida. En definitiva, una profesión tan endiosada que nada tiene que ver con aquélla en la que comencé a ejercer hace veinte años. Ser estilista, entonces, no dejaba de ser un mero auxiliar encargado de ajustar las prendas sobre el cuerpo de la modelo en una sesión fotográfica o alguien con el suficiente gusto para localizar un par de pulseras con las que complementar un *look* determinado. Del estilista se podía prescindir sin problema al igual que del maquillador o del peluquero. Imperaba lo casero, el trabajo sobre la marcha, el intrusismo generado por el desconocimiento, por la falta de dogma en una profesión que a lo largo del tiempo se ha definido, valorado, hasta formalizarse como una auténtica disciplina susceptible de conocer mediante su estudio en este crisol de materias que configuran la teoría de la moda.

La constatación de la importancia de la figura del estilista en sus numerosas acepciones hoy en día me hizo pensar que llevar a cabo un manual que reuniera teoría y práctica desde mi punto de vista podría ser de gran ayuda a todas aquellas personas que quisiesen conocer, un poco más, una profesión muy practicada, pero escasamente sometida a una estricta teorización. Lo primero que me llamó la atención cuando comencé a pensar en la estructura del manual fue la escasa información bibliográfica existente en el mercado. No encontré ni un solo tratado específico sobre estilismo. Las referencias a la profesión de estilista eran limitadas y no sujetas a una vertebración de competencias y áreas.

Si bien la génesis de este manual nace de la certeza y de la constatación de la importancia de la figura del estilista en una sociedad en la que la imagen es sumamente importante, no es menos cierto que quisimos desde el principio teorizar una profesión sujeta, por su demanda, a un constante intrusismo y desprofesionalización. Mi objetivo no ha sido otro que el de proporcionar a quien interese, mediante mi propia experiencia profesional, un aluvión de conocimientos y de experiencias sujetos, como cualquier otra disciplina de la moda, a una constante revisión. La moda no está sujeta a normas ni a dogmas. No sería moda en el caso de lo contrario. Es por ello por lo que este manual debe ser susceptible de ampliar, completar o discutir. Mis conocimientos son simplemente expuestos y por supuesto no deben estar sometidos a la intemporabilidad, a lo incuestionable.

En los primeros cuatro capítulos, excluyendo esta introducción, analizo la realidad que nos rodea como generadora de una importancia inusitada de la imagen y una búsqueda incansable de la belleza. La falta de valores individuales, la economía globalizadora o la crisis espiritual son realidades portadoras de una insatisfacción generalizada y un «yoísmo» exacerbado que da la espalda al sufrimiento y al dolor y persigue patológicamente cualquier sentimiento hedonista. La obsesión por la imagen y la belleza conlleva el desarrollo y la sacralización de todas aquellas profesiones que responden a una demanda social caracterizada por el «sentirse bien» aquí y ahora. Estilistas, asesores de imagen, *personal shoppers*, entrenadores personales, etc., se convierten en profesiones de moda. Las revistas especializadas les dedican especiales, la red se llena de anuncios y *blogs*, y las grandes cadenas de moda como Mango ofrecen al cliente la posibilidad de contar con la ayuda de un *personal shopper* para realizar sus compras y aconsejarle lo que mejor le sienta.

El desarrollo de una profesión como la de estilista, desde cualquiera de las múltiples disciplinas que la integran, coincide con la llamada «democratización de la moda» a través de las grandes cadenas de venta de moda de tendencia a precios asequibles para la mayoría, la globalización de la información y el crecimiento brutal de la oferta en pro de un consumismo feroz. La moda se multiplica y con ella el accesorio, objeto singular que adquiere individualidad, singulariza *looks* y permite nuevas lecturas a una misma indumentaria. El instrumento de estilo por antonomasia del estilista es hoy en día mucho más que un mero complemento. Bolsos, gafas y zapatos son, al margen del vestido, generadores y conceptualizadores de tendencias y de estilo. A los accesorios y su poder dedico el tercero de los capítulos.

Una de las razones por las que decidí escribir sobre estilismo es mi necesidad por diseñar y explicar los diferentes parámetros que engloba dicha profesión. En primer lugar dejar claro la definición de lo que es ser estilista, las diversas acepciones del término y las competencias de cada una de ellas. De dicha tarea versan los capítulos cuatro y cinco.

Con la «Biblia de un buen estilista» recorro lo que personalmente estimo que un estilista debe conocer, desde la aportación de los diseñadores y las firmas hasta el reconocimiento de los estilos, de las prendas y de los accesorios. El estilista debe ser un experto en moda. Debe, pues, conocer y dominar su lenguaje, su historia. ¿Por qué ese *look* que hemos creado es «tan Chanel»? ¿Cuál es el origen de las prendas «denuncia»? ¿A qué artista emulan los *prints* de un determinado tejido? En definitiva, muchas preguntas cuyas respuestas un buen estilista debe saber.

El estilista ejerce su profesión en un campo muy amplio. Al estudio de dicho campo y a los intríngulis que encierra cada uno de ellos dedico el capítulo ocho del manual. El catálogo, el desfile, la editorial de moda, la televisión o el asesoramiento personal son algunos de los soportes en los que el estilista deja su impronta, su personalidad. De su formación y su sensibilidad dependerá el resultado. Tiendas y *showrooms* y una «maleta de instrumentos» serán las armas del estilista para llevar a cabo su cometido, contenido que configura el capítulo nueve del manual.

En el apéndice recojo información acerca de las escuelas nacionales donde se puede estudiar la profesión de estilista y un listado de *showrooms* a nivel internacional. El estilista podrá conocer dónde y cómo podemos conseguir para nuestras producciones prendas de Prada, de Proenza Schouler o de Balenciaga.

Con el glosario no he pretendido realizar un diccionario de términos referentes a la moda y al estilismo, sino recoger y aglutinar vocablos y expresiones, muchas de ellas anglicismos, que se usan como parte del argot de la moda. No están todos los que son y son todos los que están. Sólo he recogido aquello que ha llamado mi atención.

No quiero acabar esta introducción sin destacar y agradecer el trabajo de tres profesionales de la ilustración de moda sin cuya ayuda y colaboración no hubiera sido posible la publicación de este manual. Carmen Alonso, diseñadora e ilustradora, ha sido la responsable de personalizar los diferentes estilos. Rocío Cantalapiedra, profesional de la docencia e ilustradora, la paciente y primorosa diseñadora de las prendas, las formas y los accesorios. Por último, la consultora de moda e igualmente ilustradora Virginia Vargas ha creado la imagen de la colección de moda.

Mil gracias a las tres.

Con el *Manual del Estilista* compacto y expongo toda la experiencia profesional que a lo largo de veinte años he ejercido. No ha sido fácil el camino pero sí rico en conocimientos, descubrimientos y errores. Es gracias a todo este atiburrillon de sentimientos a los que debo el conocimiento de mi profesión, una profesión que no me enseñó académicamente nadie. Una profesión aprendida a base de mirar, de escudriñar, de escuchar y de diseñar. Una profesión hecha a mi medida por mí mismo y mi equipo, todos aquellos profesionales que han aportado con sus conocimientos su granito de arena en lo que sé, en lo que cuento a continuación. Espero ser de ayuda a todos los estudiantes de esta profesión, la de estilista, tan apasionante y tan rica.

La importancia de la imagen

I

La importancia de la imagen

Decía Oscar Wilde que la moda aportaba la seguridad que había dejado de proporcionar la religión. Cuando comienzo a escribir sobre este tema acabo de ver la película de Michael Patrick King, *Sexo en Nueva York*, donde el personaje de Carrie Fisher sobre todos los demás personifica el poder y la importancia inusitada de la imagen como salvadora de nuestro miserable y pobre mundo. La indumentaria, el diseño, la marca, se yerguen como poderosos antídotos ante la incertidumbre, el vacío o la falta de valores o sentimientos. Es la firma y la posesión de la «joya» la que nos hace ser mejores personas. El vestidor se convierte en el *santo santorum* de nuestra vida, el lugar donde es posible olvidar los problemas cotidianos. Es la belleza y su posesión la que nos hace inmune a los males que asolan la sociedad en la que vivimos, una sociedad llena de inseguridad, de desasosiego y de miedos. Todo esto se convertiría en mera teoría si no hubiera experimentado en mis carnes el poder que sobre nuestro ánimo ejerce la posesión de la marca, del objeto reconocido, del detalle, en definitiva, de la indumentaria que llevamos. La belleza suple nuestras carencias, nos hace sentir bien incluso cuando nos sentimos enfermos. Tuve la ocasión hace unos días de experimentar esto sobre lo que escribo. Me había despertado febril, vírico, con náuseas y dolor de articulaciones. Tenía una cita ineludible así que me di una ducha, me exfolié la cara para tener mejor aspecto y seleccioné de mi armario una serie de prendas al azar, un azar en el fondo estudiado, meditado, con ese gesto nervioso al descolgar las prendas aparentemente sin pensar, pero con una clara conciencia de lo que escogía, pensando en la combinación de las prendas y lo acertado de las mismas para acudir al lugar de mi cita. Una vez vestido cogí mi bolso y pillé un taxi. Fue en éste donde me di cuenta de que cuatro de las cinco prendas que llevaba eran de una marca conocida y prestigiosa. Había seleccionado cuatro prendas entre las cinco que llevada que eran primeras marcas. Francamente puedo asegurar que no lo hice a propósito pero esto me sirvió para aguantar cinco horas de jornadas sobre la gestión de las empresas de moda.

Lo que llamó mi atención cuando recalé en cómo iba vestido fue darme cuenta de que la selección de las prendas no era fruto de una decisión a *priori*. Simplemente abrí el armario y me vestí. Mi mente funcionó como una enfermera perfecta, una profesional experta en camuflar mi estado, físicamente deplorable, a través de la belleza. El objeto hermoso, imperecedero, firmado, atenuó mi malestar. El sentirme bien vestido contribuyó, sin duda, a mi bienestar.

¿Qué hace que aliviemos nuestro desasosiego comprando ese objeto que nos gusta, poseyendo aquello que nuestra percepción cataloga como bello? Se me antoja que vivimos en una época en que no es que la belleza nos obsesione sino que el hecho de poseerla, en cualquiera de sus manifestaciones, es un estado intrínseco en nosotros. Queremos poseer todo aquello que nos produce felicidad. El ser humano en la totalidad de su *target* vive obsesionado con la consecución del bienestar, de la belleza del entorno, de la posesión de la «marca». La moda, democratizada por las grandes cadenas de producción, está al alcance de todos. Esto, unido a la aparición de las segundas líneas de moda por parte de las firmas más prestigiosas, hace posible que «Prada» forme parte de nuestro armario.

Queremos estar bien y contamos con los medios para poder estarlo. ¿A qué viene todo esto? ¿A qué es debida esta obsesión por la imagen y por la belleza? Si acudimos a filósofos, pensadores o analistas sociales, nos hablan de lo que Lipovetsky llama la «sociedad del hiperconsumo», una nueva fase del capitalismo donde se ha cambiado la escala de valores en lo concerniente al valor desmesurado de las empresas hacia la «demanda». Hoy en día el que manda es el consumidor, es a nosotros a quienes las empresas deben tener contentos, y es por ello por lo que hay una búsqueda de valores añadidos que aporten felicidad y fidelidad al cliente, a nosotros. La obsesión por la imagen, por sentirnos bien y hermosos, responde, según mi punto de vista, a todo aquello que produzca el efecto contrario. Se niega el sufrimiento, la preocupación, el dolor y por ende la fealdad. Ésta es denostada absolutamente no sólo en lo concerniente a lo físico sino en todo lo que nos rodea como seres humanos. No es nuestro cometido intentar definir la belleza o la fealdad. No es el propósito de este manual. Sí constatamos observando nuestro alrededor que la belleza y el diseño está en todas partes. Perseguimos obsesionados el confort y la estética. No queremos sufrir. Necesitamos la apreciación y el beneplácito del «otro». No somos humanos sin el de enfrente. Una mirada agradable, un asentir ajeno a nuestra imagen nos hace sentir bien, ser felices y tener un buen día. La aprobación se me antoja, es la clave de nuestra existencia cotidiana. Detrás de toda esta obsesión que pienso nos embarga, siento muchas carencias, muchos vacíos, mucha falta de respuestas, en fin, la necesidad de adornar nuestra existencia cotidiana con belleza exterior con el objeto de paliar nuestras carencias interiores es evidente, y el mercado, implacable, es muy consciente de esta realidad. Es como si un cónclave de expertos, después de reconocer y estudiar al ser humano, hubiesen diagnosticado su enfermedad y descubierto el antídoto de esta. Hay que rodear al hombre de belleza y de las armas apropiadas para su consecución. Llenar su panorama visual de belleza, de objetos bellos, de rostros bellos, de armas para conseguir esa belleza, ese bienestar, ese confort. Dice Lipovetsky, haciendo referencia a una cita de Aragón, que «quien habla de felicidad suele tener los ojos tristes»[1]. Nada más ilustrativo de lo que trato de explicar.

Esta sociedad del hiperconsumo es como indica el mismo autor «contemporánea de un alud de técnicas cuyo fin no es otro que proporcionar placer tanto de cuerpo como de mente»[2]. Es una sociedad con un nuevo modelo de consumo que conjuga eficacia y hedonismo, salud y belleza, higiene y estética.

Es curioso que la obsesión es tal que llega a lo paranoico. No nos vale sentirnos bien por fuera, sino también por dentro. Es como si justificáramos nuestra pretensión de belleza exterior con la necesidad de llenar nuestro interior de esa misma armonía y belleza. No seríamos buenos seres humanos si limitáramos nuestra felicidad a sentirnos bien por fuera. Estamos culturizados con la certeza de que es el interior lo que necesita ser cultivado y cuidado. La religión ha sido nuestra vía de limpieza interior que nos ha hecho posible, defendible y permisible la obsesión por la belleza exterior. Si no hay religión o religiones debemos encontrar otras vías que nos aporten bienestar interior y a su vez nos inculpabilicen de nuestra obsesión por la apariencia exterior, por nuestra cobertura. El cultivo interior nos permite, nos ampara, nos justifica y nos consiente, el camino sin fin hacia la consecución de una perfecta apariencia física. Y por supuesto el mercado es consciente de esto ofreciéndonos una oferta absolutamente obsesiva, un catálogo de ofertas encaminadas a conseguir finalmente el bienestar y la belleza. El mercado, el gran médico del ser humano, no diagnostica el mal, simplemente lo sabe y ofrece las armas para paliar la sintomatología con un *cocktail* perfecto, un «bote» holístico que sin lugar a dudas nos hará sentir mucho mejor: «No sólo te maquilles con esta base, te tomes este té o te leas este libro para sentirte bien. Ten a esta persona

---

1. Lipovetsky, Gilles: *La felicidad paradójica*. Barcelona, 2007, pág. 13.
2. *Ibídem.*

para que te arregle los armarios y te diga qué es lo que te sienta bien; toma este yogur que te hará bajar las transaminasas y que además tiene este envase tan moderno. Tira esas pastillas y toma estas otras, son chinas y están dando unos magníficos resultados. Mira que color tan bonito tienen y mira cómo es el diseño de la etiqueta, ¿No te recuerda a las etiquetas de esos polvos de talco de la abuela hechos a mano por el farmacéutico del pueblo?».

La holística diseñada por el mercado nos salva a los seres humanos de la desidia y de la depresión. Todo está en los escaparates para hacernos sentir belleza y confort. Nuestro entorno, nuestras calles, exponen la oferta y nosotros elegimos todo aquello que nos apetece, que hace más llevadero nuestro devenir cotidiano tan desamparado, tan desprovisto de seguridad y autoestima. En fin, creo que son cuestiones suficientemente ilustrativas y complejas como para, sin duda, ser objeto de estudio por parte de especialistas. Simplemente he querido hacer patente lo que observo, las sensaciones que experimento a mi alrededor. Hay una oferta de «placer exterior» de carácter inmediato con la proliferación de espacios, productos, objetos y profesionales cuyo único objetivo es hacer sentirnos bien.

Grandes superficies de moda democratizan las tendencias imperantes con la copia de preciados originales a precios asequibles. Todos podemos ir a la moda. La imagen de estas cadenas de moda es cuidadísima. Grandes escaparates con iluminación perfecta albergan maniquíes femeninos y masculinos que encarnan el ideal de belleza reinante al que todos debemos aspirar. Todos son jóvenes, fibrosos, altos y jóvenes.

Perfumerías y jabonerías nos ofrecen juventud y llenar nuestra existencia de nuevos ingredientes procedentes de lugares exóticos que nos trasladan a lejanas culturas, en definitiva, a otros mundos que nos alejan de nuestra tediosa cotidianidad. Parar el tiempo es el objetivo. Debemos aceptar nuestra madurez pero todo lo que hagamos para retrasarla será perfecto. El *botox* se yergue como el ingrediente estrella… Las fórmulas son tremendamente atractivas. La medicina interviene en las fórmulas cosméticas, lo que de alguna manera aporta la garantía suficiente. Observo una proliferación de superficies dedicadas a la venta de móviles llenas de diseño y belleza. La acción comunicativa no tienen sentido, no vale si no va acompañada de diseño, de color, de imagen. Todo es belleza: el escaparate, la funda del móvil, etc.

Abro el periódico. Pillo el suplemento. Anuncios, entrevistas, se ha democratizado la cirugía plástica. Está absolutamente al alcance de todo el mundo. Todos podemos mejorar y pagar «a dita». Hasta si ganamos el concurso nos pagan la cirugía estética que queramos. La plástica ha cambiado de rumbo. No queremos suplantar la tara, sino cambiar lo que nos disguste. Podemos rediseñarnos. No es necesario pasar por el quirófano. La ciencia y la medicina ha hecho posible que podamos estar mejor sin necesidad de que nos agredan. Podemos convertirnos en otra persona sin sentirnos enfermos. Nada duele. En dos horas volvemos a casa con nuevas orejas y con la mirada mucho más joven.

Más abajo se anuncian *personal shoppers* y «preparadores físicos». No te preocupes por la ropa. Llama a este teléfono y te vestimos hasta hacerte parecer una estrella de cine. Te organizamos los armarios, te ordenamos los conjuntos y te los complementamos. Te enseñamos a sacar partido de tu físico. Robotizamos tus decisiones en pos de conseguir la admiración exterior, el beneplácito del receptor. No puedes combinar «esto con esto». Esta prenda sí, esta no. Somos tus asesores. Te acompañamos a comprar. Somos tus acompañantes, tus sirvientes. Te sientes importante. El preparador físico te singulariza, te hace sentir único. Asistimos a la sacralización de estrellas y personajes. Hemos *beckanizado* nuestras tristes y ridículas existencias. El preparador físico te espera en la puerta del gimnasio. Es el querido ángel de la guarda que nos guía camino del éxito, que nos garantiza nuestra asención, que nos modela según el modelo de la perfección pública. Él nos hará ampliar nuestros hombros, marcar nuestros abdominales, desarrollar nuestros gemelos. Triunfaremos. Nos dirán que nos quieren. Nos sentiremos irresistibles.

Más abajo un «maquillador estrella» te hará sentirte maravillosa con la aplicación de sus productos. Pide una cita. Te atenderemos en un espacio público. Cómodamente sentada asistirás públicamente al milagro del cambio.

Junto a esta «oferta» de placer exterior observamos, asimismo, que el mercado ofrece un sinfín de alternativas para mejorar nuestro interior. Proliferan en las librerías los libros de autoayuda. La figura del psiquiatra o psicólogo se desdramatiza en pos de aportar al ser humano las armas para conseguir la felicidad. Yo les llamaría «expositores para mejorar el alma» a todos esos apartados que en las librerías nos ofrecen guías espirituales para resolver nuestros problemas. El psicólogo se me antoja el gran confesor del siglo XXI. La literatura del alma se democratiza y se convierte en «libro de cabecera». ¿Cómo cambiar tu destino? ¿Cómo triunfar en tu trabajo? ¿Cómo conseguir a tu pareja ideal? ¿Cómo alcanzar la serenidad?, etc., multitud de preguntas con respuestas por parte de los mejores especialistas de la mente. La manipulación a la que el mercado nos somete encierra posiblemente la demanda por parte de la sociedad de guías que hagan posible la consecución de la perfección de esa dualidad, física y psíquica, que define al ser humano. Social y antropológicamente hablando, los profesionales de estas disciplinas tendrán respuestas a todas las cuestiones que plantean todo aquello que observamos, que nos rodea.

Proliferan, por otro lado, los espacios destinados a la medicina alternativa. La farmacopea tradicional pierde exclusividad en pos de la parafarmacia o la dietética. El mercado te ofrece la posibilidad de curarte desde diferentes canales. Asistimos al nacimiento de nuevas formas de curación y nuevos ingredientes. Hoy puedes bajar tu colesterol tomando un yogur líquido en un bonito envase, puedes nutrir tu piel sin necesidad de acudir al dermatólogo o subir tus defensas ingiriendo cualquiera de los múltiples productos que el mercado te ofrece, productos donde la imagen y la belleza son armas fundamentales de comercialización y venta.

La posesión de una prenda firmada, un perfume que ecualiza tu estado de ánimo, un suéter que te aporta iones positivos, una crema que paraliza el paso del tiempo, una bebida que te transporta y te hace quemar calorías, un libro que cambiará tu percepción de las cosas, etc., son algunas de las propuestas que el mercado exterior nos ofrece con el objetivo de alcanzar nuestro bienestar. Nuestra dualidad como seres humanos está perfectamente atendida. Sigue nuestros consejos y serás el ser humano perfecto.

Observando lo que observo no me extraña, en absoluto, que ante estas perspectivas mi profesión haya proliferado tanto. Hemos pasado de ser profesionales a ser gurús, a «dogmatizar» con nuestras opiniones y consejos. La obsesión por la imagen ha endiosado nuestra profesión hasta tal punto que muchas veces yo personalmente he sido consciente del poder de nuestra opinión y del daño que en muchas ocasiones podemos ocasionar con aquélla. Se nos requiere, se nos respeta y se sacralizan nuestras opiniones. Es, en definitiva, el poder de la imagen y la belleza.

Cuando Holly, la heroína del maravilloso *Desayuno en Tiffany's* recibe una supuesta fatídica carta del hasta entonces el hombre con el que pensaba casarse, dice: «¿Te importaría —me dijo— abrir ese cajón y darme mi bolso? Para leer esta clase de carta hay que llevar los labios pintados», está preconizando y personalizando una forma de vida donde la imagen y la belleza se yerguen como la más firme columna vertebral del ser humano.[3]

Nunca, como estilista, he sentido mayor consideración hacia mi profesión. Nos convertimos en protagonistas de una editorial de moda (Patric Shaw firma una editorial en el número del mes de noviembre de la revista *Vogue* dedicada a la figura del estilista), se nos denomina «Uber estilistas» responsables de la imagen de grandes estrellas del cine, de la cultura, de la política o del deporte (Rachel Zoe, Katie Grand, Camille Bidault Waddington, Patricia Field, Phillip Bloch o Bay Garnett —ellos son algunos de los nombres más

---

3. Capote, Truman: *Desayuno en Tiffany's*. Barcelona, 2008, pág. 86.

significativos—), se nos pone nombre y apellidos y nos convertimos en alguien a destacar como responsable máximo de la imagen de una producción (En el número I de la revista *V España* el fotógrafo Lain Mckell destaca la presencia de la estilista Karen Langley en una editorial protagonizada por la modelo Kate Moss), o nos convertimos en un medio de venta (La cadena Top Shop utiliza la figura de un estilista como medio de venta en su Web. La cadena Mango pone a disposición de su clientela la figura de un *personal shopper* de forma gratuita y mediante cita previa). El estilista sale del anonimato y desde las numerosas disciplinas que entraman su profesión, su figura ocupa un lugar de culto en la moda como prescriptor de tendencias, *bloggero*, asesor de imagen o *personal shopper*.

Me gustaría para finalizar este capítulo mencionar una serie de direcciones y nombres, en definitiva información, que sin duda servirán de gran ayuda en el proceso formativo de los estilistas que comienzan hoy su andadura profesional. A saber:

Tendencias callejeras
- The sartorialist.
- Onthecornerstreetstyle.blogspot.com.
- Garancedore.fr.
- Elle.es/moda/streetstyle.

Prescriptores de tendencias
- Mireia oller (www.mydailystyle.blogspot.com).
- Lulu chang (www.chictopia.com/user/blog/lulu).
- Rumi Neely (www.fashiontoast.com).
- Gala González (www.amlul.com).
- Diane Pernet (www.ashadedviewonfashion.com).
- Tavi Gevinson (tavi-the*New*girlintown.blogspot.com).

Asesores de imagen
- Style Advisor.
- Estilismo.net.
- Polyvore.

Dios está en los detalles

II

Dios está en los detalles

··

Quizás esta frase del arquitecto Mies van der Rohe define e ilustra la preponderancia del detalle, del accesorio, como objeto fundamental en la moda actual, término que designa a todos aquellas prendas, objetos o instrumentos que complementan y acaban la indumentaria masculina o femenina como cinturones, zapatos, guantes, bolsos, bastones, paraguas, sombrillas, relojes, abanicos, joyas, pañuelos, chales, sombreros, tocados, etc.[4]

Cuando repaso este capítulo del *Manual del estilista,* en el informativo de las tres de la tarde en la primera cadena de la televisión española, a colación de la «Cibeles Madrid *Fashion Week*», se menciona y destaca en titulares la indiscutible importancia del accesorio en la moda. A lo largo del reportaje una serie de diseñadores españoles ubican la presencia del complemento como determinantes a la hora de presentar los *looks*.

Es la periodista de moda Suzy Menkes quien hace unos años, en uno de sus artículos en el periódico *Internacional Herald Tribune*, se pregunta después de haber asistido a los desfiles del *Prêt à Porter* parisino, si es que los accesorios, sin duda por la presencia destacada de los mismos en las colecciones, se han vuelto mucho más importante que las propias prendas.[5] La gran crítica de moda plantea con esta apreciación una realidad fundamental y es la importancia del accesorio de moda. Esta realidad, la importancia evolutiva del accesorio de moda, se yergue como una de las causas del auge de la profesión de estilista.

Si observamos las campañas de las grandes firmas de moda, el accesorio ocupa un lugar destacado, accesorios extremadamente cuidados en cuanto a factura y componente de diseño. Pueden llegar a ser tan llamativos y extremos

---

4. Riviere, Margarita: *Diccionario de la Moda*. Barcelona, 1996, pág. 21.

5. *International Herald Tribune*, 6 de octubre de 2006.

que en multitud de ocasiones anulan absolutamente a las prendas que complementan. Hoy en día, no existe un *look* sin un accesorio. Es el accesorio el que no solamente complementa o lo transforma sino que crea y define un *look* determinado.

A lo largo de la historia de la moda el accesorio siempre ha estado presente, unos apareciendo o desapareciendo según la época o el momento pero siempre resurgiendo en cualquier momento determinado. ¿Quién no recuerda cómo guantes y sombreros eran complementos que definían la elegancia y su uso no sólo no eran cuestionados sino que su omisión determinaba una clara ausencia de estilo?

El accesorio hoy en día, despojado del carácter protocolario de antaño, en una sociedad caracterizada en cuanto a moda, amén de en otras manifestaciones vitales por la globalización, la respuesta rauda, el cansancio visual y el hastío de lo eterno, ampara el carácter efímero de la moda, la ayuda y enmascara solidariamente una falta de creatividad por parte del diseñador, según mi punto de vista, que hace que una misma prenda parezca diferente cuando se acompaña de un nuevo accesorio.

Por otro lado el poder del accesorio permite crear con una misma indumentaria un nuevo *look*, lo que define a una sociedad, la actual, que intuye la importancia del complemento para poder darle un nuevo aire a una misma prenda.

Podemos afirmar sin la menor duda que hoy en día el accesorio tiene una importancia fundamental ampliando sus objetos e imbuyendo de un alto grado de diseño a accesorios de siempre como a otros procedentes de las nuevas tecnologías, como teléfonos móviles u ordenadores. ¿Quién nos iba a decir que un complemento de carácter práctico como las gafas iba con el paso del tiempo a convertirse en un accesorio requerido y variado en los *looks*?

La oferta de moda actual caracterizada por la democratización del diseño, la copia barata y los altos costes de las prendas de primeras líneas ha conllevado la proliferación y el desarrollo de los accesorios de moda con la aparición de cadenas y tiendas dedicadas exclusivamente a la venta de aquéllos. Agatha, Adagio Bijoux, Complements, Bimba&Lola, Day Day o Uterque son algunas de estas cadenas. Esta última, creada por el grupo Inditex, con más de treinta tiendas en España, pone de manifiesto el interés por el accesorio de moda y su función.

Es en tiempos de crisis cuando los accesorios adquieren su máximo esplendor ya que sin duda tienen el poder de reconvertir un *look* lo que nos permite usar una misma prenda con lecturas visuales diferentes. Invertimos en accesorios complementando con ellos prendas de otras temporadas. En el periódico *El País* leemos «La crisis se pone el sombrero», donde se analiza el nuevo desarrollo de un complemento como el sombrero olvidado y relegado en nuestro país y recuperado y en constante desarrollo desde hace algunos años. Un nuevo tocado, un nuevo sombrero, hace que te puedas poner el mismo traje y que parezca diferente.[6]

Bolsos y complementos se convierten en objetos de culto. En el número 1 de la revista *Harper's Bazar España* se dedica un artículo a la presentación del nuevo bolso de Dior llamado «*New Look*» al final del desfile de alta costura. La actriz francesa Nora Arnezeder y el fotógrafo Peter Lindbergh son los encargados de inmortalizar la presentación del accesorio con la realización de un corto cuyo objetivo no es otro que «iconizar» el nuevo accesorio de la casa francesa. Como indica el autor del artículo: «Aunque la lógica indique lo contrario, hoy en día nadie se extraña de que un simple objeto, de deseo eso sí, centralice tantos esfuerzos y acapare tantos flashes como, al menos durante esta temporada, lo hace el *New look* de Dior. Y es que ni al más despistado se le escapa que hoy en día son los bolsos y los perfumes los que salvan las cuentas y marcan los tiempos de la mayoría de las firmas.»[7]

Las revistas de moda dedican números especiales a los accesorios. Estos son imbatibles en la configuración de un determinado *look*. Los zapatos adquieren formas inusitadas y los tacones se convierten en esculturas. Los bolsos *Arty* son el *must* de la temporada. Gozan como las prendas del mismo estatus que éstas y siguen las tendencias. Los accesorios obvian su función originaria en pos de erguirse en un soporte visual lleno de diseño, belleza y marca.

Si leemos el índice del especial accesorios de la revista *Vogue* podemos hacernos una idea del papel que en la moda actual ha adquirido el accesorio, su individualidad, su carácter determinante y la extensión cada vez mayor de su tipología.

Vogue complementos

Vogue **elige.** Accesorios. Bolsos día. Bolsos noche. Zapatos día. Zapatos noche. Collares.

Estilo. Surrealista. Multicolor. *Park Avenue.* Geométrico. Territorio Navajo. Natural. Botánica. Gemología. Étnico.

---

6. *El País*, 15 de marzo de 2009.

7. *Harper's Bazar España*, nº 1, marzo 2010.

Bolsos. Apertura. *Working bag. Arty bag.* Doble asa. Multiétnicos. Con pulsera. Supercolor. Rafia. Con monedero. Drapeado. *Lunch box.* Flecos.

Zapatos. Apertura. Botín abierto. Tacón escultura. Plataforma madera. Colores flúor. Gladiadora. Punta y tacón. Sandalias planas. Estampado. Botas. Combinados. Tribal.

Joyas. Apertura. Color *Prêt à Porter.* Brazaletes étnicos. Flora y fauna. Broches. Collares grandes.

Y además. Apertura. Gafas blanco y negro. Gafas mariposa. Cinturón elástico. Cinturón joya. Pañuelos y turbantes. Pamelas. Borsalinos. Tocados. Guantes de verano. Direcciones. Última mirada.

····················· III ·····················

El estilista

III

El estilista

··

El vocablo *estilista* posee numerosos significados, desde un escritor que se distingue por la pulcritud y destreza del lenguaje[8] a, según su acepción francesa *styliste*, el diseñador de moda de *Prêt à Porter* o el profesional de la peluquería. Todas estas acepciones responden, sin duda, a la máxima que define la profesión de estilista, que no es otra que la de «crear estilo», es decir, aportar con sus conocimientos y sus maneras una impronta, sobre la imagen, de singularidad, individualidad y definición. Es por ello por lo que se denomina *estilista* a cualquier profesional que imbuya de estilo a cualquier disciplina.

Es, sin embargo, en la moda cuando se comienza a utilizar el término y desde ésta el «estilista» abarca los diferentes campos. El desarrollo de la moda y con ella el *marketing* generó la aparición de las revistas de moda como soportes de comunicación y desarrollo. La sustitución del grabado por la fotografía conllevó una nueva realidad, la de la producción de moda para lo cual se generaron nuevas formas de gestión y organización. Las sesiones de fotos necesitaron nuevos profesionales como maquilladores, peluqueros, estilistas, etc. Margarita Rivière apunta sobre la profesión:

«Esta especialidad se va perfilando en EEUU y Francia en el momento en que las revistas de moda sustituyen a los dibujantes por fotografías a finales de los años 20. Las principales revistas norteamericanas y francesas eligen los vestidos y complementos que deben ser fotografiados y encargan a un «profesional del estilo», que eso es el estilista en pieza básica para la presentación atractiva de los prototipos.»[9]

Una vez considerada como profesión al estilista se le requiere y se le valora como parte integrante y fundamental de la producción de moda. La

---

8. Moliner, María: *Diccionario de uso del español*. Madrid, 2001, Tomo 1. pág. 1.225.
9. Rivière, Margarita: *Diccionario de la moda*. Barcelona, 1996, pág. 111.

evolución de sus competencias ha sido paulatina y constante hasta alcanzar el lugar que actualmente ocupa, es decir el de una profesión oficializada con la compilación de competencias en un corpus teórico que ha hecho posible el carácter académico de la misma y por tanto la formación de profesionales especialistas en la materia que nos ocupa.

Sí creo que debo puntualizar que la profesión de estilista ha estado sujeta a una constante revisión y ampliación de competencias, fruto, sin duda, del carácter movible y efímero de todas aquellas materias y conceptos relacionados o que integran el fenómeno de la moda. Hoy en día podemos afirmar que la profesión de estilista acomete nuevas formas de expresión y que su progresión es imparable. El estilo, el diseño, en definitiva, la belleza, se imponen a nuevos campos y objetos de la imagen visual. El estilista como experto en imagen es el encargado de ejecutar dicho menester.

Si aplico la evolución y las competencias de la profesión de estilista a mi trayectoria profesional debo indicar que lo «azaroso» siempre primó en mi formación, en mis inicios.

Cuando yo comencé a trabajar de estilista muchas circunstancias y sus resoluciones fueron dando forma a una arenga de competencias que fueron compilándose y estructurándose hasta generar progresivamente la «teorización» de la profesión.

Cómo estrechar un talle, cómo crear una prenda inexistente, cómo convertir un complemento en otro, en definitiva, cómo hacer parecer, crear ilusión o enfatizar un *look*, han sido competencias cuyas resoluciones han sido fruto de lo empírico, de la prueba, la intuición y el sentido común.

En mis inicios mi trabajo se limitaba a ajustar un vestido demasiado holgado, evitar los pliegues antiestéticos de una manga o a planchar alguna prenda. Mi material de trabajo era un pequeño costurero y una muñequilla de alfileres. No me sentía absolutamente nada imprescindible.

Mi función profesional tenía escasa importancia. Jamás se me pedía opinión sobre cuestiones que se me antojaban fundamentales como la elección de una determinada prenda para una modelo determinada, la selección de interiores y exteriores para la realización de una foto o mi opinión sobre si el maquillaje y la peluquería ejecutados eran los idóneos. Estas cuestiones eran referidas y discutidas por el fotógrafo y el cliente. Recuerdo que incluso los accesorios que se necesitaban los buscaba, en numerosas ocasiones, directamente el diseñador.

Ahora entiendo que en aquellos momentos mi falta de experiencia y de asertividad impedían mi participación en la toma de muchas decisiones que hoy me parecen sólo y exclusivamente competencias del estilista.

Vuelvo a reiterar que, hoy en día, el estilista se puede definir como un profesional cuya competencia y objetivo es crear estilo, manifestar con su trabajo y sus armas un credo estético con un corpus estético definido.

Su campo de actuación es tan variado y cambiante como lo es la moda y sus competencias tan amplias y diversas como el mercado lo requiere. Desde director artístico hasta asesor de imagen pasando por consultor, prescriptor de tendencias, *personal shopper* o gestor de moda, la figura del estilista tiene un objetivo fundamental: crear para vender, contar para hacer soñar, proponer para hacer asentir, convencer para hacer feliz.

Ocho consejos

IV

Ocho consejos

Enumeraré a continuación una serie de consejos prácticos y teóricos que me gustaría aportar a todos aquellos profesionales que decidieran dedicarse a la profesión de estilista desde cualquiera de sus vertientes. Estos consejos que reiteraré y extenderé a lo largo de los diferentes capítulos son fruto de mi experiencia personal. No son dogmas. No los hay en esta profesión que, como todas las que nacen del instinto, están en continuo estado de variabilidad y cambio.

No obstante y a pesar de ello, la profesión de estilista debe estar sujeta a una serie de normas y conocimientos básicos que la argumenten y definan como una profesión en toda regla. Uno de los objetivos fundamentales cuando accedí a escribir este manual fue el de proporcionar un corpus teórico que aportara cierta seriedad a una profesión que se presta al intrusismo y a la lectura fácil. Creo sinceramente, y esto lo aplicaría a cualquier tipo de profesión, que no todo el mundo puede ser estilista.

Ser estilista es una profesión

La profesionalidad es una cualidad aplicada a cualquier disciplina que implica el conocimiento y la aplicación del mismo con rigor y seriedad. No basta, para ejercer la profesión de estilista, tener facultades significativas como el «buen gusto» o el conocimiento de las normas de la imagen, sino de la aplicación de aquéllas atendiendo a una logística de producción que hará más fácil la consecución de los objetivos.

El estilista debe completar una imagen, no anularla

Cuando el trabajo del estilista se limita a la complementación de *looks* mediante los accesorios, éste debe, de acuerdo con el cliente, tener claro qué se espera de su trabajo, cuál es el papel que de la aplicación de los accesorios espera el cliente.

De este modo el estilista puede tener como cometido sólo el de completar una imagen determinada, resaltar el *look* con un estilismo más elaborado o destacar exclusivamente el accesorio en pos de proporcionar al *look* un soporte visual como arma para una venta certera.

De cualquier manera y a excepción de que el cliente así lo requiera, el estilista no debe anular con la aplicación de los accesorios la imagen del diseñador o firma. El estilista debe recordar siempre que su trabajo está al servicio del diseñador, la firma o el director artístico. El estilista es un profesional más del equipo de trabajo y por lo tanto su criterio debe estar sujeto, normalmente, a la decisión del cliente o director.

El estilista como asesor de imagen debe aconsejar, no disfrazar

Muchas veces el estilista, cuando actúa como asesor de imagen, aplica sin medida y sin un estudio determinado de la persona a asesorar las tendencias de moda del momento. Esto ocasiona que en multitud de casos las personas parezcamos disfrazadas.

El estilista, cuando asesora, no sólo debe tener en cuenta las características de la persona, sino también su personalidad, su entorno y su forma de vida. Sólo si llevamos con naturalidad lo que llevamos puesto lo haremos creíble hacia los demás.

El estilista debe saber decir «no» desde la contención

Al completar un *look* con un accesorio el estilista debe ser comedido. Debemos estudiar y observar con detenimiento cada *look* a complementar. De esta manera podemos considerar la ausencia del accesorio como la decisión idónea. La visualización de la imagen a través de las pruebas fotográficas condicionarán sin duda el uso o no de determinados accesorios.

El estilista no debe caer en el *horror vacui*

A veces los estilistas nos obsesionamos con la complementación de los *looks* de tal manera que nos parece extraño cuando contemplamos una imagen demasiado aséptica. Nunca nos parece lo suficientemente complementado un determinado *look* lo que genera el amontonamiento de un sinfín de accesorios que puede eclipsar o anular el mensaje que deseamos transmitir al espectador o distraer su atención. No debemos olvidar nunca la fórmula «menos es más».

El estilista debe estar documentado

El conocimiento de la imagen es fundamental para llegar a ser un buen estilista. No basta leerse la revista *Vogue* cada mes y conocer las tendencias, a lo que, sin duda, no le voy a restar importancia.

El estilista debe ser un experto en imagen y esto se consigue no cerrando los ojos ni para dormir. El estilista debe ser un devorador de imágenes, un buscador, un viajero que lleva su cámara siempre en el bolso y pilla todo lo que le pueda llamar la atención. Eso redundará en su trabajo. La vida exterior se compone de un sinfín de imágenes. Todo lo que nos rodea puede ser objeto de inspiración. Cada imagen, abstracta o figurativa, puede ser reinterpretada y aplicada a nuestro trabajo.

El estilista debe «crear»

La búsqueda de un accesorio determinado con el objeto de completar un *look* no debe ser la meta de ningún estilista profesional. Hoy en día, dónde el accesorio es tan importante, la oferta de los mismos en el mercado es apabullante, lo que sin duda facilita la complementación de la indumentaria.

El estilista debe ser capaz de:
• Crear diseñando sus propios accesorios.
• *Customizar.*
• Reinterpretar.
• Mezclar.

En definitiva el estilista profesional debe conseguir una «impronta» personal, un marchamo singular que defina su estilo, que lo haga único.

Colocar una pulsera a juego con un vestido no convierte a nadie en un auténtico profesional del estilismo.

El estilista no sólo complementa

El estilista debe ser ducho en muchas materias que veremos en capítulos posteriores. Es su preparación la que amplía su campo profesional y sus funciones. El estilista trasciende la acción de complementar para conceptualizar, para dar una lectura diferente a un *look*. El estilista con sus accesorios y sus armas puede y debe ser, sin duda, un valor añadido.

La biblia de un buen estilista

V

La biblia de un buen estilista

··

El estilista profesional como yo lo entiendo deja muy atrás la imagen de un profesional que se limita a formar parte de un *staff* de trabajo y cuyo cometido es estrictamente la complementación de una imagen determinada, el ajuste de un vestido o el resarcir cualquier entuerto relacionado con la ropa. A lo largo de mi carrera profesional he intentado siempre, como he dejado constatado a lo largo de este manual, demostrar que el estilista es algo más y que sus competencias contemplan el ser generador y ejecutor de ideas que crearán una imagen, un estilo definido.

En otros sectores creativos donde la publicidad es un arma primordial, las diversas disciplinas cuentan como promotores de sus ideas con agencias de publicidad que son las empresas encargadas, desde los creativos que la integran, de diseñar la imagen idónea al producto que se pretende vender. No ocurre claramente esto en el sector de la moda donde las competencias no están realmente muy delimitadas. Cuando un diseñador tiene su colección terminada acude normalmente a un fotógrafo y a un estilista para dar forma visual al mensaje que quiere transmitir, al concepto que refrenda su colección. La formulación de este concepto no corresponde dogmáticamente a ninguno de los dos profesionales en concreto. Me he encontrado con situaciones en las que el fotógrafo tenía muy claro el mensaje que el diseñador o la firma quería transmitir después de oír la opinión del diseñador y ver la colección. En otras ocasiones es el propio diseñador el que sabe muy bien lo que quiere aunque en la mayoría de las ocasiones, quizás debido a que tiene que ejercer otro tipo de competencias más importantes, no explica con claridad sus ideas o éstas son difusas o difíciles de llevar a cabo.

En otras ocasiones es el estilista el creador de la imagen del producto. Es en este caso cuando aquél pasa a ser «director artístico» o «director creativo», apelativo aplicado a otras disciplinas como el cine y la publicidad y que referido a la moda define al diseñador de la iconografía que se representa en los diferentes soportes publicitarios y que determina el concepto que el diseñador quiere expresar. Cuando el estilista ejerce de director artístico o creativo debe dominar una serie de competencias, conocimiento encaminado a hacer llegar con claridad lo que quiere expresar al equipo de trabajo para lograr la factibilidad de lo que está de antemano en su mente. En mi caso la formulación de ideas y la ejecución de las mismas conlleva el control, ejecución y seguimiento de las siguientes competencias: creación y argumentación de la imagen, selección del entorno, selección del atrezo, selección de la o las modelos, creación de la imagen de maquillaje y peluquería, definición y selección de los accesorios.

Es necesario que no olvidemos nunca que cuando se expone la idea debemos tener una actitud abierta y llegar a un consenso ya que las producciones son fruto de un trabajo de equipo y por tanto la idea debe estar refrendada, comprendida y asumida por todos los profesionales encargados de ejecutarla, de hacer real la intangibilidad de la idea. Debemos de recordar que la iconografía diseñada por el creativo debe ser posible de llevar a cabo teniendo en cuenta los medios disponibles y la capacidad del cliente. No sirve de nada la exposición de ideas que no pueden ser llevadas a la práctica. Una realidad es la idea y otra muy diferente es la práctica de la misma.

Es quizás por la responsabilidad que debe detentar un estilista por lo que pienso que debe ser un profesional ducho en muchas materias que exceden su labor de «buscador» y «asesor», un entramado de competencias interrelacionadas y cuyo aprendizaje no se logra limitando su preparación a los programas de estudio que ofrecen los centros de formación.

Mi pretensión como escritor de este manual es de ofrecer al estilista una serie de conocimientos desde el punto de vista teórico al que no accederían sino desde la práctica. Mi experiencia profesional hace posible desde este manual que el estilista, aún sin experiencia, conozca y sepa las armas adecuadas para ejecutar su trabajo con exactitud y solvencia.

La figura del estilista, hoy en día, ha dejado de ser la de alguien anónimo o que trabaja exclusivamente en la complementación y la adaptación de las prendas. El estilista es un profesional del estilo, de la moda, un profesional mediático que puede abarcar variadas disciplinas y que por tanto debe tener un conocimiento de la moda y del estilo que le permita actuar con asertividad ante cualquier campo. El estilista puede ser entrevistado, puede escribir sobre moda, puede asesorar, dirigir o crear.

El estilista es, en definitiva, un profesional interdisciplinario, un auténtico «hombre del renacimiento».

Todo lo que expongo a continuación son conocimientos susceptibles de ampliar ajenos a lo dogmático y cerrado. El dogma no existe en el conocimiento de la moda. La información que comparto está diseñada desde mi propia experiencia personal y profesional y creo que pueden servir de guía y conocimiento para futuros estilistas.

He pretendido diseñar un manual de conocimiento, una pequeña biblia que el estilista podrá consultar, ampliar con sus propios conocimientos y experiencias personales o apostillar. En definitiva, mi objetivo, una vez más, es contribuir, con la teorización y ampliación de conocimiento, a la profesionalidad del estilista, a la consecución de una profesión seria y contundente, ajena a la superficialidad y las connotaciones peyorativas que ha conllevado su ejecución, sobre todo debido a que no ha sido una profesión reglada ni oficializada en base a unos estudios y una titulación profesional, lo que ha conllevado a su ejecución por parte de cualquiera. Sí es cierto que, como ocurre en las profesiones donde el elemento creativo es significativo, el estilista nace y no se hace, pero sí puede educarse a través del conocimiento. Ser creativo no es algo adherido, es algo intrínseco, lo que no significa que seas un profesional. Un profesional lo es en base, en principio, a unos conocimientos, una actitud y, posteriormente, en base a una experiencia.

He compactado lo que se me antojaba interesante en seis apartados y una «coletilla» de curiosidades. Son un cúmulo de ideas y conocimientos fruto de recopilaciones bibliográficas, fuentes orales o experiencias personales. Los apartados son los siguientes:

- Los estilos.
- Diseñadores y firmas.
- Las décadas: de los veinte a los ochenta.
- Tejidos y prendas.
- Los accesorios.
- El arte y la moda.
- Otras curiosidades.

I. Los estilos

A lo largo de la historia de la moda se han ido fraguando una serie de estilos definidos en base a una serie de peculiaridades, características y rasgos que los han formalizado. La génesis de un estilo determinado parte de la aglutinación de una serie de caracteres estéticos que determinan una iconografía oficilia-zada por los profesionales de las publicaciones de moda. Dicha «iconografía» se caracteriza por los siguientes rasgos:

- Los estilos refrendan un concepto o filosofía lo suficientemente significa-tiva para determinarse a través de un proceso de formalización.
- Los caracteres estéticos que pueden definir un estilo poseen una carga visual sugerente y llamativa, lo que consecuentemente conlleva la apre-ciación por parte de los profesionales de las publicaciones de moda.
- Dichos estilos se caracterizan por su atemporalidad, es decir, son estilos que resurgen a lo largo de la historia de moda sin atenuar los valores y rasgos que lo integran.
- El proceso de formalización puede responder también a la conside-ración de una serie de caracteres y formas visuales de indumentaria que ilustran un movimiento cultural determinado. Así, por ejemplo, el estilo *beat* parte de la apreciación de una estética que caracterizaba tal movimiento. El que sus integrantes vistiesen de una determinada manera lo suficientemente significativa es lo que contribuyó a la forma-lización de un estilo.

El noventa por ciento de los estilos que a continuación definimos pertene-cen a lo que en sociología y antropología se denominan *subculturas*, enten-diendo como tal un grupo de personas que se apartan de la cultura dominante tanto por su comportamiento como por su filosofía y creencias. Integradas por tribus urbanas, la subculturas poseen un interaccionismo simbólico, un lenguaje visual de cara al exterior, en el que destaca la indumentaria. Otros estilos definidos a continuación carecieron de una concreta filosofía y por lo tanto no son considerados como subcultura. Son meras formas de indumen-taria que se oficilizaron con el transcurrir del tiempo.

Como cualquier realidad aplicada a la moda, la formulación de estilos no es algo cerrado y compactado. Los estilos oficilizados son susceptibles de ampliarse, actualizarse y someterse a nuevas lecturas.

Por otro lado, la génesis de un estilo determinado puede ser iniciada y gestada por cualquier profesional de la moda, estudioso, estilista, director de moda, fotógrafo, etc. La exposición de dicho estilo, generalmente realizada a través de las publicaciones de moda, debe estar ilustrada con la muestra visual de los rasgos, objetos, formas, líneas, colores… que definen y gestan la idiosincrasia del posible estilo. La formulación del mismo no conlleva la formalización, es decir, la oficialización, la aceptación de la estética, su perduración en tiempo, en definitiva, su reconocimiento.

La «contundencia» de un estilo determinado es la base de su consagración. Cualquier profesional de la moda que tenga la oportunidad de realizar un trabajo editado, bien sea escrito, visual o ambos, puede exponer la formulación de un estilo, un estilo que como hemos visto puede llegar a formar parte del lenguaje de la moda formalizándose, haciéndose general y reconocible. En dicho proceso la importancia de los medios de comunicación en los que se exponga, la personalidad y la importancia del profesional que lo transmita y el reconocimiento por parte del resto de los profesionales del sector de la moda, harán posible la formalización de un nuevo estilo.

Algo que debemos dejar claro es que la formulación de estilos con caracteres estéticos determinados fluye raudo y sin normas. Fruto de la sociedad en la que vivimos, las subculturas surgen como por ensalmo creando nuevos lenguajes de expresión que popularizán determinadas formas de indumentaria y estilo.

BEAT

El término se refiere a un grupo de escritores estadounidenses de la época de los cincuenta así como al fenómeno cultural sobre el que escribieron: la lucha contra el *American way of life*. Los escritores mas característicos y sus obras fueron *En el camino,* de Jack Kerouac (1957); *Howl,* de Allen Ginsberg (1956); y *El almuerzo desnudo,* de William Burroughs (1959).

El término surge de una conversación de Kerouac con el periodista John Clellon Holmes en 1948, en la que ambos inventaron un título para los tipos de su edad que vivían la misma situación y se dieron cuenta de que toda la sociedad estaba hundida del mismo modo, una generación abatida y derrotada.

La llamaron *The beat generation* en referencia al término *beaten down*, que en español es algo así como «derrotado». A la difusión del término también influyó la publicación del artículo «This is the beat generation» en 1952 en el *New York Times Magazine*. Algunos de los elementos definitorios se pueden resumir en el rechazo a los valores clásicos de EEUU, el consumo de drogas, la libertad sexual, el estudio y la práctica de la filosofía oriental y el amor al *bebop*, un estilo de jazz innovador que nace en los cuarenta, caracterizado por los pequeños combos en oposición a las grandes orquestas.

Su auge llega en el Nueva York de los cincuenta y en su calle 52, en clubes como el *Red Drum*, *Minton's* o *The open door*.

Con el objeto de desprestigiar el movimiento, en 1958 apareció el término *beatnik*, vocablo producto de la fusión entre las palabras *beat* y *sputnik*, sugiriendo la condición antiestadounidense y comunista del movimiento *beat*.

En el camino se convirtió en una novela de culto para la juventud de la época. Su canto a la liberación espiritual derivó en una relajación y desdramatización de la sexualidad que hizo de catalizador en los movimientos de la liberación de mujeres, negros y homosexuales.

La ciudad de San Francisco, con la librería City Lights como centro neurálgico, y la universidad de Columbia, fueron algunos de los lugares donde se gestó dicho movimiento, conato de otros movimientos contraculturales como el *hippie*.

Para algunos autores, el estilo *beat* está endeudado igualmente con el estilo francés de los «existencialistas» de la ribera izquierda de París. Jean Seberg, Juliette Grecó y Anna Karina fueron actrices que personificaron dicho estilo.

- **Imagen**: Enjuta. Filiforme. Desaliñada. Oscura.
- **Prendas y formas**: Suéter cuello cisne o tortuga (*turtle neck,* forma que cubre íntegramente el cuello). *Rompers* (mono). Faldas lápiz. Calzas ajustadas hasta media pierna. Camisas anudadas. Suéters y prendas tamaño *oversize*. Cuello polo. Mallas negras.
- **Tejidos**: *Denim*. Punto. Lana. Franela.
- **Colores**: Negro.
- **Prints**: Rayas. Cuadros.
- **Accesorios y aplicaciones**: Boinas. Gafas con monturas finas en color negro. Gafas de sol utilizadas en interiores. Sombrero panadero. Bailarinas. Medias negras.

BOHEMIO

Es un estilo de vestir que se caracteriza tanto por sus connotaciones estéticas y la lectura de unos rasgos diferenciadores y peculiares, como por la filosofía que encierra el concepto en sí. Según los especialistas, el término proviene de la palabra francesa *bohemien*, que designa al gitano. Hay autores que lo definen como zíngaro. Otros como folk, mitad campestre, mitad *hippie*. Del latín *bohemius* el término tiene diferentes significados. Es un estilo de vida que se aparta de las convenciones sociales y antepone el arte y la cultura a lo material. El uso del término para este tipo de vida surgió a partir del uso originario del término. Bohemia es una región de la república checa desde donde partieron numerosos grupos de gitanos hacia otros países europeos.

Los gitanos, al igual que los artistas del siglo XIX, vivían de una manera con valores sociales diferentes a los de la burguesía, conservadora y sedentaria. De esta manera los intelectuales fueron conocidos como bohemios.

- *Imagen*: Superposición de prendas. Mezcla de texturas y tejidos sin normas. Desestructuración.
- *Prendas y formas*: Camisas *shaggy* (desestructuradas, casuales, informales, etc.). Minivestidos. Cárdigan *oversizes*. Vestidos. Abrigos en piel. Faldas canasteras. Chalecos. Remeras de tipo solera (camisetas con escotes de tirantes muy estrechos). Volantes. Chaquetones tres cuartos.
- *Tejidos*: Panapiel. Polipiel. Croché.

Holandés (tejido de algodón o lino muy fino). Fieltro. Terciopelo. Muselina. Vaquero. Punto.

- **Prints**: Amebas. Flores. *Patchwork*. Lunares.
- **Accesorios y aplicaciones**: Botas vaqueras. *Patchwork* en piel. Bufandas tamaño «xxl». Bolsos bandolera. Botas camperas. Fulares. Chales de punto. Mantas de croché. Anillos con piedras de gran tamaño. Brazaletes y pulseras mezcladas. *Mix* étnico. Gorras de lana o pana. Pamelas en fieltro. Botas acordonadas. Leotardos de colores. Cinturones anchos. Bordados étnicos asiáticos, mexicanos o africanos. Sandalias altas o planas con flecos.

ESTILO BRITISH

El *british* es un tipo de estética atemporal caracterizada por el uso y la presencia de prendas y complementos propios de Inglaterra o vinculados al país por la cultura visual de las revistas de moda o el cine.

- **Imagen:** Clásica. Femenina.
- **Prendas y formas:** Faldas tableadas (*Kilt* escocés). Pantalones de pinzas. Bermudas. Abrigos. Gabardinas. *Trench*. Trajes de chaqueta. Trajes pantalón. *Twin set*. Jerséis de lana gruesos. Trencas. Impermeables. *Barbour*.
- **Tejidos:** *Tweed*. Pana. Punto. Gabardina. Seda. *Libertys*.
- **Colores:** Verdes. Ocres. Calabazas. Chocolate. Burdeos. Vainilla. Mostazas.
- **Prints:** Pata de gallo. Ojo de perdiz. Rayas diplomática. Tartán. Estampados florales. Aves. Ecuestre. Cadenas.
- **Accesorios y aplicaciones:** Corbatas. Boinas. Zapatos *oxford*. Pañuelos. Medias y calcetines de lana. Botas de agua. Botas de montar. Gorros de agua. Paraguas. Bufandas. Broches de solapa. Guantes. Botines.

CANIS

Según Javier Madrid y Jorge Murcia[10] el origen está en Sevilla en los años noventa. Hoy en día en Andalucía podemos decir que son una de las tribus urbanas más visuales y reconocidas.

Procedente generalmente de barrios periféricos y conflictivos se caracterizan por una estética muy peculiar, fusión de la idiosincrasia flamenca con la de las tribus latinas.

- *Imagen:* Ajustada (*oversize*). Brillante. Barroca. Muy complementada. Combinada.

Ellos: pelo rapado por los laterales y de punta en la parte superior. A veces el pelo lo llevan largo por detrás y corto por los lados. Algunos llevan cortes de pelo en forma de dibujos de damero, rayados, o con símbolos tales como estrellas o corazones. No suelen teñirse pero son frecuentes las mechas o decoloraciones en las puntas. No suelen maquillarse. A veces tienen las cejas muy depiladas o cortadas en forma de tajo. De aspecto musculoso o muy delgado tienen una forma muy particular de caminar y de moverse así como una manera de hablar y un deje característico.

Ellas: cabellos teñidos en negro azabache, rojizo o platino. El prototipo de peinado es el cabello recogido hacia arriba tirante desde las sienes con una especie de tupé y suelto por detrás. No suelen llevar nunca el pelo lacio. Suelen llevar las cejas muy depiladas y maquilladas y los ojos delíneados con rabillos negros, sombras anacaradas, purpurina y labios con perfiladores marcados.

10. Madrid, David y Murcia, Jorge: *Tribus urbanas. Ritos, símbolos y costumbres,* 2008, pág. 63.

- **Prendas y formas:** Pantalones vaqueros en todos los estilos y terminaciones. Pantalones a media pierna. Calzonas de boxeador. Chándal. Sudaderas. Trajes de chaqueta. Camisetas ajustadas con y sin mangas. Chalecos de *sky*. Pantalones de pata de elefante muy cortos de tiro. Pitillos vaqueros. *Leggins* con minifaldas encima. Minifaldas vaqueras. Chalecos y abrigos acolchados. Cazadoras vaqueras.
- **Tejidos:** Algodón. *Lycra*. Rayón. Polipiel. Piel de pelo largo sintética. Terciopelo arrugado. Vaquero.
- **Colores:** Blanco. Fucsia. Negro. Oro. Plata. Colores ácidos. Añil. Amarillo.
- **Print y símbolos:** Signo del dólar. Tatuajes. Cruces y figuras religiosas icónicas como la virgen Macarena o el cristo del Gran Poder. Símbolos de personajes icónicos de la música o la política como Camarón de la Isla o el Ché Guevara. Cabezas de águilas, felinos, indios comanches o perros de presa.
- **Accesorios y aplicaciones:** Collares, pulseras, cadenas o «manitas» (mezcla conjunta de anillo y pulsera) realizados en oro. Argollas de acero como pendientes. Gorras de béisbol. Medallas. Sellos de oro (anillos cuyo motivo central suelen ser símbolos, escudos o iniciales). Cinturones trenzados en oro o plata. Pendientes en coral, oro y turquesas. Mochilas en forma de peluches. Medias nacaradas. *Piercing*. Zapatillas de deporte en colores llamativos. Botas en color blanco. Zapatos de salón de tacón alto. Tangas con *prints* en colores que suelen llevar visibles por encima de las prendas.

DANDY

Como dijo el escritor escocés Thomas Carlyle, refiriéndose a la figura del *dandy*, «Todas las facultades de su alma, de su espíritu, de cartera y personales están heroicamente dedicadas a una misión: vestir las prendas sabiamente y bien. Mientras los demás visten para vivir, el *dandy* vive para vestir. A comienzos del siglo XIX se llamo *dandy* a un grupo de jóvenes de la alta sociedad británica que tenían entre sí un acuerdo tácito para mostrarse elegantemente vestidos. Tenían un interés inusitado por la moda cuidando con esmero la selección de la indumentaria y el accesorio. Con el tiempo se convirtió en un concepto proteico abarcando una fusión de maneras e indumentaria apoyada por los artistas románticos. Esta actitud parece que surgió en torno a George Brummel, amigo del príncipe heredero, quien a su vez influyó en Lord Byron y otros escritores románticos. Brummel intentaba destacar por

lo sencillo a la vez de lo cuidadoso con tremendo esmero, cortes impecables, tejidos naturales, intentando, de esta manera, crear una tendencia de moda. A Brummel se le atribuye la creación del traje moderno de caballero. El *dandismo* ha estado vinculado a otros muchos nombres como el conde D'Orsay, el duque de Marny o don Pedro de Alcántara, conde de Salvatierra, etc. Baudelaire identifica el *dandismo* como la última hazaña posible, una búsqueda de distinción y nobleza, de una *aristeia* de la apariencia.

- *Imagen:* Esmerada. Caprichosa. Mezclada. Barroca.
- *Prendas y formas:* Chaquetillas estrechas. Pantalones *Slim.* Camisas blancas. Chalecos. Levitas. Abrigos. *Ruffles* (volantes). Jaretas.
- *Tejidos:* Terciopelo. Brocado. Sedas. Paño. *Tweed.* Alpacas.
- *Colores:* Blanco. Gris. Burdeos. Azul petróleo. Verde musgo. Amarillo oro. Morado.
- *Prints:* Ojo de perdiz. Príncipe de Gales. Rayas diplomáticas. Tartán. Amebas.
- *Accesorios y aplicaciones:* Grandes estolas. Pañuelos en el cuello. Pajaritas. Corbandas. Monoculos. Gafas. Flores de ojal. Bastones. Paraguas. Botonaduras. Gemelos. Alfileres.

EDUARDIANO

El movimiento eduardiano debe su nombre a la estética que imperó durante el reinado de Eduardo VII de Inglaterra entre 1901 y 1910. También denominado *Belle Époque*, socialmente la época eduardiana se caracteriza por un cierto aperturismo en las formas de vida, consecuencia de cambios económicos y sociales que aligeraron tímidamente la rigidez de la época victoriana. El proceso de emancipación de la mujer, el desarrollo del gusto por el deporte y la valoración de la naturaleza y el aire libre condicionó el gusto y las costumbres de una época en la que la moda se vuelve más fácil y ligera.

- **Imagen:** *Slim*. Ajustada. Esmerada. Cintura y cuello como partes destacadas. Es característica la forma de «reloj de arena» en la mujer.
- **Prendas y formas:**
  Mujer: Faldas de talle alto. Trajes pantalón. Camisas con corbatas. Chaquetas con cuello *mao*. Pololos y prendas lenceras. Camisas con mucetas. Cuellos altos y rígidos. Faldas de media capa con volantes en los bajos. Mangas de jamón. Capas. Levitas. Chalecos. Pieles.
  Hombres: Trajes de tres piezas. Abrigos con aplicaciones en piel. Chalecos. Levitas. Pantalones pitillo con galones en las costuras exteriores. Capas. Camisas de cuello duro. Fracs.
- **Tejidos:** Muselinas. Tul. *Tweed*. Cheviot. Ojo de perdiz. Terciopelo. Fieltros.
- **Colores:** Blanco sobre todo. Tonos empolvados. Carmesí. Burdeos. Verdes. Calabazas. Chocolate.
- **Accesorios y aplicaciones:** Botonaduras forradas. Relojes con cadenas. Flores de organza. Medias tupidas. Ligueros de pantorrilla masculinos. Sombreros hongos. Corbatas y corbandas. Pajaritas. Lazos. Plumas. Broches con libélulas, lagartos, etc. Guantes en piel de ciervo o gamuza. Pañuelos de bolsillo. Paraguas y bastones.

EMO

Género musical surgido en Estados Unidos, concretamente en Washington, a mediados de los años ochenta. Es un apócope de los géneros musicales *emotional hardcore* y *emo-core* y hace referencia a lo emocional sublimizado que queda patente en las letras de las canciones de los grupos del género, llenas de mensajes con estados de ánimo tristes, y comprometidas.

- *Imagen:* *Slim.* Desestructurada. Ecológica. Minimalista. Desordenada. *Oversize.* Peinado asimétrico. Ojos maquillados en negro.
- *Prendas y formas:* Camisas. Pitillos caídos. *Leggins* solos o combinados con faldas. Polos. Sudaderas con capuchas. Bermudas. Buzos ajustados (sudaderas con capuchas sin cremalleras).
- *Tejidos:* *Denim.* Algodón. Rayón.
- *Colores:* Rosa. Fucsia. Celeste. Ajedrezado blanco y negro. Rallados blanco y negro, negro y rojo, negro y fucsia.
- *Prints y símbolos:* Dibujos japoneses. Corazones rotos. Lágrimas. Camuflaje. Estrellas.
- *Accesorios y aplicaciones:* Mitones rayados. Medias de rayas. Zapatillas *All Star* o *Vans* (zapatillas con o sin cordones de suela gruesa de goma caracterizada por el *mix* de tejidos y *prints* entre las que destacan el camuflaje, el damero blanco y negro o ilustraciones). Zapatillas tipo *skater* (zapatillas acordonadas redondeadas y de gruesa suela. Generalmente suelen estar ilustradas con diversos motivos procedentes del cómic). *Duck tapes* pegados en los bordes de las zapatillas (cinta adhesiva de diferentes colores entre las que destaca el color aluminio). Gafas con montura gruesa en color negro. Bolsos bandolera. Pulseras con motivos ajedrezados en blanco y negro. *Piercing.*

GÓTICO

Subcultura o movimiento musical que surgió en Gran Bretaña en la etapa post-punk a mediados de los años ochenta, aunque parece que su origen se remonta a mediados del siglo XIX en Francia, como un movimiento obrero y estudiantil de filosofía antisocial, que maquillaban sus caras de color blanco y vestían de negro para demostrar que la sociedad y su sistema los tenían «muertos».

Los primeros góticos frecuentaban el club londinense *The Batcave* situado en un sótano, idolatraban la llamada literatura gótica representada por autores como Byron, Shelley o William Blake y a toda la iconografía presente en sus obras como cementerios, tumbas, calaveras, castillos, iglesias en ruina, vampiros, etc.

El grupo de los góticos está caracterizado por un individualismo filosófico, una sublimación de la creatividad y el arte, de la intelectualidad, y un espíritu comunitario en el sentido del rechazo hacia la realidad social del momento, y a sus valores y formas de vida. Como otros movimientos del momento la indumentaria está cargada de mensajes y símbolos con carácter afiliatorio, satírico o simplemente decorativo.

- *Imagen: Slim.* Andrógina. Siniestra. Oscura. *Oversize.* Superposiciones. Pieles blancas. Lentillas nacaradas. Perillas y barbas. Ojos, labios y uñas negras, aunque también se utiliza el rojo para los labios. Peinados cardados o lacios con tintes morados, rojizos o platino para las mujeres. Para el hombre, cabellos asimétricos en color negro o platino.
- *Prendas y formas:* Pantalones *skinny* (pitillos). Camisetas. Corsés. Cazadoras. Levitas. Gabardinas. Camisas con chorre-

ras. Minifaldas. *Leggins*. Guardapolvos. Mangas globo o murciélago. Calzas largas.

- **Tejidos:** *Bondage* o *fetish* como cuero, PVC, latex, vinilo o charol. Encaje negro. Satén negro. Tul. *Mohair*.
- **Colores:** Negro.
- **Prints y símbolos:** **Cruces católicas.** Cruces celtas. Calaveras. Martillo de thor. Medusas. Rosas. Flor de lis. Ankh, símbolo egipcio. Tela de araña.
  - **Accesorios y aplicaciones:** Borsegos (botas altas con cordones). Ligueros. Estoperoles (tachuelas). Cadenas. Collares con picos o aros. *Piercing*.

GLAM

Género musical, cuyo nombre es un apócope de *glamour*, nacido en Gran Bretaña durante los años setenta, también conocido como *glitter rock*. La estética *Glam*, caracterizada principalmente por su ambigüedad, surge como reacción a la masculinidad de la figura del rockero. Para otros autores, la estética parte del peinado que David Bowie lució en la carátula de su disco *Ziggy Stardust* diseñado por Kansai Yamamoto, quien fue el primer diseñador japonés que presentaba un desfile de moda en Londres. Parece ser que David Bowie buscaba una imagen provocadora y al ver a una modelo con un corte de pelo de carácter andrógino en un rojo tremendamente llamativo fotografiada en la revista *Honey,* decidió encargar al diseñador japonés el diseño de una imagen nueva. El resultado fue la de un ambiguo alienígena con reminiscencias estéticas del teatro kabuki.

- **Imagen:** Futurista. Pop. Ambigua. Provocativa. Maquillaje colorista, exagerado y brillante. Cortes de pelo trangresores, crestas, tintes paleta de color estridente.
- **Prendas y formas:** *Leggins*. Vaqueros con aplicaciones. Camisas con chorreras. Chalequillos. Minifaldas. *Shorts*. Trajes de chaqueta. *Blazer*. Levitas. Corsés. Monos asimétricos. *Bodys* abotonados. Boleros.
- **Tejido:** Encaje. *Lycra*. *Lurex*. Rayón. Tul. Charol. Piel. Raso.
- **Colores:** Oro. Plata. Metalizados. Ácidos. Fucsias. Azulinas.

- **Print y símbolos:** Cruces. Estrellas. Leopardo. Cebra. Serpiente.
- **Accesorios y aplicaciones:** Chisteras. Hombreras postizas con pedrerías. Cubreojos piratas. Bandós para el pelo. Boas de plumas. Ligueros. Sostenedores con pedrería. Manguitos. Mitones. Galones. Mocasines plateados. Borlas. Flecos. Cruces. Cadenas. Red. Tachuelas y lentejuelas. Adornos étnicos. Anillos *oversizes* con turquesas y esmeraldas. Botas corsarios en charol o *lurex*. Botas *cowboys* en piel de potro. Zapatillas de deporte tobilleras en piel de colores. Corbatas y fulares. Zapatos con plataformas.

GRUNGE

El movimiento o cultura *grunge* se genera a raíz del estilo musical surgido a finales de los años ochenta y que tras su impulso mediático se consolidó a lo largo de los años noventa en otras disciplinas de la cultura como la literatura, el cine o el arte. Teniendo como círculo geográfico la costa este de los EEUU desde la ciudad de Seattle, se cree que el término proviene de una pronunciación relajada del adjetivo *grungy*, jerga en inglés para decir «sucio». Algunos autores señalan al vocalista del grupo Green River, Mark Arm, como la primera persona que utilizó el término refiriéndose a un nuevo estilo musical en una carta que envió en 1981 a la revista de Seattle *Desperate time*, en la que criticaba a su anterior banda, *Mr Epp and the calculations*, llamándola «*pure grunge! pure noise! pure shit!*» (pura basura, puro ruido, pura mierda). Fue Clark Humphrey, director de la revista, quien mencionó ésta como la primera vez que se utilizaba la palabra para referirse a una banda de Seattle.

A dicho movimiento se le relaciono frecuentemente en EEUU con la llamada *generación X* término aplicado a la generación de personas nacidas en los años setenta y que vivieron su adolescencia en los años ochenta y principios de los noventa.

También conocido como *generación perdida* o de la *apatía,* se considera que fue el escritor canadiense Douglas Coupand quien popularizó este término en su obra de 1991 del mismo título: *Generación X,* una generación de perdedores que no encontraban su camino en la sociedad y que se refugiaron en el consumismo de drogas y en la filosofía del «aquí y ahora» como forma de vida.

- *Imagen:* Desaliñada. Superpuesta. Mezclada. Distorsionada. Ajada. *Oversize.* Cabellos largos. Rota.
- *Prendas y formas:* Camisetas. Camisas. Vaqueros. Chaquetones. Trencas. Bermudas. Vestidos mini. Cazadoras. Anoraks acolchados.
- *Tejidos:* Vaquero. Pana. Lana. Punto. Franela. Cuero.
- *Colores:* Azules desvaídos. Azul cobalto. Piedra. Gris. Camel. Negro.
- *Prints:* Mensajes serigrafiados. Cuadros.
- *Accesorios y aplicaciones:* Botas *Dr. Martens* (marca de calzado: bota con suela de goma pespunteada en diversas medidas —desde el tobillo a media pierna— acordonadas en la zona delantera). Zapatillas *Converse* (marca de calzado: bota o zapatilla realizada en loneta con suela de goma y cordones). Sombreros cloches. Gorros de lana. Fulares. Gargantilla de cuero. *Leggins.* Pulseras de cuero. Gafas negras. Banderolas. Bandós en el pelo. Borsalinos en fieltro. Chanclas. Medias.

GIPSY

La estética andaluza es un lenguaje visual que tiene su génesis en el siglo XIX como consecuencia de la fascinación que ejercía Andalucía entre los viajeros románticos.

La sensibilidad romántica buscaba paraísos inviolados por la sociedad burguesa donde la pureza, el pintoresquismo y la idiosincrasia de una cultura se conservara lo más pura posible.

Al igual que otras zonas como el Próximo Oriente, Turquía o Egipto, Andalucía gozó de la pasión de dichos viajeros. Sin duda, el pasado islámico y los restos arquitectónicos conservados despertaron la curiosidad y la atracción de un incipiente turismo que comienza a desarrollarse en esta época.

Todo esto generó un lenguaje visual compuesto por una serie de elementos que definen y caracterizan un estilo, «el andaluz», o en su extensión «el español», que se ha convertido en una constante de inspiración en las colecciones de firmas y diseñadores.

- *Imagen:* Barroca. Sensual. Femenina. Colorista.
- *Prendas y formas:* Camisas blancas. Boleros. Mantones. Chales. Pantalones pitillo de talle alto. Faldas canasteras. Silueta sirena. Chalequillos. Capas. Volantes. Drapeados.
- *Colores:* Rojo. Fucsia. Oro. Negro. Turquesa. Coral.
- *Tejidos:* Tul. Algodón. Tafetán. Encajes. Guipures. Sedas. Terciopelo. Rasos. Tejidos bordados. Brocados.
- *Prints:* Lunares. Estampados florales y aves. Rayas diplomáticas. Pata de gallo.
- *Accesorios y aplicaciones:* Pericones. Peinetas. Mantillas. Flores. Chorreras. Flecos. Alamares. Galones. Sombreros cordobeses. Azabache. Coral. Oro. Monedas. Lazos.

HEAVY

Tienen su origen en el Reino Unido de los años setenta como consecuencia de la radicalización del movimiento sociológico *hippie*.

No simpatizan con ninguna ideología concreta pero tienden a la anarquía, el marxismo o comunismo.

- **Imagen:** Agresiva. Rupturista. Desaliñada. *Slim*. Cabellos largos en los hombres y cardados en las mujeres.
- **Prendas y formas:** Pantalones. Chaquetas. Sudaderas. Chalecos. Camisetas. Cazadoras.
- **Tejidos:** *Denim*. Piel. Algodón. Terciopelo.
- **Colores:** Azul. Negro. Rojo.
- **Prints y símbolos:** Símbolos esotéricos. Símbolos satánicos.
- **Accesorios y aplicaciones:** Tachuelas. Chapas. Zapatillas de deporte. Botas vaqueras. Botas militares. Collares y muñequeras con pinchos. Anillos y medallones plateados

HIPPIE

Movimiento contracultural surgido en EEUU en la década de los años sesenta como rechazo a los valores y la mentalidad de la sociedad burguesa.

En su forma de vivir pretendían seguir el credo del ideólogo Henry David Thoreau, quien, en su obra *Walden*, editada en 1854, preconizaba la vida en comunidad rodeado de naturaleza, una visión «roussoniana» de la existencia que se alejaba de lo urbano por contaminado y adulterado.

A los primeros *hippies* se les denomino los *flowers people*, porque se presentaban adornados con flores. La búsqueda de otra forma de vida ajena a los tabúes y al dogma les llevó a la valorización y búsqueda de culturas orientales, lo que sin duda significó la utilización de una estética visualmente reconocible.

- **Imagen:** Fresca. Desestructurada. Holgada. Desaliñada. Informal. Étnica.
- **Prendas y formas:** Pantalones pata de elefante. Pantalones vaquero. Faldas largas o *midi*. Chalecos. Caftanes. Candoras. Zamarras. *Dhotis*. Casacas. Abrigos en piel. Gabardinas en cuero.
- **Tejidos:** Vaquero. Muselina. Pana. Algodón perforado. Punto.
- **Accesorios y aplicaciones:** Pañuelos. Fulares gorros. Collares étnicos. Colgantes y medallones. Anillos *oversizes*. Brazaletes. Pamelas. Ganchillo. Croché. Sandalias. Botas. Flores. Gafas. Flecos.

IMPERIO

Es un estilo aplicado tanto a las mujeres como a los hombres que imperó durante el reinado de Napoleón Bonaparte en Francia (1804-1814) y que como el estilo artístico con el que coincidió cronológicamente, el neoclasicismo, aboga por una vuelta a lo clásico con líneas rectas y simplicidad en cortes y tejidos. También llamado «estilo *recamier*», ha llegado a ser un referente icónico, al contrario de otros muchos estilos históricos, por una serie de peculiaridades que se han perpetuado a lo largo de la historia de la moda.

- *Imagen:* Depurada. Liviana. Escueta. Transparente.
- *Prendas y formas:* Verticalidad. Escotes pronunciados. Mangas largas o mínimas. Chaquetas *spencer*. Vestidos cortados bajo el pecho o *recamier*. Chalecos rígidos cruzados. Casacas bordadas. Camisas blancas.
- *Tejidos:* Muselinas. Tules. Sedas. Tafetán. Paño. Terciopelo. Organzas.
- **Colores:** Blanco. Empolvados. Pasteles. Té. Vainilla. Oro.
- *Prints:* Abejas. Cola de pavo. Amebas. Motivos clásicos griegos. Motivos orientales.
- *Accesorios y aplicaciones:* Chales de cachemira. Limosneras. Guantes. Corbatas de muselina o chalinas. Bastones. Turbantes. Capotes. Sombrillas. Cofias. Abanicos. Medias de seda. Broches. Sombreros de copa.

LADY

No podemos considerarla más que una determinada estética o forma de vestir que con el paso del tiempo se convirtió en tendencia y estilo reiterativo según la temporada.

La estética propiamente dicha nace de los *looks* y la manera de sentir y utilizar la moda por parte de las mujeres en la década de los cincuenta, una manera ultrafemenina y pensada para cada ocasión, donde cada pieza de moda se estudia y se complementa a la perfección.

- **Imagen:** La imagen del estilo *Lady* es tremendamente formal, donde las prendas casan perfectamente para componer un *look* caracterizado por la coherencia y la formalidad.
- **Prendas y formas:** Trajes de chaqueta estructurados. Cárdigans y *Twin set*. Faldas tubo hasta la rodilla. Jerséis cuello cisne. Camisa blanca. Camisas con lazadas. Trajes pantalón. *Trench*. Gabardinas. Camiseros. Pantalones con pinzas y talle alto. Abrigos de verano.
- **Tejidos:** Muselinas y seda. Pelo de camello. Alpacas. Gabardina. *Libertys*. *Tweed*. Raso de algodón. Plisados. *Chiffón*.
- **Accesorios:** Carteras de mano. Monederos. Guantes. Perlas. Broches de ojal. Estolas de piel. Pisacorbatas y alfileres de cuello. Pañuelos con *prints* florales o ecuestres para la cabeza. Cinturones *ad hoc*. Medias de verano. Salones altos. Bailarinas. Pañuelos de cuello. Turbantes. Gafas *oversize*. Complementos vintage.

MINIMALISMO

Término utilizado por primera vez por el crítico británico Richard Wolheim en 1965, el minimalismo es un movimiento artístico que se desarrolla en Nueva York y que si bien surge en las artes plásticas se extiende rápidamente a otras disciplinas como la arquitectura, la decoración y, por extensión, a la moda. Podemos definir el minimalismo como una respuesta al barroquismo y a la opulencia de formas y detalles, un intento de expresar lo máximo posible con el mínimo de elementos. Podemos definir el minimalismo en moda con la frase del arquitecto Mies van der Rohe: «Menos es más». Los rasgos que definen el estilo minimalista aplicado a la moda serían los siguientes:

- **Imagen:** Aséptica. Luminosa. Vertical. Unicidad. Funcional.
- **Prendas y formas:** Vestidos rectos. Pantalones pata de elefante. Gabardinas. Parcas. Camisetas. Formas *oversizes*. Formas puras. Formas geométricas.
- **Tejidos:** Algodón. Lino. Rafia. Alpacas. Sedas. Tejidos tecnológicos. Rayón.
- **Colores:** Piedra. Almendras. Blanco. Azules. Grises.
- **Accesorios y aplicaciones:** Mochilas. Hebillas. Botas. Fulares. Bolsos *oversizes*.

MOD

Del ingles *modernism* (modernismo), movimiento cultural basado en la música y la moda que se desarrolló en Londres desde finales de los cincuenta y tuvo su auge en la primera mitad de los años sesenta. Desarrollado a partir de la subcultura de los *teddy boys* el movimiento *mod* fue promovido por adolescentes con relaciones familiares con el negocio de la sastrería. Eran de clase media y mostraban interés por las nuevas modas que llegaban del continente, tales como los trajes entallados italianos y estilos musicales negros estadounidenses como el jazz y *Rhythm and Blues*. También estaban interesados por el pop *art*, la *nouvelle vague* francesa y la filosofía existencialista.

La novela *Absolute beginners*, escrita por Colin Macinnes en 1959, ha sido citada como un retrato de la cultura juvenil londinenses de finales de los cincuenta, semilla de la escena *mod*. El autor, Dick Hebdige, retrata acciones prototípicamente *mod*: «*scooters* que abrillantar, discos que comprar, pantalones que planchar, estrechar o recoger de la lavandería, cabellos que lavar y secar con secador y cepillo» (no servía un secador cualquiera, según un *mod* entrevistado por el *Sunday Times* en agosto de 1964: tenía que ser «uno con capuchón»).

La banda The Who se convirtió en la banda oficial del movimiento. Una de sus composiciones, «My Generation», se convirtió en el himno oficial. El logo de origen pop art del movimiento *mod* está basado en la escarapela de la *royal air force*.

- **Imagen:** Esmerada. Pulcra. Estudiada. *Slim.*
  Ellos: peinado *perry como* (cabellos peinados hacia delante con flequillo recto y pronunciado y patilla estrecha o *college boy* (cabellos peinados con raya al lado y nuca ligeramente cardada). Diversos tipos de *backcombing* (cardados). Ojos delíneados en negro.
  Ellas: peinado *bob* (*garçon*-liso, desde el centro de la cabeza y flequillo). También moños italianos acompañados de diadema. Fondo de maquillaje blanco. Ojos maquillados con sombra negra y pestañas postizas.

- **Prendas y formas:** Camisas. Polos. Jerséis de pico. Cuello cisne. Cuello redondo. Americanas rectas de dos o tres botones con solapas estrechas, cierre alto con una o dos aberturas. Bolsillos *ticket pocket*. Parcas ejército americano como la m-51 o la m-56. Chaquetas *harrington y monkey*. Abrigos *crombis*. Tabardos marineros estilo *peacoat*. *Tonic*, trajes entallados que varían de color según la luz. Gabardinas con forro a cuadros. Vaqueros Levis modelos 501 o *sta-prest*. Camisas *Ben Sherman* (marca de ropa donde destacan las camisas de cuadros de cuello abotonado). Polos *Fred Perry*. Jerséis de cuello alto entallado. Chalecos. Niquis. Americanas cortas. Rebecas. Trajes de chaqueta sin mangas. Faldas rectas línea a. *Sky pant* (pantalones muy estrechos tipo *Leggins*).
- **Tejidos:** Punto. Nailon. Cuero. Ante. Plástico. *Tweed*.
- **Colores:** Gris. Azul. Blanco. Pasteles. Negro. Caldera. Camel.
- **Prints:** Madrás. Cuadros escoceses. Motivos geométricos.
- **Accesorios y aplicaciones:** *Desert boots* (también conocidos como «pisamierdas», «safari» o «*desert cockson*»). *Chelsea boots* (bota de caña corta con elástico laterales y presilla en el talón). *Beat boots* (bota de caña corta con puntera muy pronunciada y tacón rebajado hacia dentro). Mocasines. Zapatos de bolos. *Hush puppies* (marca de zapatos de ante con o sin cordones). *Stage shoes* (zapatos de cordones de piel suave completamente planos que se utilizan principalmente para bailar). *Winklepickers* (zapatos o botas acordonadas con la puntera muy pronunciada). Fulares. Corbatas. Pasadores. Cadenas en las solapas. Pendientes de aro o perlitas. Gemelos. Diana *mod* en la solapa. *Granny shoes* (calzado femenino de puntas redondas cerrado con tira con hebilla o botón). Sombrero *Stingy Brim*» (sombrero en fieltro con el ala de tamaño mediano). Gafas negras. Zapatos *basket weaves* (calzado en tejido o material entrelazado).

PUNK

Generado del rock, el punk es un género musical que surge en Inglaterra durante los años setenta, sujeto a numerosas acepciones, circunstancia común a multitud de movimientos o subculturas, el término «punk» define con carácter despectivo tanto a objetos (basura) como a personas (escoria, despreciable o pacotilla). Según algunos autores el término se utilizó por primera vez como oficial en 1976 para nomenclar una revista fundada en Nueva York por John Holmstrom, entre otros autores. De carácter rupturista y transgresor, dicha publicación tematizaba su contenido en torno a los gustos personales de los editores tales como las reposiciones televisivas, la cerveza, el sexo, las hamburguesas, los cómics, las películas de serie «B», etc. Para otros autores, la estética Punk se gestó en las calles de Londres cuando los jóvenes diseñadores de Saint Martins College of Art & desing introdujeron el lenguaje visual de la calle rompiendo con la rancia tradición británica. De una u otra forma podríamos definir como «nihilista» la filosofía imperante en el movimiento punk. Una visión pesimista de la existencia con el cuestionamiento de dogmas, de forma tradicionales de vida y de comportamientos políticamente correctos conforman una forma de entender la existencia resumida en la expresión «*No future*». Estéticamente, el lenguaje visual propio de la filosofía punk ha sido de los más ricos y reiterativos como constante en la moda desde revisiones tan variadas como sorprendentes.

- **Imagen:** *Slim.* Trangresora. Colorista. Filiforme. Integral. Artificial. Teatral.
- **Prendas y formas:** Pantalones. *Strech. Leggins.* Chupas. Calzas. Cazadoras bombers. Chalecos. Minifaldas. Corsés. Jerséis cuello alto. Camisetas.
- **Tejidos:** Tartán. Camuflaje. Cuero. Red. Tul. Charol. Vaquero. Piel. Polipiel.
- **Colores:** Negro. Blanco. Rojo. Ácidos y chillones en tintes para el pelo y *prints*.
- **Print y símbologia:** Rayas. Calaveras. Símbolos estalinistas, satanistas, nazis y anarquistas: cruces negras «A» anarquista, bandera negra, rosa negra, cruz gamada, gato negro. Símbolos cuneiformes de culturas pasadas.
- **Frases serigrafiadas:** *No future. Abolist law. Fertility lust. This is not the star of David.*
- **Accesorios y aplicaciones:** Collares de perro con clavos. Gafas negras. Medias de red. Botas de cuero con plataformas y punteras en hierro. Chapas. Cadenas. Imperdibles. Tirantes. Brazaletes con remaches.

RAPERO

Como estilo de moda, el lenguaje estético del rap nace del género musical que consiste en la recitación rítmica de rimas, juegos de palabras y poesía surgido a mediados del siglo XX entre la comunidad negra de los EEUU. Es uno de los cuatro pilares de la cultura *hip-hop* compuesta además por los *b-boys,* que son los que bailan *break dance* a la par de la música, los grafiteros y los DJs que son los que con sus discos fabrican la base rítmica.

Las letras de sus canciones suelen ser de carácter de denuncia social y una evidencia pública de experiencias de vida marcadas por la violencia. La peculiaridad de los atuendos característicos de los raperos ha generado la iconización de una serie de singularidades que han trascendido el ámbito donde se generaron para formar parte del lenguaje de la moda.

- **Imagen:** *Oversize*. Superposiciones. Desestructurada. Ilustrada (serigrafías en frases o palabras).
- **Prendas y formas:** Remeras *oversize*. Pantalones *oversize* ¾. Busos (prenda con capucha abierta por delante). Chompas (jerséis de algodón abierto hasta la mitad del pecho generalmente con capucha). Chupas. Sudaderas. Chalecos. Cargos. Chándales. Plumíferos.
- **Tejidos:** Rayón. *Lycra*. Algodón. Pelo artificial. Nailon. Raso.
- **Colores:** Blanco. Negro. Oro. Añil. Amarillo. Ácidos.
- **Prints:** Camuflaje. Geométricos. Símbolos de la cultura negra. Bandera jamaicana. Signo del dólar. Cruces. Coronas. Símbolo *Om*. Lenguaje urbano serigrafiado.
- **Accesorios y aplicaciones:** Gorras. Cadenas. Cremalleras. Colgantes. Zapatillas deportivas. Gorras *Marley* (gorra con dibujos y *print* característicos de Jamaica como la imagen del cantante Bob Marley, el colibrí, la bandera jamaicana o el *ackee* o fruta característica del país...).

ROCKERS

Subcultura que hace su aparición en Gran Bretaña a mediado de los años cincuenta, cuyo origen son los llamados *teddy boys*. Individualistas, rebeldes y amantes de las motos inglesas y el rock and roll, tenían como lema «vive rápido, muere joven y ten un cadáver bonito»[11].

- **Imagen:** Coherente. Esmerada. *Slim*. Barroca. Integral.
  Ellos: tupés y patillas.
  Ellas: cardados.
- **Prendas y formas:** Pantalones pitillos. Camisas. Camisas con remeras debajo. Camisas con cuellos *oversizes* por encima de las solapas. Tejanos con vuelta de los bajos. Chaquetas *oversizes*. Faldas lápiz. Cancanes. Cazadoras.
- **Tejidos:** Rasos. *Denim*. Algodón. Tul. *Lycra*. Cuero. Polipiel.
- **Colores:** Rojo. Azul. Negro. Blanco.
- **Print y simbología:** Calaveras. Símbolos ambiguos. Bandera sureña. Bordados insignias en la trasera de las cazadoras. Imperdibles. Tachuelas. Cadenas. Coronas remasterizadas.
- **Accesorios y aplicaciones:** Bordados. Botas de motoristas. Botas vaqueras, zapatillas, bambas (zapatillas acordonadas en loneta de diversos colores y suela de goma). Zapatos de gamuza, negros o blancos. Hebillas *oversizes*. Cascos de motoristas. Bufandas de seda blanca. Calzas blancas dobladas sobre el filo de las botas. Zapatos de salón de tacón fino. Bailarinas. Gafas de aviador.

---

11. Madrid, David y Murcia, Jorge: *Tribus urbanas: Ritos, símbolos y costumbres*. 2008, pág. 110.

SKINHEADS

Movimiento juvenil de carácter musical nacido en Gran Bretaña a finales de la década de los años sesenta y reaparecido durante la década de los años setenta.

Parece ser que el origen del movimiento son los llamados *rude boys* o chicos duros, jóvenes negros procedente de Jamaica que comenzaron a imitar a los gángster de las películas americanas vistiendo como ellos y escuchando una música muy pegadiza y con mucho ritmo llamada *Ska*.

De este movimiento, los *skinheads* tomaron muchos símbolos de identidad. Lo que parece ser es que en el momento en el que surgen, en el que coinciden con otras tribus urbanas como los *rude boys* o *mods*, lo hacen como reacción a otros movimientos juveniles como los *hippies,* a los que acusan de ser un movimiento burgués.

Los integrantes de la subcultura *skinheads* proceden del medio proletario, adoran la cerveza, la música *ska* y *oi!* (de la expresión inglesa «*Hey, you!*», estilo musical), el fútbol, la práctica del culto a la rudeza y al coraje, el compañerismo y el orgullo de pertenecer a la clase trabajadora.

Refiriéndose a la filosofía de los *skinheads*, el escritor Servando Rocha reproduce la cita siguiente en su obra *Agotados de esperar el fin*: «Detestan nuestro pelo largo, nuestras barbas, nuestra indumentaria y el hecho de que no trabajamos. Para ellos no somos más que extravagantes, grasientos, comunistas o maricas. Son los descendientes de los *mods* y su religión es la violencia, pero no la practican como esos que sólo van a misa los domingos, ellos patean a los melenudos diariamente (...). Se rapan las cabezas para mostrar su desprecio por nuestra filosofía del amor y la paz.»[12] Hay autores que hablan de dos momentos diferenciadores en torno a la subcultura *skinheads*. Uno anterior procedente de la

12. Rocha, Servando: *Agotados de esperar el fin*. Barcelona, 2008, pág. 121.

evolución del movimiento *mod* que estuvieron siempre al margen de actitudes xenófobas y racistas, y otro diez años mas tarde que es cuando va haciendo su aparición la estética que exponemos a continuación:[13]

- **Imagen:** Agresiva. Trangresora. Llamativa. Coherente. Integral. Cabezas rapadas. Corte de pelo *chelsea* (parte superior de la cabeza rapada. Flequillo y patillas largas).
- **Prendas y formas:** *Jeans* cortados a media pierna o remetidos por las botas. *Bombers*. Camisas. Polos. Minifaldas. Camisetas mensaje.
- **Tejidos:** Vaquero. Raso. Piel. Tartán.
- **Colores:** Negro. Blanco. Azul. Fucsia.
- **Prints y simbología:** Ajedrezados blanco y negro. Camuflaje. Bandera inglesa. Palabras como *rash* (cabezas rapadas de rojo y anarquistas), *sharp* (*skinheads* antirracistas). Símbología satánica: cuernos, cruz invertida, lengua extendida, *baphomet* o cruz de Satán, «S» satánica, etc. Pentagramas. Hexagramas. Cruz *Tau*. «A» anarquía. Hostia. Zodiacos. *Udjat*. Símbolo de la fertilidad. Esvástica. Cruz de Nerón. Símbolo del yin-yang.
- **Accesorios y aplicaciones:** Calcetines blancos. Tirantes. Botas Dr. Martens. Zapatos tipo *brogue* o *loafer*.

---

13. Otras derivaciones estéticas de la subcultura *skinheads* son los llamados *sharp*, *rude boys*, *hooligans*...

TEDDY BOYS

Grupo juvenil inglés de principios de los años cincuenta que, aficionados al rock & roll, comenzó a vestirse y a utilizar indumentaria con detalles que recordaban a las prendas del llamado estilo eduardiano (1901-1910).

Es por ello por lo que se les llamó *teddy boys*, como diminutivo de «Edward», haciendo referencia al nombre del monarca inglés.

Como la mayoría de las subculturas de la postguerra, los *teds* tenían como objeto de su violencia a todas aquellas personas que detentaban de alguna manera la autoridad, desechando la cultura británica en la que se gestaron en pro de la admiración de la cultura estadounidense y el *boom* que produjo el rock & roll y el cine cuyos protagonistas icónicos fueron Marlon Brandon o James Dean.

- **Imagen:** Artificiosa. Cuidada y estudiada. Coherente. Integral.
  Ellos: peinados *pompadour* o *quiff* (tupés). Patillas largas.
  Ellas: coletas y labios rojos.
- **Prendas y formas:** Levitas. *Blazer*. Cuellos destacados. Abrigos. Camisas de cuello alto. Pantalones pitillos tobilleros. Polos. Faldas de vuelo.
- **Tejidos:** *Tweed*. Terciopelo. Gamuza. Tul. Raso. *Cheviot*. Molesquín (paño de algodón que se asemeja al cuero).
- **Colores:** Azul petróleo. Negro. Blanco. Burdeos. Gris.
- **Prints:** Pata de gallo. Ojo de perdiz.
- **Accesorios y aplicaciones:** Calcetines de colores chillones. Zapatos de suela gorda de crep (goma). Zapatos *boogies* (acordonados con suela elevada y puntera redondeada) de ante, a ser posible azules. Zapatos de gamuza. Corbatines. Lazos en el cuello. Pañuelos en el cuello para las chicas. Corbatas de cordón con broches metálicos. Aplicaciones de terciopelo en cuellos, puños y solapas.

VICTORIANO

Denominación procedente de su formulación y desarrollo en honor a la reina Victoria I de Inglaterra y su reinado, el estilo victoriano comprende un sinfín de disciplinas que abarcaban una forma de entender la cotidianeidad caracterizada por la solidez de la sociedad burguesa y los valores sociales que esto conllevó primando una férrea moral y un conservadurismo exacerbado.

- **Imagen:** Ornamentada. Barroca. Líneas abiertas y circulares. *Mix* de texturas y colores. Brillante.
- **Prendas y formas:** Blusas. Chalecos. Vestidos *baby doll*. Corsés. Mucetas recamadas y ornamentadas. Mangas holgadas. Drapeados. Formas capitoneadas, abullonadas y abigarradas.
- **Colores:** Principalmente el negro. Burdeos. Carmesís. Oro viejo. Azul cobalto.
- **Tejidos:** *Guipur*. Seda. Encaje. Punto de cruz. Cañamazo de algodón. Gasas. Tules. Terciopelos. Tafetanes y cretonas.
- **Prints:** Florales de construcción geométricas procedentes de la obra de Willian Morris. Animales: perros y gatos en actitud casera. Escenas ecuestres. Pájaros. Escenas circences. Muñecas y marionetas. Imágenes infantiles. Botines acordonados.
- **Accesorios y aplicaciones:** Gargantillas y collares de cuentas muy ceñidos. Broches de época. Camafeos con cintas de terciopelo. Crucifijos. Horquillas adornadas. Cinturones fajines de inspiración oriental. Galones. Borlas. Flecos. Canutillos. *Pailettes*. Cintas.

II. Diseñadores y firmas

A lo largo de la historia de la moda muchos han sido los diseñadores y las firmas que han dejado su impronta estética creando un corpus de peculiaridades, elementos y estilos definitorios y significativos.

Cuando no hago extensible dichas peculiaridades me refiero al hecho de que si bien la historia de la moda recoge aquellas figuras de diseñadores y firmas que de alguna manera han ilustrado históricamente la forma de vestir de nuestros antepasados, no todos son reconocibles y menos aun generadores de una estética, de un vocabulario de moda, en definitiva, creadores de una imagen reconocible. Así, cuando hablamos entre los profesionales y decimos, por ejemplo, «esto es muy Chanel» nos referimos a un estilo creado perpetuando a lo largo del tiempo un lenguaje de signos que para los estilistas son armas de complementación en cualquier *look* que queramos crear.

Por otro lado, si diseñamos un *look* compuesto por un traje pantalón con chaqueta *blazer* sin solapas en tonos piedra, lo complementamos con un broche de solapa en piedra natural con forma geométrica y aplicamos a la modelo un maquillaje natural y el cabello de forma craneal, estaremos creando un *look* al que definiremos como muy «Armani».

En definitiva, el estilista utiliza como arma de complementación una serie de estilos a los que llamaremos «icónicos» que definirán una imagen completa. Amén de esta cuestión, creo fundamental en la formación de un buen estilista el conocimiento por parte del mismo de todos aquellos legados icónicos por parte de ciertos profesionales de la moda, lo que sin duda enriquecerá obviamente y hará evidente hacia los demás la preparación y el bagaje cultural y de conocimiento del profesional del estilismo.

La selección de las firmas y diseñadores recogidos a continuación no responden al capricho o a la arbitrariedad, sino que han sido fruto de mi conocimiento personal generado de la investigación bibliográfica y por otra parte de la visualización en alguno de dichos profesionales por mi parte de una serie de criterios estéticos definitorios que bajo mi punto de vista alcanzan el apelativo de icónicos. Es curioso, por otro lado, que el lector puede considerar significativo el que falten algunos diseñadores o firmas reconocidas que no conllevan bajo mi punto de vista el que hayan creado un lenguaje estético ampliamente reconocible. Por otro lado, tampoco es ecuánime el que haya diseñadores o firmas muy conocidas que aporten un lenguaje estético más o menos extensos que otras que sin ser popularmente reconocidas hayan aportado mucho más. En cada diseñador y firma seleccionado hemos intentado recoger, por un lado, lo creado específicamente por ellos, y por otro, el reconocimiento de un estilo concreto basado en la utilización de formas, elementos, etc., que aunque no creados por ellos lo caractericen. De esta manera sabremos que fue Patou quien imprimió por primera vez sus iniciales en sus prendas y a su vez que un jersey con cuello a la caja complementado con collares de perlas nos traslada y define al estilo «chanel».

Diseñadores y firmas: rasgos conceptuales

• *Surrealistas:* Alexander Mcqueen. Moschino. Elsa Schiaparelli.

• *Bondage:* Alexander Mcqueen. Dolce & Gabbana. Jean Paul Gaultier. John Galliano. Thierry Mugler. Versace. Vivien Westwood.

• *Naturaleza:* Alexander Mcqueen. Cacharel. Dolce & Gabbana. Emanuel Ungaro. Gucci. Laura Ashley. Marcel Rochas. Mary Quant.

• *Orientalistas:* Kenzo. Poiret. Zandra Rodhes. Azzedien Alaia. Yves Saint Laurent. Elie Saab.

• *Estructurales y geométricos:* Armani. Balenciaga. Courreges. Balmain. Claude Montana. Sonia Delaunay. Issey Miyake. Pierre Cardin. Rei Kawuakuvo.

• *Teatrales:* Alexander Mcqueen. Christian Lacroix. Dior. Issey Miyake. Jean Paul Gaultier. John Galliano. Thierry Mugler. Viktor & Rolf.

• *Arte:* Yvest Saint Laurent. Elsa Schiaparelli. Poiret. Sonia Delaunay. Doucet. Fortuny. Jean Charles de Castelbajac. Lanvin. Christian Lacroix.

• *Tecnológicos:* Azzedine Alaia. Alexander Moqueen. Courreges. Issey Miyake. Paco Rabanne. Rei Kawakubo. Yohiji Yamamoto.

• *Mediterráneos:* Dolce & Gabbana. Versace. Valentino. Emanuel Ungaro. Roberto Cavalli. Missoni. Blumarine.

• *Románticos:* Cacharel. Laura Ashley. Emanuel Ungaro. Lanvin. Marcel Rochas. Nina Ricci. Valentino. Vionnet. Miu Miu. Blumarine.

• *Intelectuales:* Balenciaga. Prada. Marni. Dries Van Notten. Fortuny. Sonia Delaunay. Elsa Schiapirelli. Martín Margiela.

• *Andróginos:* Armani. Jean Paul Gaultier. Chanel.

• *Funcionales:* Donna Karan. Armani. Ralph Lauren. Patou. Chanel. Calvin Klein. Jil Sander.

• *Españolistas:* Moschino. Christian Lacroix. Emanuel Ungaro. Balenciaga. Valentino. Óscar de la Renta.

• *Ultrafemeninos:* Carolina Herrera. Azzedien Alaia. Hill Blass. Halston. Valentino. Dolce & Gabbana. Roberto Cavalli. Versace. Azzaro.

• *Coloristas:* Kenzo. Missoni. Dolce & Gabbana. Etro. Emanuel Ungaro. Christian Lacroix. Pucci. Versace. Roberto Cavalli.

- **Sensuales:** Alberta Ferreti. Dolce & Gabbana. Roberto Cavalli. Versace. Halston.
- **Barrocos:** Alexander Mcqueen. Christian Lacroix. Dolce & Gabbana. Emanuel Ungaro. Jean Paul Gaultier. Moschino. Versace. Valentino. Roberto Cavalli. Yves Saint Laurent. Poiret.
- **Minimalistas:** Armani. Balenciaga. Donna Karan. Calvin Klein. Johiji Yamamoto. Courreges. Jil Sander.

Diseñadores y firmas: rasgos definitorios

- **Alberta Ferreti:** El vestido combinación.
- **Alexander Mcquen:** *Bumsters* o pantalones de tiro corto. Utilización de elementos superfluos de carácter sexual, surrealista, etc. El valor dramático de la puesta en escena. La importancia a la referencia constante al mundo de las aves y la iconografía animal en general.
- **Armani:** Sacralización de una manera de entender la elegancia basada en la sobriedad, pureza y funcionalidad. Desestructuración del sastre. Paleta de colores fríos. Contención estética.
- **Balenciaga:** Transformación de la línea del cuerpo. Consideración del cuerpo como una construcción. Espacio entre el cuerpo y el tejido. Línea saco. Color negro en una colección completa. Ascetismo. Combinación del marrón con el negro. Blusa sin cuello. Grandes volantes. Capas cortas. Vestido camisero. Mangas ¾. Manga murciélago. Faldas balón. Vestido túnica. Basculación de los cuellos hacia atrás para resaltar la nuca. Túnica balón. Vestidos *baby doll*. Vestidos cola real. Vestidos barril.
- **Chanel:** El bolso enguatado con cadenas (bolso 2.55). El traje de dos piezas. El vestido negro corto o *little back dress*. Concepto nuevo del color utilizando los claros para la noche y los oscuros para el día. La camelia blanca. El traje de chaqueta en *Tweed*. La utilización de la bisutería: grandes brazaletes, cristal o marfil. El *blazer*. Los pantalones marineros. La falda tableada. La chaqueta amplia con grandes bolsillos. El pantalón de hilo. Las alpargatas. Los bordados de uniformes masculinos. El *furró* negro. Las perlas. *Boaters*. Trenzados con cadenas. La túnica de punto. La franela. El *biscuit*, conjunto de abrigo y vestido en punto beis. El abrigo impermeable. Las bailarinas con puntera oscura. Los puños y cuellos blancos en los trajes sastres. Los zapatos bicolor con traba elástica y talón semidesnudo. Combinación de los colores negro y beis. Las bolsas acolchadas o *quilted*. El suéter con cuello de tortuga.
- **Christian Lacroix:** Barroquismo. Referencias historicistas. Profusión de contrastes, colores y texturas. España y su cultura como constante referente.

- **Claude Montana:** Figuras geométricas en el corte. Profusión de cuellos y hombreras. Figura reloj de arena: hombros muy anchos, cintura estrecha y caderas redondeadas. Piel bordada.
- **Courreges:** Minifalda. Blanco. Futurista: creador de la línea *couture future* introduciendo el punto de lana pegado a la piel en forma de *leggings*. Parcas. Pantalón de gimnasia. Ropa de playa. Gafas XXL. Botas blancas. Uno de los primeros diseñadores en introducir el traje de pantalón para las mujeres.
- **Diane Von Furstemberg:** El vestido cruzado envolvente.
- **Dior:** *New look,* compuesto de chaquetas de hombros estrechos y cintura ajustada acompañada de faldas acampanadas hasta media pierna sobre altos tacones. La rosa como motivo decorativo.
- **Emanuel Ungaro.** Profusión de volantes. Combinaciones inusuales como *prints* de flores sobre cuadros o rayas combinadas con *polka dots.*
- **Fortuny:** Traje delfos, verdadero emblema de la liberación femenina del corsé. Plisado. Echarpes *knossos* en fina muselina decorados con motivos de las cícladas. Aplicación de los *prints* de los tejidos *Libertys* a los terciopelos. Impregnación de las prendas con perfume de Venecia.
- **Givenchy:** Blusa *bettina* (blusa en tela masculina de algodón con cuello abierto, mangas adornadas con volantes y bordado inglés). Bailarinas o manoletinas popularizadas por la actriz Audrey Hepburn. Vestido de noche con el cuerpo suelto que podía llevarse también con falda y pantalones. Exageración de la hechura «saco» dando lugar a la línea globo y trapecio. Volantes y encaje en color negro.
- **Gres:** Los drapeados. Los vestidos túnicas griegas. El color blanco. Plisados en tejidos de punto de seda.
- **Halston:** Vestidos largos con escotes pronunciados y metidos en cintura. Cuellos *halters.* Vestido *ultrasuede*: vestido camisa hasta la cintura. *Pill box*: también llamado sombrero «caja de pastillas», popularizado por Jacqueline Kennedy.
- **Jean Charles De Castelbajac:** Introductor del diseño y la moda en prendas de carácter deportivo. Imprimación de frases en las prendas. Vestidos-cuadros pintados por artistas contemporáneos.
- **Jean Paul Gautier:** Andrógina. Corsé. Precursor del revisionismo histórico. Democratización de elementos *bondage.* Desgeneralización de la moda: fusión entre los géneros masculino y femenino.
- **Lanvin:** Creó el *robes de style*, falda amplia acrinolada desde el talle ajustado, de inspiración dieciochesca. Motivos entrelazados de pasamanería. Bordados en perlas. Azul *lanvin*, mezcla de azul marino y pastel. El vestido camisero. El lazo como motivo ornamental. Las camisas en satén. Los vestidos suntuosos en

oro y plata. El vestido Bretón: compuesto por chaqueta corta con pasamanería trenzada ribeteando los bordes, cuello de organdí vuelto sobre lazada en satén rojo y sombrero marinero en paja.

• **Mainbocher:** Vestido de noche sin tirantes. Suéter cárdigan con botonadura de pedrería. Vestido de gala *Sari*. Trajes sastres masculinos para mujer (*man tailored*). Uso de la *waistcinch* (faja-cinturón).

• **Marcel Rochas:** Utilización de pájaros disecados sobre los hombros de sus vestidos. botones-*Arty*. Utilización del celofán y lamé transparente. Fue el primero en diseñar un traje pantalón de franela gris concebido como indumentaria de calle.

• **Mary Quant:** La margarita como símbolo. Medias estampadas. Botas por encima de las rodillas. Pantalones campana. *Tops* calados. Impermeables de colores chillones. Chalecos de ganchillo. Cinturones caídos. Popularización de la minifalda.

• **Missoni:** Motivos *op art* y africanos muy característicos en tejido de punto con forma geométrica.

• **Paco Rabanne:** Utilización de materiales de confección inusuales tales como metal, aluminio, plástico o plexiglás. Creador del lenguaje futurista en la moda.

• **Patou:** Convino jerséis con la moda de la época. Moda deportiva: la tenista Suzanne Lenglen fue su gran impulsora. Decidió adaptar los pantalones de golf y de montar de estilo masculino, a los atuendos de esquí femeninos durante los años veinte. Falda plisada de seda blanca. Utilización de sus iniciales como motivo decorativo.

• **Paul Poiret:** Líneas *decó*. El vestido de líneas rectas. Líneas geométricas. Orientalismo. Kimono. Folclore. El uso del liguero. Las medias color carne. La falda pantalón. La falda trabada.

• **Pucci:** *Prints* psicodélicos en vivos colores en tejido de punto de seda. Creador de los pantalones *Capri*. Pionero en la logotización de las prendas.

• **Schiaparelli:** Uso del *trompe-l'oeil* en la ropa (el primer suéter con la marca Schiaparelli era de punto negro y estaba adornado con una corbata en *trompe-l'oeil*). Surrealismo: sacar de contexto un objeto o motivo determinado y poseerlo de una función al margen de la oficial: bolsillos-candados, cinturones portafrascos o botellas, sombrero-zapato, traje-escritorio, bolso-teléfono, botonadura realizada con terrones de azúcar, coronas, caballitos, etc., collares confeccionados con aspirinas o insectos aplicados a la bisutería. Rosa *shocking*. El bolero bordado. *Prints* inusuales como mariposas, papel de periódico, insectos o pintura de artistas como el traje bogavante de Salvador Dalí. Suela roja. Guantes con uñas doradas incorporadas. Vestido andrajoso, vestido de noche cuyo estampado hacía que pareciese muy usado. Rotos auténticos. El lazo rosa. Elaboración de vestidos con materiales artificiales como el celofán y el rodofán.

• *Sonia Delaunay:* Introductora del cubismo y el *patchwork* en la moda de los años veinte. Su método estaba basado en el *collage*, mezclando tejidos de colores y texturas diversas. Graduación geométrica del color. Combinación de metales y bordados con seda y lana. Tejidos pintados a mano. Creadora del estilo yuxtapuesto o «contraste simultáneo» de colores puros rotos en prismas.

• *Vionett: Bies.* Creación de modelos de una sola pieza con una sola costura. Modelos con una única costura. Nudos como puntos de recogimiento del tejido para evitar de este modo las costuras.

• *Vivienne Westwood:* Historicismo dieciochesco revisado. Transgresión de los rasgos estéticos, icónicos, *british*.

• *Yves Saint Laurent:* Sahariana. Hule. Traje pantalón. Esmoquin. Arte y moda. Combinación de los colores rojo y rosa. Lazo. *Jumpsuit* (mono). Corazón. Camisas con las espaldas al descubierto. Camisa transparente. Bucaneros (pantalones abombados cortos, a media pierna o largos). Bermudas. *Shorts*. Chaquetón marinero.

• *Zandra Rodhes:* La occidentalización del caftán.

III. Las décadas: de los veinte a los ochenta

Como refiero en otros fragmentos de este manual, uno de mis objetivos fundamentales a la hora de abordar y compilar las competencias profesionales del profesional de estilismo es constatar que actualmente su trabajo y su papel trasciende la complementación del *look* para ejercer como director creativo del proceso visual generador de imágenes. Es por este motivo por lo que el manual intenta proporcionar las armas necesarias que avalen dicha función. Tanto si «conceptualiza» como si exclusivamente «complementa», el estilista emite un mensaje visual al receptor, al que observa la imagen. La génesis de dicho mensaje requiere, según mi punto de vista, una serie de conocimientos, los cuáles definen un estilo de vida, un lenguaje visual reconocible que peculiarizan una determinada etapa histórica. Basándome en mi experiencia personal, cuando he querido conocer con mayor exactitud el lenguaje visual de una determinada etapa, movimiento cultural o circunstancia determinante con el objeto de inspirarme para realizar un catálogo de moda, editorial o desfile, me limitaba simplemente a consultar bibliografía al respecto o internet.

De esta manera, observaba y apuntaba datos que llamaban la atención sobre el maquillaje, la peluquería, los colores o cualquier detalle relevante que pudiese servirme como inspiración para ejecutar una idea que yo tenía preconcebida. La lectura fácil de toda la información consistía en aplicarla, sin cuestionar, a mi trabajo. Personalmente he pretendido no caer en el «simplismo» y lo «previsible», sutilizando los datos visuales, abstrayendo la esencia para reconstruirla, cuestionarla, desestructurarla, en definitiva, revisionarla.

«Revisionar» un lenguaje estético no es sino, desde el conocimiento de un determinado período histórico o movimiento cultural desde todas las perspectivas, crear desde lo «existente» algo nuevo. Sólo si ejecutamos de esta manera consideraremos nuestro mensaje como innovador y novedoso. La impronta fiel sin revisión es caer en el mero disfraz. Esta certeza me hizo comenzar un trabajo de investigación cuyas fuentes fueron muy diversas desde bibliografía al cine, pasando por exposiciones fotográficas, obras literarias, canciones, personajes u objetos icónicos de la época o período en cuestión.

Dicho archivo pleno de documentación ha sido para mí un poderoso instrumento para llevar a cabo el conocimiento de dichos períodos y posteriormente aplicar mis conocimientos a mi trabajo como estilista o director artístico. Esta documentación ordenada por décadas desde los años veinte a los ochenta la aporto a continuación. Ahora bien, es una documentación parcial, ya que me limito a la edición de una retahíla de palabras sin orden ni concierto que ilustran, singularizan y definen un período.

Mi objetivo ha sido muy claro. He querido aportar una «lista de claves» para que el profesional de la moda no se limite a aplicar el concepto, sino a descubrirlo, conocerlo, entenderlo y posteriormente revisionarlo para aplicarlo o no como inspiración en su proceso creativo.

Así, por ejemplo, y por hacerlo mas fácil de entender, si en el listado de conceptos de la década de los cincuenta leémos «reloj de arena» estaremos describiendo desde la línea abierta del *New look* de Dior al estilo que dicha línea opulenta y curva se impuso como característica y peculiar en dichos años y se aplicó a numerosas disciplinas desde la arquitectura al interiorismo, pasando por los artículos domésticos como las mesas en forma de riñón, los jarrones entallados o las lámparas en forma de bolsas.

Mi objetivo es, en definitiva, el que estaba presente desde que me propuse la ardua tarea de escribir este manual, que no ha sido otro que el de ensalzar la figura del estilista y enriquecer sus conocimientos como profesional de la moda.

Años veinte

Terciopelos. Guarniciones en piel. Tango, *shimmy*, *fox-trot*, charleston. Satén negro. Echarpes, capas y chales. Terciopelo *bleu roy*. Fajas-cinturones. Flecos y borlas. Flores artificiales y plumas. Cola pequeña e insinuante. Jais. Anna Foguees. Seda marroquí. Princesa Bibesco. Condesa Etienne de Beaumont. Bolero. Fumar. Beber. *Flippers*. Corte de pelo *bobbed*. Androginia. Moda y arte. Simplificación, liberación, desajuste. Jacques-Henri Lartigue. Raoul Dufy como pintor de telas. Natalia Gontcharova quien borda siguiendo la estética *art-decó*. Orientalismo. Ballets rusos. Lentejuelas *over-sizes*, espejos y motivos cubistas. Revista *Art*, *Goût*, *Baeuté*. Flores chinas y japonesas. Silueta *kokosovorotka*. Kimono japonés. Telas exóticas de Jean Dunard. Brassiere de varillas. *La garçonne* de Víctor Pabst. Josephine Baker. Louis Amstrong. Los perros Fifi y Bebe. Maquillaje perlado. Polvos de sol y las mujeres morenas de Chanel. Aplanadores de senos. El peluquero Antonie. Cloché. Carmín *Ne m'oublie pas* de Guerlaine. Tintes de pelo. Labios oscuros. Corte *Eton*. Grand Hotel des Bains en Venecia. Misia Sert. Elsa Maxwell. Conde Brandolin. Playas del Lido. Harry's bar 1920. Princesa Jane de San Faustino. Condesa Marosini. Cole y Linda Porter. Ley seca. Contrabando. Al Capone. Tango. Fumadores con pipa. *The last tycon* de Scott Fitzgerald. Cotton club y el Harlem neoyorkino. Louis Brooks. Clara Bow. Pola Negri. Gloria Swanson. La tumba de Tutankamon. Eric y Benito. Tejidos diáfanos que dejan que pasen la luz. Tacón *louis*. Nancy Cunard. Delaunay. Anita Loos y su novela *Los caballeros las prefieren rubias*. Uñas pintadas. Barra de labios y polvera. René Lacoste. Suzanne Lenglen y las zapatillas de tenis diseñadas por Jean Patou. La canción «Cariño, lo único que puedo es darte amor». El demonio y la carne. Avaricia. Los paisajes de Yves Tanguy. *La madre*, de Vsevolod Pudovkin. Medias. Pulseras de perlas en los tobillos. Bordados en oro y plata. Edward Steichen. Opio. Boxeo. Thara Barbaraova. Varda. El diseñador Erté impuso las cejas delgadas y perfiladas. Viernes Negro. Marion Morehouse. Kiki de Montparnasse. Djuna Barnes. Gertrude Stein y su casa.

Años treinta

Rosa Shoking. Pijama de noche. Maggy Rouff. Rayas bayaderas. Panteras de Cartier. Wallis Simpson. Fred Astaire y Ginger Rogers. Mainbocher. Berlín. *El ángel azul*. Lee Miller en *Vogue*. Stella Dallas. Caleidoscopio. Las Follies de Ziegfeld. Busby Berkeley. El Mago de Oz. Cecil Beaton. Oliver Messel. La espalda. Biés. Lamés. Sombrero campana. Cuellos de pieles *oversize*. Tiroleses, fez y marineros. Zapato-sombrero. Bisutería de hortalizas. Trampantojo. La chuleta de cordero. El «traje de despacho». Diamantes en las solapas. Los botones de *molyneux*. Zorro plateado. Mainbocher y la torera. Rubio platino. Adrian. Saks. Polvo de oro para el pelo de Max Factor. Barbara Hutton y sus uñas negras. Rojo de china. Matapasiones. Rhode island 1934. Faldas de tenis. Alpargatas. Grandes pamelas. Sun Valley. Amelia Earhart. Nivea. Belgravia. Polos cortavientos. Cintura. Francois Kollar. Trajes con cremalleras. Sombrero de copa. Hampa. Swing. Billie Holliday. Jesse Owens. La bata doméstica. Medias de costura. Flores de solapa. La voz de Garbo. Boinas. La jaula de oro. Jean Harlow. Colette y su instituto de belleza. Arletty. Hombreras. Michelle Morgan. Zapatos de tacón Luis XV. Mechas doradas, azules o malvas. Ambre solaire. Ray Ban y su gafa de sol 1937. Cleef & arpels crea el estuche, polvera, lápiz de labios y cigarrera. Rimmel azul. Pan cake. Lady Mendl. La vizcondesa Marie Laure de Noailles. En alas de la danza. Halter. Jacqueline Delubac. Caroline Reboux. Bolsos-relojes. Macy's. Slacks. Juegos olímpicos 1936. Lee Miller. Leni Riefenstahl. El vestido blanco. Mujeres. Hedda Hopper. Dorothea Lange. *The crime of Cuba* con ilustraciones de Walker Evans.

Años cuarenta

Fin 200. Los visitantes de la noche. Pauline Adams. Simone de Beauvoir. Verónica Lake. Gilda. Silvana Mangano en *Arroz amargo*. Laura. Juliètte Greco y el color negro. Lyon años 40. Prohibición de derroche de tejidos: vueltas de pantalones, puños vueltos, pinzas, bolsillos de cartera. Natalie Paley. *Utility clothes. Make do and mend.* Tom Joad y Woody Guthrie. Jitterbug. Las zapatillas rojas. Christian Bérard. Seda y paracaídas. Vestido de *cocktail*. Overoles. Théâtre de la mode. Carmel Snow. Robert Frank. Chignon. Bolsas *oversizes*. Hombreras. McCall y los patrones reconvertibles. Breve encuentro. Maquis. «Los americanos». La mujer pantera. Arriba España. Toña la negra. Leo Matiz y Frida Khalo. Alida Valli. Teléfonos blancos. Tatuaje. Estraperlo. Federica Montseny. Celia Gámez. *Historias de Filadelfia.* Eva Perón. Porto *flip. Ama Rosa.* Mariquita Pérez. No-do. Rebeca. Cartillas. Antoñita la fantástica. División Azul. Vera Lynn. *Casablanca.* Caderas acolchadas. Barbara Hutton en Tánger. Esta tierra es mía. Saint Germaine des Pres. Bubi. *La malquerida.* Cherche-Midi.

Años cincuenta

Pucci y la isla de Capri. Braniff internacional. Elsa Maxwell. Condesa Pallavicini. Tina Lívanos. Peggy Guggenheim. Cecil Beaton. Palacio Labbia. Charlie Beistegui y de Iturbe. Jean Patchett. Reloj de arena. Anne Fogarty. *La dolce vita. Ozu.* Conde Etienne de Beaumont. Jacques Fath. Inge Morath. *En el camino.* La Habana. *Pull my daisy.* Soraya. *Los 400 golpes.* Lempereur y Weill. Spanish village. 22 Líneas. Bettie Page. *El increíble hombre menguante.* French Bean. Vespa. *Un lugar en el sol.* Buddy Holly. *Choc. Sputnik.* Guerra fría. *Red drum.* Blusa *bettina. Die halbstarken.* La Strada. Cuero negro. Bettina Graziani. Sartre. Bronwen Pugh. Princesa Napoleón. Ballenas V. Tafetán de perlón. *Shirting. Vacaciones en Roma.* Douglas Sirk. La voz humana.

Años sesenta

Twiggy. Rainer Langhaus. Uschi Obermaier. Ventrillon. Píldoras. *El valle de las muñecas.* Warhol. Eddie. Carita. Maharishi. *El graduado.* Mia. The Who. Bianca. Lsd. El pueblo de los malditos. Praga. Woodstock. Joan Baez. Chelsea *look.* Glamour. Milton Greene. *Adivina quién viene esta noche.* Margarita. *Blow up.* David Bailey. Christine Keeler. *El verdugo.* Penélope Tree. Dallas. Oleg Cassini. Yuri Gagarin. Barbarella. *Dos en la carretera.* Esmoquin. *Belle de jours.* Mondrian. Talitha Getty. *Who are you, Polly magoo?* Loulou de la Falasie. Gorras. Lolita. Dolly Bird. La gamba. Walla-walla. *Body painting.* Viva-viva. Nancy Sinatra. *Bonnie and Clyde.* Cilla Black. *Al final de la escapada.* Janis Joplin. *Je suis d'accord.* Roger Vadim. Jean Seberg. Vietnam. Mayo francés. Mafalda. Marianne Faithfull. Woodstock. Billy Liar. Snowdon. *Descalzos por el parque.*

Años setenta

Falda haraposa. Moda *adlib.* Baúles de la abuela: puntillas, jaretas, etc. Faldas trapezoidales. *Hot pants.* Camuflaje. Tajos en las faldas. Falda *starlet.* Borselli. Faldas en piel: visón, ocelote, cebra, mono y jaguar. Falda *longette.* Playas de Positano. Estilo gitano. Campestre. *El ultimo tango en París.* Sandalias esclavas. *Cock sucker blues.* Joyas pobres: cuerda, cuero y madera. Faldas de volantes indias, mejicanas y africanas. Folk. *Kilt* escocés. *Tristana. Paraphernalia.* Porno *soft.* Serge Gainsbourg y su película *J'e t'aime moi non plus* con Jean Birkin y Joe Dallesandro. Roger Vadim. Sirpa Lane. Sylvia Kristel. *Historia de O.* Madame Claude. Munich. Estética *bondage.* Aeropuerto.

Watergate. Lady killers. *Sporty chic*. *La naranja mecánica*. *Jet set*, gstadd, Aspen y St. Moritz. *Eaglenclub*. *Greengo*. *French connection*. *Love story*. Mejico. Ali Mcgraw. Manhattan. Bianca Jagger. *La huída*. Halter. Zandra Rhodes. Charol pastel. *Fiebre del sábado noche*. King Size. Kluge. *Glitters*. Blusones vietnamitas. Sandalias romanas. Ámbar. Final de cuentas. Ulrike Meinhof. Guy Laroche. Desván. Ira. *Kitsch*. *Opium*. *Sticky fingers*. Bowie. *Glam*. Ziggy Stardust. *Patchwork*. Fiorucci. *Annie Hall*. Studio 54. *Lurex*. *Buggy nights*. Malcolm Mclaren. Doc martens. Sarah moon. Claude Montana. Ganchillo. Farrah Fawcet-Majors. Marsha Hunt. Regine. Nina Hagen. Portero de noche. Patti Smith. Ms. El informe Hite.

Años ochenta

Brillantina. Swaroski. Travolta. Dinastía. Edwige. *Los ángeles de Charlie*. *Starsky y Hutch*. Polipiel. Oro. Versace. Tina Chow. Gafas de policía metropolitana. Cuero-tejido. Añil. The bangles. *American gigolo*. *Drag queens*. Gimme decade. Lady Di. Boy George. Volantes. Debbie Harry. Jean Paul Goude. Aperturas laterales. *Corrupción en Miami*. Grace Jones. Pierre & Gilles. Azzedine Alaia. *Stretch*. Costus. Claude Montana. Linde Spiering. *Fama*. La luna. *La guerra de las galaxias*. *Run dmc*. Cindy Sherman. *La bola de cristal*. *Break dance*. *Homeboy*. Cadenas. Gorka de duo. Oro. Chernobyl. Sida. Paloma Chamorro. *Live aid*. *American psycho*. Wall Street. Arrebato. Berlín. La chica de ayer. *Pepi, luci, bon y otras chicas del montón*. Eva Nasarre. The wall. Nike. *Los ricos también lloran*. *Candy candy*. *Conan el bárbaro*. *Blade runner*. *Tootsie*. *Karate kid*. Cascorro factory. Rock-ola. Tyen. I want muscles. Lypsinka. Pat Cleveland. Terracotta. Mondino. *Buscando a Susan desesperadamente*. Leslie Winner. Juvamine. Carole Bouquet. *Ricas y famosas*. *La hoguera de las vanidades*. Yuppies. Ivana Trump. Inés de la Fressange. *Freedom*. Cher.

IV. Tejidos y Prendas

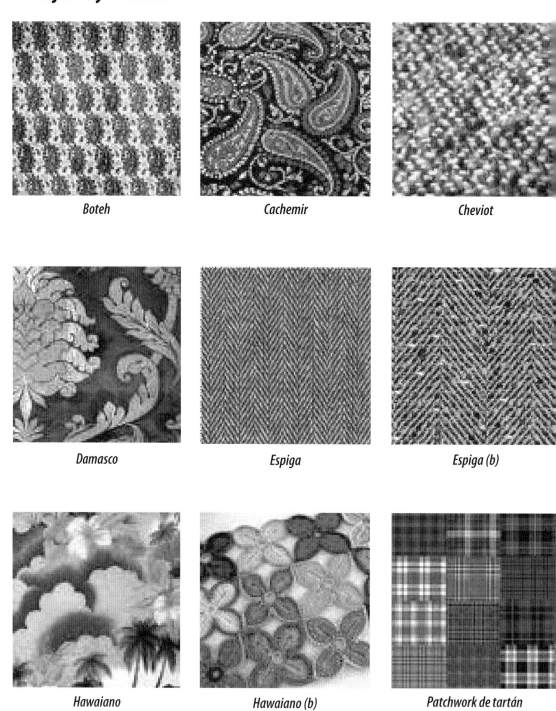

Boteh

Cachemir

Cheviot

Damasco

Espiga

Espiga (b)

Hawaiano

Hawaiano (b)

Patchwork de tartán

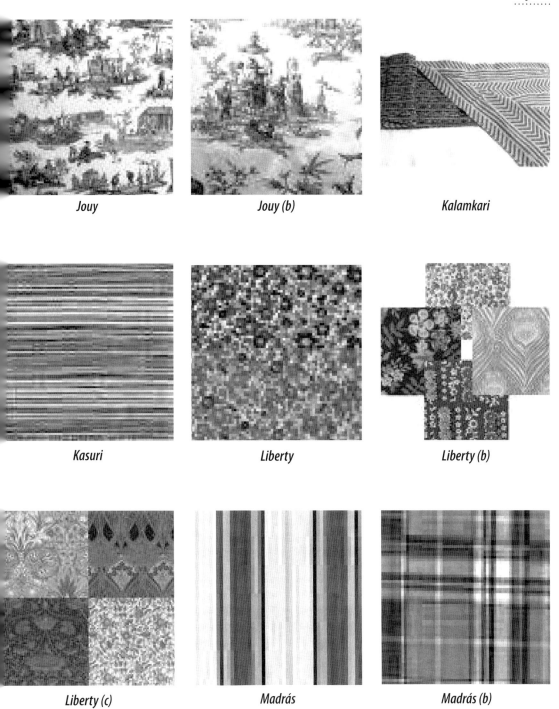

Jouy

Jouy (b)

Kalamkari

Kasuri

Liberty

Liberty (b)

Liberty (c)

Madrás

Madrás (b)

Tejidos

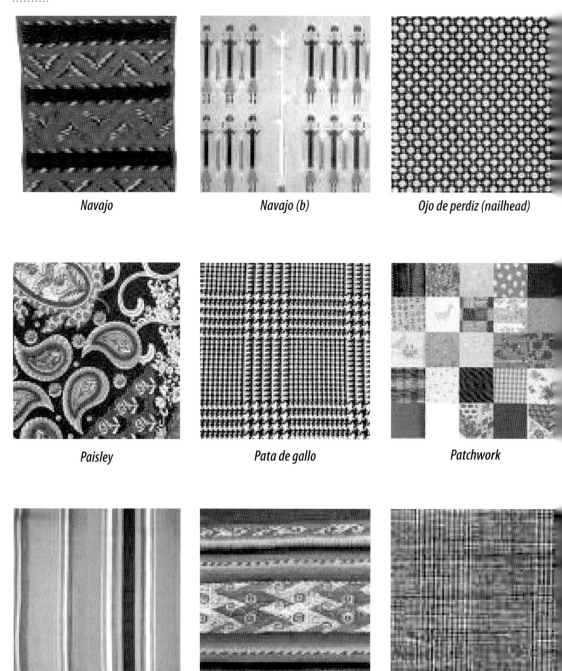

Navajo

Navajo (b)

Ojo de perdiz (nailhead)

Paisley

Pata de gallo

Patchwork

Precolombino

Precolombino (b)

Príncipe de Gales

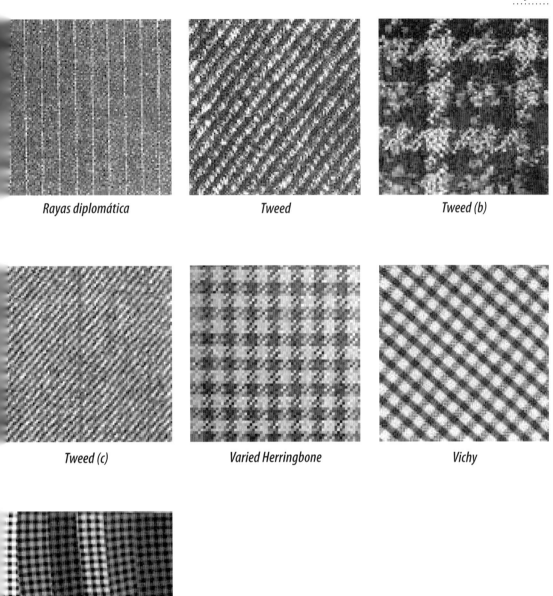

Rayas diplomática

Tweed

Tweed (b)

Tweed (c)

Varied Herringbone

Vichy

Vichy (b)

Arremangé

Asimétrica

Canastera

Canesú

De capa

De godets

De media capa

De nesgas

De volantes superpuestos

Entreveé

Evasé

Globo

Kilt

Maxi, midi, a la rodilla y minifalda

Pantalón

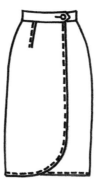

Pañal

Pareo

Plisada

Recta

Recta con fuelle

Skort

Soubretté

Tablas

Tubo

Vaquera

Abotonado o button down

Blusa Caftán

Blusa camisera

Blusa

Blusón

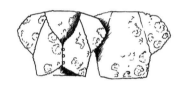

Bolero

Camisa coreana

Camisa

Camiseta

Prendas. Superiores

Camisola

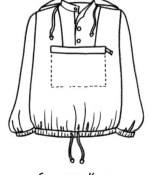

Canguro o K-way

Cárdigan

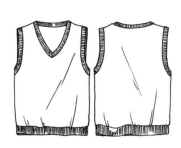

Chaleco de punto

Chaleco

Cuello doble pala

Cuello inglés o turndown

Cuello italiano

Esmoquin

100

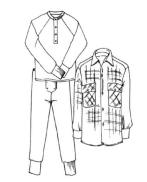

Estilo Lumberjack (leñador), camisa y pijama

Guayabera

Hamburgo

Liquette

Pullander sin mangas

Remera

Tank Top

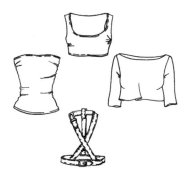

Tops, top de tubo, top de arnés

Twin set

Prendas. Pantalones

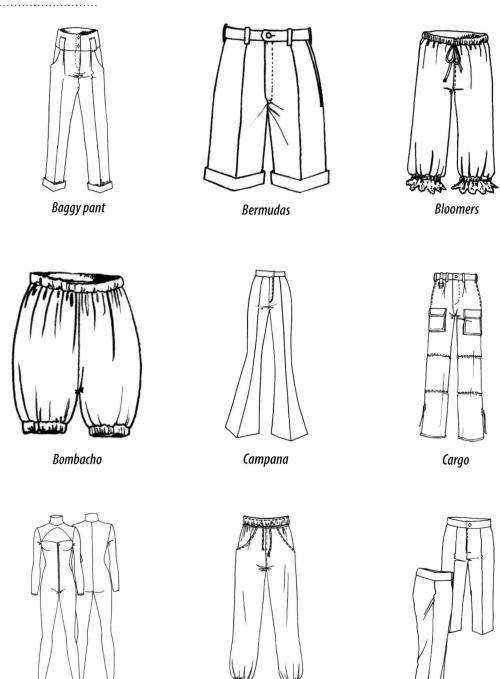

Baggy pant

Bermudas

Bloomers

Bombacho

Campana

Cargo

Cat suit

Chandal

Clandiggers

De talle alto

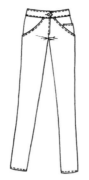

De talle bajo

French Knickers

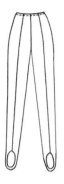

Fuseau

Hip-higger, caderas

Hot pant

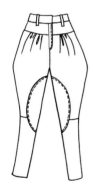

Jodhpur o de montar

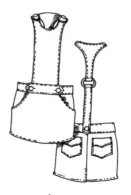

Jumper

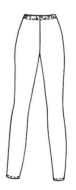

Leggin

Prendas. Pantalones

Mono overol

Oxford

Marlene Dietrich

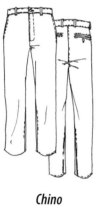

Chino

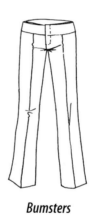

Bumsters

Tiroles

Turco

Zanahoria

Pescador

Pijama

Pirata

Pitillo

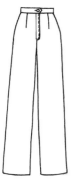

Recto

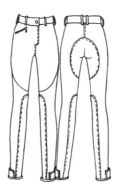

Riding Pant

Step short

Body

Corpiño

Gown

Línea ajustada

Línea carpa

Línea Charleston

Línea cúpula

Línea evasé

Línea globo

Línea H

Línea I

Línea imperio

Línea O

Línea peonza

Línea princesa

Línea reloj de arena

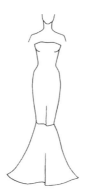

Línea sirena

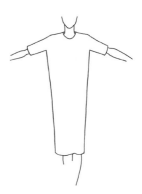

Línea T

Línea trapecio

Línea V

Línea X

Línea Y

Vestido babydoll y babydoll

Vestido forreau

Crombie

Loden

Abrigo

Anorak

Barbour

Batlle dress

Blazer

Bombardier

Bomber

Capa española

Capa

Capelina

Caracó

Carrick

Casasa

Cazadora Eisenhower

Cazadora Ike

Cazadora Teddy

Chaqué

Chaqueta Harrington

Chaqueta Brandemburgo

Chaqueta Monkey

Chaqueta Norfolk

Chaqueta San

Chaqueta Spencer

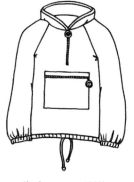

Chubasquero K-Way

Correquete

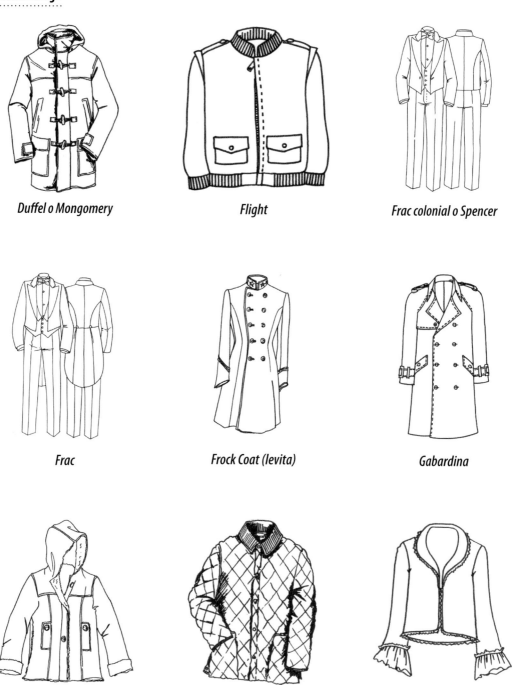

Duffel o Mongomery

Flight

Frac colonial o Spencer

Frac

Frock Coat (levita)

Gabardina

Gabrín

Husky

Mañanita

Paletó

Parca

Pea Jacket

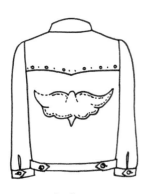

Perfecto

Poncho

Redingote

Redingote

Sahariana

Trench

Prendas. Curiosas

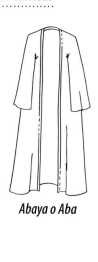

Abaya o Aba

Albornoz

Caftán

Candora

Casulla

Chador

Pelerina

Sarong

Toga

Baguette

Bowling

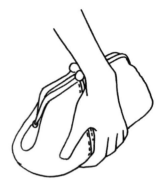

Clucht

Doctor Bag

Kelly

Limosnera

Shopper

Sporran

Sombreros

Borsalino

Borsalino (b)

Calañés

Crambergo

Chistera

Cloches

Cordobés

Cosaco

De copa

Febora

Fez

Homburg

Hongo

Marinero

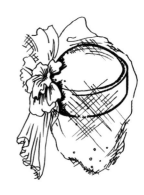

Pill Box Hat

Trilby

Abarca

Alcorques

Beefroll

Belgraves

Borsegos

Bota de Cola de Aracrán

Bota Husar

Bota Mariposa

Bota Panamá

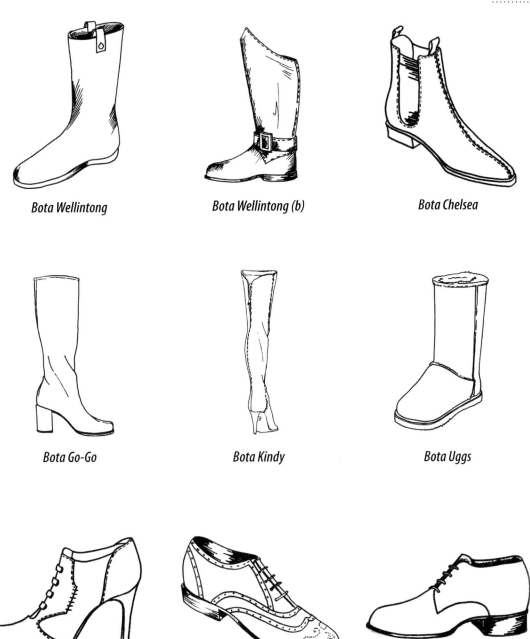

Bota Wellintong

Bota Wellintong (b)

Bota Chelsea

Bota Go-Go

Bota Kindy

Bota Uggs

Botines

Brogue

Chapin

Zapatos

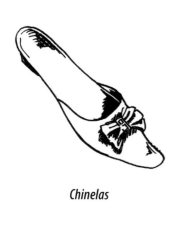

Chinelas

Chirucas

Chukka boots o Botas de agua

Cromwell

Flip floPs

Galochas

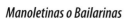

Manoletinas o Bailarinas

Menskstrap o zapato con hebilla

Merceditas

Mocasín Penny

Mocasín Tassel

Moonboots

Mukluk

Mules

Oxford

Peep Toes

Penny Loafer

Sandalia

Zapatos

Sling

Weejun de bass

Wingtip Blucher

Zapato Derby

Zapato de Salón

Zapato Topolino

Zueco

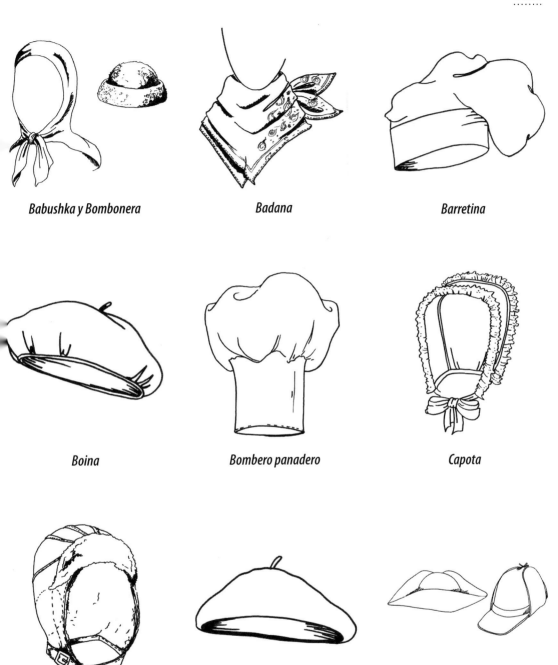

Babushka y Bombonera

Badana

Barretina

Boina

Bombero panadero

Capota

Casco de Aviador

Chapela

Encandilado y Gorra de Papelinas

Otros

....

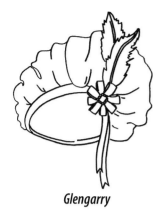

Glengarry

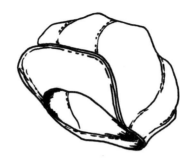

Gorra de Bob Marley

Gorra de Béisbol

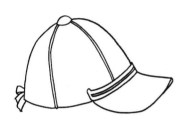

Gorra de Hockey

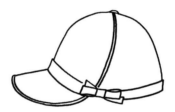

Hockey

Kipá

Mitones

Pasamontañas

Pelerina

Sautoir

124

VI. El arte y la moda

Desde multitud de acuerdos y perspectivas, el arte y la moda siempre se han requerido. Dos disciplinas tan diversas y a la vez con tantos puntos en común encabezados por la «creatividad», ese estado inherente a la sensibilidad que une al artista en el sentido universal del término, es decir, a todo aquél que extraiga e imprima un sello personal que tiene como objetivo la comunicación, el mensaje. Son multitud de ejemplos que nos ratifican esta sinergia tan especial y que tantos espléndidos frutos nos ha dejado a todos los que, como yo, amamos ambas expresiones del «yo artista».

La consideración de la moda como arte es un tema que se presta a otras muchas lecturas. En mi artículo para la revista *Surrealista* publicado bajo el nombre de «El Arte y la Moda»[14] dejo claro las numerosas opiniones al respecto incluyendo la mía propia. No creo oportuno tratar este último tema en cuestión. Nos interesa sobremanera dejar patente el lazo embrionario que une a ambas disciplinas, el arte y la moda, sus apropiaciones, sus cercanías, en definitiva, su historia de amor, un amor que, parece, nace desde que la moda deja de ser oficio anónimo para convertirse en una manifestación cultural con nombre y apellidos, cuando la prenda está impresa, como la obra de arte, de un nombre que hará perpetuarla en el tiempo, singularizarla, descubrirla, retomarla, definirla.

Como indica Charlotte Seeling, parece que a todos los diseñadores les ha apasionado el arte. Poiret estableció una estrecha amistad con Raoul Dufy, quien diseñaba para él las telas más bonitas. Coco Chanel idolatraba a Picasso y la Bauhaus. Elsa Schiapirelli adoraba a Picabia, Cocteau y Dalí. Ives Saint Laurent, profundamente influido por su amigo Andy Warhol, creó una colección pop *Art* en 1966 en la que transformó los *Great Nudes* (grandes desnudos) de Tom Wesselman. En los años ochenta, Jean-Charles de Castelbajac pidió a artistas como Hervé Di Rosa, Robert Combas y Annette Messager que utilizaran sus vestidos como tela.[15] La artista Sonia Delaunay quiso capturar en sus estampados vibrantes y «danzantes» las novedades de la vida moderna, con la innovación de la luz eléctrica, los salones de baile, y las mujeres liberadas de corsé y convencionalismo. A partir de 1930, creó sus diseños «simultáneos» que, al igual que sus pinturas, se componían de formas geométricas y colores luminosos. Así hizo realidad su sueño de «una obra de arte universal ambulante». Incluso en la playa, ella y sus clientas, amigas en su mayoría, vestían

---

14. González, Pedro: «El Arte y la moda». *Revista Surrealista*.
15. Seeling, Charlotte: *Moda. El siglo de los diseñadores 1900-1999*. Madrid, 2000, pág. 301.

su cuerpo sólo con arte.[16] Esta «comunión» artística se oficializa y culmina cuando la moda cambia de entorno y llega a los museos. El pionero parece que fue Yves Saint Laurent quien en 1983 inaugura su primera exposición en el MOMA de Nueva York e inaugura con la misma una ruptura de moldes que introdujo la alta costura en las salas de un museo equiparándola con otras disciplinas artísticas como la pintura o la escultura.

Lo que es una realidad es la existencia de esta seducción entre la moda y el arte, un *affair* incuestionable, leal y constante a lo largo de lo que ya es historia. Esta fusión, esta co-decisión de nutrirse mutuamente, de enlazarse, se ha manifestado en diversas formas de expresión. La inspiración en la obra de artistas por parte de diseñadores supone un soporte más de inspiración. Los ejemplos son constantes. Por poner algunos, durante el año 2008 los diseñadores y las firmas Dolce & Gabbana, Carolina Herrera, Prada, Miu Miu, Roberto Cavalli o Marni, se inspiraron en la obra de los artistas, Jackson Pollock, Jeremiah Googman, James Jean, Liselotte Watkins, Monet o Rothko, respectivamente, para crear sus colecciones. Dries van Noten, refiriéndose a su colección otoño-invierno 2009, declara: «Me apasionó la idea de crear un abrigo acogedor inspirado en los cálidos tonos de la obra de Francis Bacon». En palabras de Marc Jacob, «Richard es el rey de la apropiación, además de uno de los mas grandes artistas contemporáneos americanos. Su trabajo se adueña de lo familiar, de las producciones diarias de la cultura americana —chistes, cómics, fotografías o anuncios— y los interpreta de un modo idiosincrático y muy personal. Me encanta su obra, su influencia sobre la colección ha sido enorme: nos hemos apropiado de sus colores, sus collages, hemos cruzado sus referencias... y hemos intentado que se sintiera orgulloso».[17]

Son múltiples ejemplos en los que los artistas imprimen su sello en los objetos diseñados o viceversa. La diseñadora de la firma italiana Versacce, Donatella Versacce, colaboró con la artista Julie Verhoeven en la colección primavera-verano 2009, incluyendo el logotipo de la firma, la medusa, en su universo creativo. El resultado fueron el diseño de tejidos con *prints* originales. La artista había colaborado con otras firmas como Louis Vuitton y Mulberry. Dolce & Gabanna diseñaron una colección de veintiocho vestidos-joya de edición limitada pintados a mano por estudiantes de la academia de bellas artes de Brera. Durante el desfile se proyectó un vídeo-proyección que reprodujo el proceso creativo de manera que los invitados fueron conscientes de la técnica

---

16. *Ibídem*, pág. 302.
17. Hace referencia al artista pop inglés Richard Hamilton. *El País Semanal,* 21 de junio de 2009.

que se empleó y del dinamismo y la pasión que se esconde detrás de cada colección.

Otro de los lazos de comunicación e intercambio entre las dos disciplinas es la multitud de casos en los que la moda acude para exponerse a espacios y fórmulas propias del arte. Ha sido el año 2009 el de mayor uso del «vídeo-arte», corriente surgida en los años sesenta en EEUU y Europa, que experimenta con disciplinas como el minimalismo o el arte conceptual. Marc Jacob contó con la colaboración del artista Charles Atlas, quien realizó un vídeo el domingo anterior al desfile. Galliano o Gaultier incorporaron sensores luminosos que se activaban con la música, fruto del trabajo del escenógrafo Alexandre de Betak. La firma Miu Miu desplegó un gran escenario con escaleras y proyecciones en los laterales que iban intercalándose con los pases de sus modelos. La atmósfera venía marcada no sólo por la ropa, sino también por la arquitectura interior creada en colaboración con Amo. Es una nueva forma de comunicación que viene cargada de creatividad. Hussein Chalayan, con medios digitales —rayos de luz, y analógicos, léase modelos de carne y hueso—, logra recrear un ambiente futurista donde los vestidos se reconstruyen y brillan.

Algo que me llamó la atención especialmente en las colecciones otoño-invierno 2009/10 es el uso por parte de algunos diseñadores de técnicas artísticas como el «trampantojo» o *trompe l'oeil* como *print* mas artístico. Dibujos efectistas consiguen que la ficción se confunda con la realidad. Utilizan técnicas como el *dripping* o goteo y el *touring* o chorreo, o verter directamente de la lata como hacía Pollock o los explosivos brochazos de Julian Schanabel.

El colmo del «empaste entre la moda y el arte» se me antoja el «no desfile» de la firma Proenza Schouler. Uno de sus diseñadores, Jack McCollough, deja claro que fusionar arte y moda es una constante en sus colecciones llevándolo a cabo de una forma completamente natural. En la precolección primavera-verano 2010 presentada en la Feria Pitti, los diseñadores pidieron a tres artistas que reinterpretaran sus diseños. No hubo ni desfile, ni modelos, ni pasarela, ni siquiera las propias prendas. En el patio central del palacio de la Petraira, entre frescos renacentistas y animales disecados, figuraba la instalación que el artista Haim Steinbach había llevado a cabo con juguetes de perro, elementos parecidos a borlones y una muestra de complementos, zapatos y bolsos, de la firma.

Esta profusión de encuentros desaforados, a veces un tanto esquizoide, se me antoja fruto de una desmesurada búsqueda de creatividad que pueda sorprender tanto a los medios de comunicación como al público. La especialización del producto con el objetivo de diferenciarlo, de imponerle el marchamo de exclusivo y diferente, puede ser la causa de que los artistas y diseñadores busquen nuevas formas de expresión. Desde mi percepción personal debo indicar que como estilista mi formación académica, licenciado en historia del arte, me ha servido para enriquecer sin duda mi lenguaje creativo y aplicar mis conocimientos académicos a las producciones de moda que he llevado a cabo a lo largo de mi carrera. Cuando conoces el arte en cualquiera de sus manifestaciones es irremediable aplicar estos conocimientos en cualquier faceta generada de la creatividad, y la moda es sin duda una de ellas. Es por ello por lo que creo que el estilista debe conocer al menos o reconocer una serie de estilos, movimientos o períodos artísticos que le serán de gran ayuda en la definición, caracterización y ejecución de *looks* o lenguaje visual determinado.

Art Decó

Es una nomenclatura aplicada a un estilo que se desarrolló en el ámbito europeo y americano sobre todo en las artes decorativas ya que se aplicó por extensión a otras manifestaciones creativas como la pintura y la arquitectura. Tuvo su esplendor entre los años veinte y treinta del siglo XX y alcanzó plena consolidación en la exposición internacional de las artes decorativas en París en 1925. Surge como reacción al naturalismo del *art nouveau* abogando por la geometrización de los motivos y la riqueza de los materiales. Buscan su inspiración en las tendencias más geométricas de la *Secession* austríaca y los *Wiener Werkstätte* y en la obra del artista escocés Charles Rennie Mackintosh.[18] Los artistas «decó» produjeron lámparas, muebles, joyas, textiles y todo tipo de objetos. Cuando en moda hablamos de «estilo decó» o decimos «es muy decó», estamos haciendo referencia a un lenguaje que se caracteriza por la riqueza y la luz de los motivos, la geometrización de los elementos (los motivos característicos de la firma italiana Missoni pueden ser un claro ejemplo), la combinación de los motivos en color plateado con el resto de los colores, el estilo de los tejidos de Poiret, el uso reiterado de la *pailette* en forma de escama o circular, la «manga murciélago», el uso de la «hombrera» profusamente decorada, la preferencia por los colores azul pavo, verde, plata, negro y rojo con acabados irisados y metálico, etc.

Constructivismo

El constructivismo fue un movimiento utópico generado en Rusia en el

---

18. Faerna García-Bermejo, José Mª y Gómez Cedillo, Adolfo: *Conceptos fundamentales de Arte.* Madrid, 2000, pág. 17.

seno de la revolución social que siguió al ascenso del comunismo en 1917. Desde la ideología de la consideración del arte como una manifestación de gran utilidad social, adoptaron el término «constructivismo» para romper las barreras entre lo artístico y lo industrial visualmente personalizado en obras de arte geométricas y abstractas organizadas o construidas en función de distintos componentes y materiales modernos como el plástico.[19] El movimiento constructivista encarna más claramente que otras manifestaciones artísticas la idea del artista como diseñador e ingeniero de un nuevo orden social. El término lo podemos aplicar a la moda cuando hablamos de tejidos con *prints* geométricos, a volúmenes construidos con rigor jugando con aristas y planos drásticos o a accesorios donde prime la geometrización o la superposición de elementos.

Expresionismo Abstracto

También llamado *action painting* (pintura de acción), pintura gestual o escuela de Nueva York, es un movimiento que se desarrolla en EEUU en las décadas posteriores a la segunda guerra mundial. Los artistas expresionistas abstractos, tales como kooning, Goottlieb, Krasner o Jackson Pollock, preconizaban el hecho del proceso técnico de pintar, de ahí el *action painting* o la acción de pintar. La energía manual, los símbolos de la inconsciencia, el ritmo frenético o por otro lado la quietud cromática de la que el máximo exponente es el artista Mark Rothko, son los más claros principios de los expresionistas abstractos. En la moda es en los *prints* de los tejidos donde mayormente se vislumbra la inspiración de los diseñadores en la pintura expresionista. El trazo nervioso, la *mix* de formas y colores o la técnica «pollockiana» del «goteo pictórico» atestiguan el conocimiento y la riqueza de la pintura expresionista en la moda.

Fauvismo

Fauve significa en francés «fiera», término que se aplicó por primera vez a un grupo de pintores franceses, Henri Matisse, André Derain y Maurice de Vlaminck, cuando expusieron sus lienzos en el Salón de Otoño parisino en 1905. El término, con carácter peyorativo, fue empleado por primera vez por el crítico Louis Vauxalles. La influencia de pintores como Van Gogh o Gauguin consagró la utilización del color de una manera original y característica en la pintura *fauvista*. Colores puros aplicados sin pudor, sin mezcla y sin rebajar generaron una pintura de un realismo cuestionado donde los colores pierden

---

19. Little, Stephen: *Ismos*, Madrid, 2004, pág. 114.

su función realista y definitoria, las superficies se vuelven planas y brillantes y prácticamente desaparecen leyes reales como la presencia de sombras y la perspectiva. La moda refleja el influjo de la pintura *fauvista* en el uso del color en los tejidos, en la técnica de aplicación de los mismos y en la preferencia por los tonos de color primarios.

Futurismo

Este movimiento surgido en Italia en 1909 es la primera de las vanguardias organizadas que dominarán el arte en el período de entreguerras. En su génesis es un movimiento literario inspirado por el poeta Giusseppe Tommaso Marinetti autor del primer manifiesto futurista publicado en 1909 en París. Se caracterizaba por su enérgica celebración de la tecnología moderna, la velocidad y la vida urbana. El programa visionario del futurismo se decanta por la búsqueda de un nuevo concepto de belleza donde el tradicional es sustituido por la belleza generada por la «máquina» y sus atributos como la fuerza, el dinamismo y la vertiginosidad. La pintura futurista representa el dinamismo y el movimiento para lo cual utiliza un lenguaje visual donde se descomponen los planos que componen un objeto determinado generando los llamados «planos facetados» característicos del cubismo. Esta forma de representación es recogida y utilizada por los diseñadores del textil para elaborar tejidos estampados por motivos facetados imbuidos de movimiento. El uso de volúmenes despegados del cuerpo confiere a algunas prendas un carácter enteramente futurista.

Neoplasticismo

Mondrian es sin duda el máximo exponente del movimiento neoplasticista. Sus cuadros consistían en composiciones geométricas y abstractas compuestas por espacios de colores primarios, rojo, azul y amarillo, separados por retículas en color negro dispuestas horizontal y verticalmente. Sin duda ha sido el artista más vinculado a la moda desde que Saint Laurent convirtió su «retablo» en un vestido. A lo largo de la historia de la moda muchos han sido los diseñadores que se han inspirado en la obra de Mondrian y en el estilo minimalista y aséptico de la revista de arte holandesa *De Stijl*.

Op Art

Desarrollado en la década de los años sesenta del siglo XX, sobre todo en Europa, el *Op Art* o arte óptico es una tendencia artística que reivindica la percepción visual como tema de sus obras. Signos geométricos y cromáticos en construcciones de estructuras repetitivas y seriadas se combinan y mezclan siguiendo parámetros racionales basados en los códigos científicos de la ciencia matemática y óptica. La contemplación de las obras artísticas consideradas *op-artianas* despiertan en el espectador multitud de reacciones como superposiciones, rotación, movimiento, tridimensionalidad, contrastes o efecto *moaré*. Es en los *prints* de tejidos donde más se han utilizado las imágenes de este estilo artístico.

Orientalismo

Describe en el arte de la pintura la tendencia a representar escenas figurativas de Oriente Próximo y Medio. Las expansiones coloniales durante el siglo XX en países como Inglaterra o Francia dieron lugar a la génesis de este estilo pictórico. Lo que realmente me interesa destacar no es el tema o concepto en cuestión, escenas de la vida cotidiana, sino la forma en la que eran representadas. Si bien partían de la realidad, las escenas están representadas cargadas de tópicos, de imaginación y de un «preciosismo» artificial e irreal con el objetivo de mostrar un mundo idílico donde la belleza se representa desde el punto de vista del pintor, un ilustrador que enmascara en pos de representar para el espectador un mundo envidiado. Es la forma de representar la realidad lo que me interesa en su relación con la moda. Es la mezcla de estilos, la fusión de objetos y accesorios, el hecho de representar adulterando lo estrictamente oficial desde el punto de vista estético para conseguir la imagen deseada. Por otro lado, la composición utilizada en la representación de la pintura orientalista me ha servido en mi carrera para componer escenas que he querido representar.

Pop Art

Es quizás el movimiento artístico del siglo XX cuyos objetos de representación e imágenes han sido mayormente considerados por la iconografía representada en la moda. Acuñado por primera vez el término «Pop *art*» por el crítico inglés Lawrence Alloway en el texto «Las artes y los medios de masas» publicado en 1958, refiere la importancia de una nueva imaginaria, la de los productos de los nuevos medios de comunicación como la publicidad gráfica, las revistas en color, el cómic o los productos de consumo. El Pop *Art* nace desde la contrariedad a la abstracción creando un nuevo lenguaje artístico basado en una interpretación libre de las imágenes de una vida coti-diana en proceso constante de desarrollo donde el consumismo es premisa fundamental. Cinco artistas sobre todo destacan y forman el movimiento Pop *Art*, Andy Warhol, Roy Lichtenstein, James Rosenquist, Tom Wesselmann y Claes Oldenburg. Todos ellos están interesados en volver a lo figurativo incor-porando a sus obras recortes de vallas y revistas publicitarias (Wesselmann), reproducen imágenes de cómics (Lichtenstein, Warhol) o reflexionan sobre las técnicas y los modos de reproducción de la imagen propios de los medios de masas (Rosenquist, Warhol).[20]

Surrealismo

Movimiento de vanguardia surgido en París en la década de los años veinte del siglo XX. André Breton publica en 1924 las bases del movimiento artístico con el llamado «Manifiesto Surrealista» definiéndolo como una escuela que preconiza la libre asociación de ideas sin la intromisión en modo alguno de la razón o la lógica, estados afectados, condicionados y degenerados por la forma de vida real, una realidad caracterizada por la persistencia dogmática de la moral y la ética. Es por ello por lo que, para los surrealistas, el mundo de los sueños, el subconsciente, era un mundo esencial, como un inmenso almacén de ideas, de realidades creativas que la presencia de la razón había de poner al alcance de los artistas. Hablamos de estilo o moda surrealista cuando percibimos en el objeto de moda una estética o estilo irreal, cuando a un objeto cotidiano se le saca de contexto y se torna un objeto de moda, cuando los diseñadores transgreden las líneas tradicionales de estilo y forma, cuando denotamos en las prendas la utilización de técnicas pictóricas como la yuxta-posición, el automatismo o el trampantojo, cuando las colecciones se invaden con connotaciones eróticas o *bondage* como arneses, mordazas, látigos...

VII. Otras curiosidades. ¿Sabíais que...?

• El príncipe de Gales aportó al estilo y la moda numerosas novedades, como:

---

20. Faerna García-Bermejo, José Mª y Gómez Cedillo, Adolfo: *Conceptos...*, *Op. Cit.*, pág.139.

* Esmoquin en azul marino.
* Solapas redondas en el esmoquin.
* Camisa de esmoquin de cuello vuelto blando, pechera plisada y dobles gemelos.
* Pajarita ancha y abultada.
* El nudo de corbata *winsor*.
* El traje cruzado.
* El jersey multicolor *Fair isle* (modelo en lana con cenefas estampadas).
* Las mezclas inusuales como rayas con cuadros, lunares, calcetines estampados con zapatos bicolor.
* El cuello *winsor* (cuello abierto para que el nudo del mismo nombre quede holgado).

• La moda *zoot suit* es un estilo de vestir que se dio en EEUU en los años cuarenta y que se hizo muy popular por jóvenes mexicanos estadounidenses para extenderse y asumirse entre italoamericanos y afroamericanos. Estrechamente relacionada con la cultura del jazz, la moda *zoot* se caracteriza por el uso de trajes sastres con hombros muy anchos, cintura estrecha y pantalones abombados.

• La expresión «cintura de avispa» designa desde su traducción del francés la estrechez significativa de la cintura femenina desde que en 1947 Dior crea el *New look*.

• Cuando hablamos de algo *demodé* nos referimos a algo que ya está pasado de moda, que no se lleva.

• El estilo *Ivy League* o «liga de la hiedra» designa una forma de vestir tomando como modelo las prendas utilizadas por los estudiantes de universidades prestigiosas de la costa este de los EEUU como Yale o Harvard. Inspirada en los uniformes de los colegios británicos el estilo masculino se caracteriza por el uso de trajes de franela, camisa blanca, chalecos de lana, corbatas rayadas, abrigos de pelo de camello, calcetines largos y zapatos *oxford*. Faldas escocesas o de *Tweed*, chaquetas *blazer* y *Twin sets* o rebecas de cachemir.

• Lacoste es una firma de moda cuyo origen viene del nombre del tenista francés René Lacoste, apodado el «cocodrilo» por sus reflejos en el pista de juego. En contra de la costumbre de utilizar una camisa blanca de algodón de manga larga, el jugador cambió su atuendo por una camisa de manga corta en punto de algodón. A finales de los años veinte el tenista se convirtió en camisero y su propuesta se popularizó por todo el mundo.

• La palabra *Snob* es una expresión inglesa que significa literalmente *sine nobilitatis* y que se aplica a personas que tratan de significarse rompiendo moldes estéticos y convencionalismos imponiendo usos personales que se caracterizan por su carácter novedoso y transgresor.

• La prenda conocida como «Rebeca» es el nombre que se le dio en España al jersey abierto, abotonado y sin cuello que lucía la actriz Jean Fontaine en la película del mismo nombre dirigida por Alfred Hitchcock en 1940.

• La blusa *Bettina* fue creada por Givenchy para la modelo Bettina Graziani en 1952. Era una blusa camisera de amplias mangas.

• «Arriba España» era un tipo de peinado de la España de los años cuarenta caracterizado por un tupé sobre la frente. Fue considerado como símbolo del franquismo.

• La moda femenina se ha caracterizado por el uso de una serie de líneas denominadas de diversa manera, a saber:

* Línea S: Línea prototípica de la *Belle Époque* caracterizada por el uso de prendas como el corsé que daba a las mujeres un perfil serpenteante.

* Línea saco: Forma de vestido recto sin ajustar en forma de túnica que lanzó Cristobal Balenciaga en 1956.

* Línea trapecio: línea lanzada por Ives Saint Laurent en 1958 en forma de campana desde los hombros hasta la rodilla.

* Línea Y: propuesta de Dior en los años cincuenta caracterizada por hombros señalados y amplios cuellos y volúmenes superiores combinados con faldas muy estrechas.

* Línea A: Propuesta de Dior en 1955 caracterizada por vestidos con hombros estrechos y bajos ensanchados sucesivamente hasta el borde de la falda.

• Cuando hablamos de sastrería se pueden establecer cinco escuelas diferentes para interpretar el traje masculino: la escuela inglesa representada en Savile Row y caracterizada por prendas encajadas, semientalladas y con dos aberturas por detrás. La escuela francesa es la que en la década de los sesenta presentó Pierre Cardin caracterizada por chaquetas largas con hombros moderados. Es una interpretación del redingote con pantalones rectos, anchos de abajo y sin pinzas. La escuela alemana se caracteriza por la racionalidad predominando la comodidad y la naturalidad. La escuela americana destaca por la naturalidad y comodidad mediante el uso de prendas poco estructuradas utilizando pocas entretelas. La escuela Italiana tiene su auge en la década de los años noventa proponiendo chaquetas semilargas con hombros suaves y redondeados.[21]

• Geneviéve Antoine Dariaux, autora de *A guide to Elegance,* dijo: «Una mujer auténticamente elegante jamás viste de negro antes del mediodía».

---

21. Bandrés Oto, Maribel: *El vestido y la moda.* Barcelona, 1998, pág. 319.

- Las sandalias de color blanco que Marilyn Monroe luce en la película *La tentación vive arriba* fueron diseñadas por Salvatore Ferragamo.
- Cuando los estilistas hablamos de *Highstreet*, lo *fakes* o lo *Shiny* nos referimos al poder de la calle como generadoras de tendencias, a lo «falso» (pieles, bisutería, etc.), y a lo brillante y llamativo respectivamente.
- El *zentai* es una prenda que cubre el cuerpo humano en su totalidad desde la cabeza hasta los pies. La palabra es una contracción de *zenshin taitsu* o «ajuste de cuerpo entero». Normalmente utilizado para el uso de la danza moderna y el teatro, el «zentai» se ha incorporado a la moda. Con connotaciones psicológicas como «despojo de identidad» se confecciona en látex, cuero, seda o lana.
- Los cuadros o damero en beis y marrón como estampado característico de Louis Vuitton denominado *Damier* se introdujo por primera vez en 1888.
- El bolso *Kelly* tiene 2.600 puntadas cosidas a mano y requiere 18 horas de trabajo.
- Los *Yuffies* o *Young urban fashionable flatsshare* son jóvenes modernos y urbanos que viven juntos en pisos antiguos con toques modernos, tienen profesiones creativas y que se caracterizan por una estética informal, *oversize*, retro e informal.
- La estética *Kawaii* se caracteriza por lo «mono y aniñado» procedente de la influencia del manga japonés o el cómic.
- El estilo «*hooligan* victoriano» o *street arab* procede de la estética de los vendedores callejeros de la época, dandi delincuente de la clase obrera que se atavía con chaleco vistoso, relojes de cadena, gorra ladeada, pañuelo de cuello, pantalones de campana y botas con remaches metálicos.
- Parece que Chanel dijo del *New look* de Christian Dior: «quiere que las mujeres se asemejen a sillones; les pone fundas».
- Las prendas de vestir, los peinados y el maquillaje de los años sesenta con el *swing* inglés se inspiraron en el estilo geométrico del pop *art* y en el *op art* de Andy Warhol, David Hockney, Bridget Riley y Frank Stella.
- En 1828 Guerlain fabricó un bálsamo coloreado para los labios.
- El *Chelsea Girls* es el estilo inglés de los años sesenta caracterizado por el uso de la minifalda, largos cabellos con flequillo y ojos muy maquillados.
- Bettina, las hermanas Parker, Barbara Britton, Dovima o Lisa Fonssaguives son las pioneras en el universo de las *top models*.
- El programa de televisión *Dim Dam Dom* producido por Daisy de Galard es una biblia de estilo de los años sesenta.
- Lola Montes, bailarina y actriz irlandesa que se hizo célebre como bailarina exótica, cortesana y amante de Luis I de Baviera, escribió en 1858 *El arte de la*

belleza o el secreto del cuidado personal. Salvo los polvos de arroz y un toque de carmín proscribe el uso del maquillaje proponiendo y recomendando el uso del jabón y el agua, los baños de salvado, las flores de agua de azahar o jazmín y las claras de huevo para conservar una piel fresca y tersa.

• Cleó de Merode, bailarina, aristócrata y estrella del cabaret Folies Bergère fue musa de artistas y fotógrafos y considerada en París la mujer mas elegante de su tiempo. Atención a sus atuendos.

  • Una buena camisa se caracteriza por:
  * Llevar varillas de quita y pon el cuello.
  * Llevar canesú, o pieza trasera en la espalda a la altura de los hombros partida por la mitad.
  * El que los dibujos casen a pesar de los cortes y las costuras.
  * Llevar botones en nácar.
  * La unión del puño con la manga presenta varios pliegues.
  * Llevar ocho puntadas por centímetro.

• El *blazer* clásico es cruzado y tiene seis botones dorados. Es siempre de color azul marino y tiene dos aberturas laterales. Tiene un bolsillo superior en el pecho y dos vueltos.

• La lencería apareció en el siglo XVI y la ropa interior blanca se convierte en un símbolo de higiene y riqueza.

• El *Peek-a-boo-bang* es el nombre que recibe el peinado ondulado que ocultaba media cara de la actriz Veronica Lake.

Las fuentes del estilista

VI

Las fuentes del estilista

···

Una fuente de información es una persona u objeto que nos provee de datos. Todo proceso creativo conlleva un bagaje de conocimientos y experiencias que se generan de un proceso, consciente o inconsciente, de investigación.

El agente creativo para llevar a cabo su cometido utiliza una serie de armas, unas fuentes de información que se dividen en «fuentes primarias» y «fuentes secundarias». Las «fuentes primarias» son las que se han elaborado al mismo tiempo que los acontecimientos que queremos contar. Llegan a nosotros sin ser manipuladas, transformadas o revisionadas, es decir, sin ser modificadas. Las «fuentes secundarias», también denominadas historiográficas, son aquellas que se elaboran a partir de las fuentes primarias, es decir, libros, artículos, estudios, etc. En el tema que nos ocupa, la moda y el estilismo, las fuentes de investigación que pueden ser utilizadas pueden ser tanto primarias como secundarias.

Fuentes primarias
··································

Escritas

Son los datos que obtenemos escritos, bien sean manuscritas, impresas, microfilmadas o informatizadas:

Documentos públicos o privados

De las fuentes más significativas yo destacaría los edictos y ordenanzas municipales concernientes a la indumentaria lo que nos ilustra la importancia que a ésta se le daba desde el punto de vista ético o protocolario y las cartas dotales, documentos que reproducen los bienes que la mujer aportaba al matrimonio incluyendo prendas, accesorios y objetos de indumentaria.

Fuentes hemerográficas o publicaciones periódicas (prensa)

Las primeras revistas de moda se remontan al siglo XVII, pero es durante el siglo XIX cuando alcanzan su desarrollo y se afianzan. Hasta el siglo XX no se ilustran con fotografías. Las revistas de moda son fundamentales como fuentes para conocer la historia y evolución de la moda. Las revistas del corazón se me antojan de un extraordinario valor ya que nos informan de cómo era la indumentaria real.

Memorias y diarios personales

Pueden aportar una información curiosa sobre las formas de indumentaria a través de la descripción indirecta.

Correspondencia pública o privada

Pueden aportar una información curiosa sobre las formas de indumentaria a través de la descripción indirecta.

Fuentes bibliográficas: libros

Bibliografía original sobre historia de la moda u obras que versen sobre el tema.

Iconográficas

Son fuentes de tipo audiovisual:

Obras plásticas: pintura o escultura

La retratística, la pintura costumbrista o la pintura social del siglo XIX pueden ser excelentes documentos de información.

Fuentes gráficas: fotografía y cine

La fotografía es un documento informativo indispensable para conocer las formas de vida de la sociedad. La fotografía de lugares, ambientes o grupos humanos son de suma importancia para conocer las formas reales de indumentaria de la misma manera que el cine documental. Las películas de ficción son fuentes significativas siempre y cuando busquemos información en películas que traten temas reales y hayan sido filmadas en el mismo tiempo en el que se desarrolla la acción.

Orales

Son fuentes que provienen de la entrevista o comentarios de personas. Pueden ser directas o grabadas. A mí me parece entrañable escuchar a personas que han vivido en otra etapa y cuentan entre otras muchas cosas cómo era la ropa que vestían, qué importancia tenía la indumentaria en la vida cotidiana o cómo eran aquellos días en que las costureras y las modistas cosían en sus casas. Son fuentes parciales si no van acompañadas de imágenes fotográficas pero, sin duda, de una riqueza incuestionable.

Varias

Objetos y prendas de indumentaria procedentes de exposiciones especializadas, museos o colecciones privadas.

Fuentes secundarias

Las fuentes secundarias, impresas, microfilmadas o informatizadas son escritos en forma de libros, biografías, enciclopedias, diccionarios, artículos de revista, etc. Podemos considerar internet como fuente documental tanto escrita como audiovisual, una fuente dinámica que hace difícil su recopilación y su conservación.

Algo que debemos tener en cuenta cuando abordamos el tema de las fuentes de documentación es el «valor» y la «confiabilidad» de las mismas. El valor está relacionado con el tema seleccionado. Así, por ejemplo, si como estilista quiero obtener datos de cómo eran los tejidos que se utilizaban en el siglo XIX tendrá más valor para mi investigación poder visionar los tejidos directamente que consultar bibliografía especializada. Seguramente esta última fuente puede ser más válida que la anterior para otros investigadores. La confiabilidad es una cuestión relevante ya que el no estar seguro de la fiabilidad de nuestras fuentes podría poner en cuestión nuestras conclusiones en un determinado tema.

Otra cuestión que me parece interesante tratar es la «realidad» o no de las fuentes utilizadas. Cuando, por ejemplo, queremos obtener información sobre una determinada forma de vestir o un estilo histórico concreto, una de las fuentes que podríamos utilizar son las publicaciones especializadas, es decir, las revistas de moda. Cuando observamos y estudiamos dichas fuentes podemos llegar a unas conclusiones relativas ya que no obtendremos datos sobre la indumentaria real sino sólo y exclusivamente teórica. Lo «teórico» no implica la excepcionalidad del uso pero sí la parcialidad. Personalmente yo prefiero utilizar fuentes reales, es decir, si requiero información sobre la forma de vestir y la estética de los años setenta me decanto por los datos que pueden aportarme los documentales, el cine o las fotografías de las personas de a pie. De esta manera podré observar la manera real de *looks* y atavíos.

Cuando el estudioso de la historia de la moda aborda un tema de investigación concerniente a la misma su obligación como investigador es realizar su estudio en base tanto teóricas cómo reales desde un punto de vista donde rija la objetividad. Esta cuestión es diferente cuando es el director artístico o estilista el que lleva a cabo la investigación donde lo teórico y lo real es factible de reinterpretar, de revisionar, de manipular. Es esta subjetividad lo que hace maravilloso nuestro trabajo: crear desde lo creado.

El campo del estilista

VII

El campo del estilista

....

I. El estilista y el desfile

El desfile, muestra de una colección de moda a los medios de comunicación y a un conjunto de receptores invitados determinados, es uno de los soportes publicitarios de la moda donde el estilista puede llegar a tener un papel transcendental dependiendo del grado de implicación que le confiera la firma o el diseñador que le contrate. A lo largo de mi carrera profesional me he encontrado con situaciones diversas en torno a esta cuestión y es así como en ocasiones mi labor profesional se ha limitado a la complementación de una colección de moda mediante la selección y disposición de los accesorios, y en otras mi papel como estilista ha ampliado sus funciones ejerciendo un extenso campo de acción, el de la dirección artística, donde a la complementación de los *looks* se unen otras competencias que analizaremos a continuación. Sea como fuere debemos tener claro que los desfiles son la vía de comercialización más importante, un medio a través del cual las colecciones toman vida haciendo posible el inicio de una ardua logística cuyo objetivo es la venta del producto. Este proceso se inicia con el diseño de la colección, la selección de los tejidos, el concepto de las formas y las líneas estéticas, el diseño de los accesorios, etc. Podemos afirmar que para cualquier firma o diseñador que se precie, una colección resulta incompleta si no es posible que los accesorios hayan sido diseñados ex-profeso para aquélla. Desgraciadamente esta circunstancia no es siempre posible ni fácil debido principalmente a cuestiones meramente productivas y/o económicas. La labor y el papel profesional del estilista en uno u otro caso resulta fundamental para que la visión de la colección resulte integral y perfecta. Pero vayamos por pasos.

El estilista como director artístico puede asesorar a la firma de moda en los siguientes aspectos: asesoramiento general; localización del espacio; diseño de la conceptualización de la colección y del desfile; diseño del espacio expositivo; diseño de la ambientación musical; diseño de la iluminación; diseño de la puesta en escena; diseño de la imagen de peluquería y maquillaje.; dirección o asesoramiento del *casting*; dirección y seguimiento de la logística de producción.

El estilista como director de imagen puede llevar a cabo las siguientes funciones: visualización, selección y organización de la colección; complementación de la colección con los complementos diseñados por el propio diseñador; diseño teórico de los complementos, búsqueda de los mismos y aplicación; diseño y ejecución de los complementos ha utilizar; reconceptualizar una colección a través de la complementación de la misma.

De todas estas competencias el estilista puede llegar a ejecutar cualquiera de ellas, parte de algunas o la totalidad de las mismas. Personalmente he llegado a llevar a cabo cualquiera de las opciones expuestas. Comencemos a explicar cada una de ellas.

El estilista como director artístico

Asesoramiento general

Cuando tengo el cometido de llevar a cabo la labor de director artístico con un determinado cliente para organizar un desfile lo primero es reunir toda la información necesaria. Para ello es fundamental una primera reunión o contacto con la firma para, a partir de la misma, plantear a los gerentes de la misma una serie de propuestas de las que surgirá la definitiva. En primer lugar lo que necesito saber es qué es lo que el cliente quiere. Partiendo de la base de que lo que desea es presentar una colección y que el soporte seleccionado es el desfile, es decir, la exposición en un espacio determinado de un número determinado de *looks* portados por modelos, son numerosas las cuestiones que necesitamos saber:

¿Es desfile propiamente dicho o *showroom*? Es decir ¿Qué magnitud tendrá dicha exposición y cuáles son los objetivos? Los *showroom* son desfiles en pequeña escala generalmente con objetivos diferentes a los desfiles propiamente dichos. A veces se llevan a cabo para mostrar la colección al *staff* de comerciales de la firma, a un número reducido de clientas cuando se trata de colecciones de costura o simplemente llevar a cabo el «pequeño desfile» para mostrar la colección exclusivamente a los medios de comunicación. Lo que sí está claro es que generalmente el *showroom* es una exposición de una colección de manera mas concisa y reducida y tiene normalmente otro tipo de objetivos. Partiendo de esta aclaración comenzaremos a trabajar. A partir de esta información el cometido del director artístico será el de crear lo que llamaremos un «código de coherencia», el diseño de un producto caracterizado por la fusión y el empaste de todas las partes que lo integran. Dicho «código de coherencia» no implica la dogmatización ni la aplicación rigurosa de un estilo determinado siguiendo las pautas del «formalismo» pero sí el que la imagen final responda a un estudio y análisis determinado que genere un resultado armónico y absolutamente justificado visualmente, teóricamente, o ambas cosas.

Localización del espacio

El espacio seleccionado dependerá fundamentalmente de dos cosas: la conceptualización del desfile y el número de invitados que requiera el diseñador. Cuando se trata de un *showroom* generalmente no existe un *leit motiv* del desfile, es decir, no existe una «conceptualización», con lo cual es espacio puede ser mucho más anodino y sencillo, tener menos capacidad para albergar al público existente, etc. Esto no tiene que ser forzosamente así ya que hay veces que a pesar de ser un *showroom* el cliente requiere una serie de servicios que convierten a aquéllos en verdaderos espectáculos aunque no suele ser la tónica general. Normalmente los *showrooms* se llevan a cabo en salones de hoteles céntricos o en ubicaciones más reducidas. Si se trata de un desfile propiamente dicho donde va a asistir público de diversa índole y medios de comunicación procedemos a proponer al cliente una serie de espacios catalogados según la tipología siguiente:

- Salones de hoteles.
- Edificios públicos (Museos, salas de exposiciones, espacios culturales...).
- Espacios feriales.
- Espacios exteriores.

Hay veces en las que los desfiles están inmersos en un calendario ferial con lo cual son ubicados en los mismos. Cuando no es así dependiendo tanto de la conceptualización del desfile como del presupuesto del cliente se seleccionará una ubicación u otra. De cualquier manera el estilista debe prever y conocer con anterioridad los numerosos posibles espacios para conocer los pros y los contras de la utilización de los mismos, la posibilidad o no de poder contar con ellos o las características y los rasgos técnicos de los mismos, así como el coste económico que supondría ubicar el desfile en dichos espacios. Es absurdo proponer una idea sin saber si es posible la viabilidad de la misma. La creatividad debe ser susceptible de poder ser llevada a la práctica. Lo demás es una pérdida de tiempo y por ende de dinero. Es importante que el director artístico conozca a la perfección dichos espacios o analice cualquier nueva propuesta por parte del cliente para dar el visto bueno. El o los espacios propuestos deberán ser visitados para en un primer estadío saber a ciencia cierta la factibilidad de la realización del desfile, atendiendo sobre todo a la disponibilidad en los mismos de los numerosos espacios que son necesarios para llevar a cabo la realización de aquéllos, a saber:

- Zona expositiva: Lugar dónde se presentará la colección.
- *Backstage*: Ubicación del vestuario.
- Zona camerinos: Realización de la peluquería y maquillaje.
- Zona de Producción: almacenes de mercancía, oficinas de prensa, zonas de *catering* y descanso, etc.

Evidentemente, contar con todos estos espacios es lo ideal pero también es cierto que es posible llevar a cabo el desfile disponiendo de muchos menos espacios que los expuestos. Ha habido muchos desfiles en los que hemos tenido que adaptarnos a las circunstancias y realizar el trabajo lo más fácilmente posible atendiendo a los espacios disponibles.

No es menos cierto, sin embargo, que los desfiles son un trabajo de equipo y por lo tanto el no contar con las facilidades y los requisitos mínimos puede sin duda condicionar el éxito o no de los mismos. Así, por ejemplo, el no contar con un espacio digno para montar el vestuario puede conllevar a errores de logística, saturación para el equipo o el que las prendas no salgan a pasarela en estado perfecto. Vuelvo a reiterar que la imagen del espacio seleccionado se me antoja fundamental pero que no es menos fundamental el carácter práctico de la misma.

Diseño de la conceptualización de la colección y del desfile

Conceptualizar una colección es algo inherente en menor o mayor grado a aquélla. La colección de moda se caracteriza por la utilización de un estilo que la unifica en base al uso de formas y materiales. Dichos rasgos caracterizan a la colección y la definen. Hay colecciones, sin embargo, cuyo nivel de conceptualización es mínimo, por ejemplo, limitado al uso de una serie de tejidos y a la reiteración de un patrón en prendas determinadas. En ellas, carece de llamémosle la «ideología», un estilo determinado integrado por parámetros que sitúan visualmente la colección en un marco cronológico o en la mezcla de varios. Para el estilista es importante el que una colección sea conceptual ya que limitaría su trabajo a la complementación adecuada de dicha colección. Otras veces debe limar un estilo, enriquecerlo o en algún caso crearlo a partir de cero, es decir, desde la visualización y el análisis de unas prendas crear un mensaje estilístico que englobaría evidentemente la complementación con elementos y objetos adaptados y adecuados a dicha colección. En un caso práctico que analizaremos posteriormente procederemos a conceptualizar una colección determinada a fin de dejar más claro cual es nuestro cometido. Conceptualizar un desfile es crear una serie de rasgos, elementos y soportes que casando perfectamente con la conceptualización de la colección la enriquezcan, ratifiquen su mensaje y reejemplifiquen su estilo mediante el diseño de la escenografía, la selección musical, la puesta en escena, el *acting* de las modelos, el diseño de la iluminación, etc.

Diseño del espacio expositivo

Una vez seleccionado el lugar del desfile uno de los medios que integrarán la conceptualización del desfile será el diseño de la escenografía que en cuanto a espacio constará de:

- Frontales o panelaje: Consisten en los elementos que separan la zona expositora del *backstage*. Dichos elementos pueden tener diseños muy diversos en cuanto a la forma, el tamaño o el material utilizado para ejecutarlos. Generalmente suelen ser de líneas básicas y minimalistas con preferencias por una paleta de colores neutros con el objeto de que no distraiga la atención del espectador por encima de la visión de la colección. Otros diseñadores se decantan por la utilización de escenografía conceptual de acuerdo con la idea de la colección. Un detalle que aconsejo es que una vez decididas todas estas cuestiones la empresa contratada para su ejecución exponga visualmente la idea a llevar a cabo integrada por todos los datos que harán posible que el cliente vea con claridad cómo quedará la idea llevada a la práctica.

- Pasarela: Generalmente de estructura longitudinal es el espacio por donde caminarán las modelos presentando la colección. Las nuevas tecnologías y los nuevos materiales permiten hoy en día tener un amplio abanico de posibilidades a la hora de diseñar la pasarela. Algo que se me antoja fundamental es que no debemos olvidar que la colección debe ser fotografiada por los medios de comunicación, lo que conllevará a la promoción de la misma como un paso fundamental en su venta. Por ello me parece fundamental el que el director artístico seleccione materiales y formas para que el desfilar no se convierta en un verdadero *handicap* sobre todo en lo concerniente al acabado resbaladizo de alguno de los materiales que se utilizan, tales como melaminas inapropiadas o espejos. Este tipo de materiales dificulta enormemente la destreza de las modelos al desfilar, amén de desvirtuar, por su poder reflectante, la paleta de color de la colección.

- Zona invitados: El espacio reservado a los invitados al desfile debe ser apropiado tanto en cuanto a dimensiones como a la comodidad de los soportes dónde irían sentados dichos invitados. Es importante que el invitado pueda visionar el desfile sin dificultad por lo que se suele acudir al sistema de gradas y que el espacio entre aquéllos les permita disfrutar del evento. Asimismo, la selección de la silla se llevará a cabo dependiendo de los códigos estéticos tanto del espacio como de la conceptualización de toda la producción. Dependiendo del lugar seleccionado, la zona reservada a los invitados podría ir enmoquetada o no. Si es así, aconsejo que el tono seleccionado se elija siguiendo los mismos parámetros de rigurosidad del concepto estético global.

- Zona medios de comunicación: Es el espacio reservado a los medios de comunicación visuales, es decir vídeo, televisión y material fotográfico. El espacio reservado a tal efecto debe ser cómodo en cuanto a dimensiones para permitir a los profesionales llevar a cabo su trabajo con tranquilidad así como estar a la misma altura que la pasarela, de manera que la planimetría resulte la adecuada.

Diseño de la ambientación musical

Una de las formas de ratificación e ilustración de la conceptualización de un desfile es la música seleccionada que amenizará la exposición de los *looks*. Personalmente suelo dividir el soporte musical en dos estadíos: música de entrada y salida del público, generalmente de carácter neutro y tranquilo, y música del desfile propiamente dicho. La música es un soporte fundamental en la presentación de una colección. Puede ser enlatada o en directo. Es importante en ambos casos que el empaste entre los diferentes temas sea perfecto para evitar parones o mezclas extrañas que molesten al espectador. La selección de los temas musicales es una labor ardua y complicada. Mis consejos con respecto a este tema son:

- La música es soporte de una colección, nunca protagonista.
- Debemos ser arriesgados y no caer en el discurso fácil de seleccionar música que empaste por decreto con la conceptualización del desfile. Es conveniente arriesgar, crear nuevos códigos, localizar versiones nuevas y exponer un criterio personal.
- Como en el resto de los espectáculos visuales, la música seleccionada despertará en el espectador un tipo u otro de sensaciones. Dependiendo de lo que queramos conseguir operaremos seleccionando unos temas y una organización y disposición de los mismos de una manera u otra. Con la selección musical que abordemos podemos emocionar, hartar, enloquecer o desestabilizar al espectador. En definitiva, la música es un soporte manipulador, con lo cual se convierte en un arma de tremendo poder en manos de los productores del desfile.

Diseño de la iluminación

El diseño de la iluminación consiste en definir por un lado qué tipo de luz (lámpara a utilizar), qué ubicación, cuántos soportes iluminadores vamos a utilizar y qué temperatura e intensidad vamos a generar con dicha iluminación, y por otro lado en la elaboración de un guión que ejecutaría el iluminador siguiendo las pautas del regidor del desfile donde se especificaría el uso de la iluminación en las diferentes partes del mismo. De una u otra manera me gustaría resaltar que cuando yo empezaba el diseño de la luz tenía como objetivo fundamental dos cosas: la visión fidedigna de la paleta de color de las prendas y la iluminación de la modelo durante todo su trayecto en la zona expositiva evitando cualquier tipo de sombras. Para ello el diseño de la iluminación consistía en la utilización de luz blanca a 3.200 grados dispuesta mediante un sistema de soportes. El objetivo no era otro que el que los *looks* fueran perfectamente visualizados y los medios de comunicación pudiesen llevar a cabo su labor sin dificultad a la hora de la publicación de las fotografías. De unos años a acá las nuevas tecnologías, amén de la conversión desmesurada de los desfiles en espectáculos visuales, el diseño de la iluminación es fascinante e ilimitado. La luz es un soporte definitorio, ratificador y manipulador de sensaciones. El diseño de la iluminación responderá al objetivo que el diseñador quiera ocasionar en el espectador.

Diseño de la puesta en escena

En algunos desfiles es el coreógrafo de acuerdo con las indicaciones del diseñador el que lleva a cabo esta labor. Debido sin duda a problemas presupuestarios la mayoría de los desfiles no cuentan con el *staff* necesario para llevar a cabo la ejecución exhaustiva de los mismos por lo que generalmente, al menos en mi caso ha sido así, un mismo profesional debe llevar a cabo numerosas funciones. Como director artístico he asumido en muchos casos la labor de director general, regidor, coreógrafo, etc. El desconocimiento y la osadía de empresas organizadoras de eventos de moda y de algunos clientes ha conllevado que en muchas ocasiones me haya encontrado con entuertos que he tenido que solventar asumiendo competencias que no me correspondían según lo contratado. Una vez aclarado este punto, el diseño de la puesta en escena consiste en diseñar el ritmo del desfile desde el punto de vista de las modelos. A las profesionales hay que dejarles muy claro cuál es su cometido en este sentido, cómo deben posar, cómo y cuándo deben pararse, cómo y cuándo deben girar... Asimismo, en un ensayo con anterioridad al desfile las modelos deben visualizar el espacio, comprobar el piso para comprobar si encierra o no alguna dificultad y ensayar si la puesta en escena tiene alguna particularidad, como salidas comunes, paradas inusuales o un *acting* determinado por parte del diseñador.

Diseño de la imagen de peluquería y maquillaje

Parte importante e integradora de la conceptualización del desfile es la imagen que en cuanto a la imagen de peluquería y maquillaje tendrán las modelos. Debemos tener muy claro que tanto el maquillaje como la peluquería suponen sin duda un complemento más en los *looks* que se mostrarán en pasarela. Normalmente y una vez claro el concepto de la colección, el director artístico transmitirá al equipo de peluquería y maquillaje, quienes, mediante pruebas sucesivas propongan una serie de *looks* hasta seleccionar al que ilustre con mayor acierto el mensaje que se quiere transmitir. Un consejo: recordar siempre que tanto la peluquería como el maquillaje son únicamente parte del *look*, un complemento. Nunca deben desdecir, anular o eclipsar el trabajo del diseñador.

Dirección o asesoramiento del casting

No debemos olvidar la importancia de las modelos como parte integrante e imprescindible de un desfile. La calidad de las mismas, entendiendo como tal tanto la armonía en las medidas como la destreza y profesionalidad para lucir un *look* determinado, hace de las modelos uno de los bastiones más importantes en la logística de la producción y venta de un producto. Las modelos son sin duda armas de venta fundamentales capaces de ensalzar o anular un *look* en un desfile. Es por ello por lo que debe darse mucha importancia al proceso de selección de aquéllas, es decir, al *casting*. El número de modelos necesarias en un desfile varía según la tipología del mismo. En un desfile profesional con un número de *looks* que vaya de los treinta a los sesenta, el número mínimo de modelos no debe ser menor de quince, a fin de que los cambios se realicen con tranquilidad y los *looks* en pasarela luzcan sin mácula. Algo importante es que el diseñador o en su caso el director artístico deben tener muy claro la tipología de modelos que requieren y que de alguna manera personalizarán la imagen que el diseñador desea proyectar. Dicha tipología abarca desde el color de la piel a la estatura pasando por la tipología de la estructura, el peso, así como la franja de edad, cuestión que depende de la tipología de la ropa y del *target* del consumidor a quien vaya dirigida.

Son las agencias de modelos las empresas que representan a las modelos. A dichas empresas es donde hay que acudir a la hora de contratar los servicios de aquéllas, lo que sin duda nos evitará problemas laborales y profesionales. Personalmente, los *castings* los llevo a cabo de manera directa, es decir, viendo a la modelo en persona, lo que suele evitar problemas posteriores como problemas en la piel (que en el caso de los *composit* no constan por el uso del *Photoshop*) o errores en las medidas premeditadamente o no. Cuando se lleva a cabo el llamado «*booking* directo», normalmente exijo a la agencia que me envíe unas *polaroids* de las modelos en cuestión fotografiadas en ropa de baño o interior y sin maquillar y peinar, es decir, de la manera mas natural posible y desde varias posiciones. También se suele utilizar como soporte el vídeo.

Dirección y seguimiento de la logística de producción

Técnicamente el montaje y posteriormente el desmontaje de un desfile genera una ardua tarea de producción antes, durante y posteriormente a la celebración del mismo. El director artístico debe, evidentemente junto con su equipo, diseñar y llevar a cabo una logística cuyo objetivo fundamental es el engranaje perfecto de una serie de pautas y estadíos. Dicha logística debería seguir los diferentes puntos:

• Elaboración de un calendario: conocer con exactitud los días de montaje, celebración y desmontaje. Además del horario disponible marcado o no por la dirección responsable del lugar que albergará el desfile en cuestión.

• Conocimiento exhaustivo del personal existente en el lugar de celebración del desfile y función de cada uno. Es fundamental el control de responsabilidades y la manera más fácil y operativa para localizar sin dilación a cualquier miembro del equipo ante cualquier necesidad o duda.

• Listado de las empresas integradoras del equipo de producción. Generalmente nos encontramos con:

   * Empresa de infraestructura encargada generalmente del montaje de la pasarela y el panelaje.
   * Empresa encargada del montaje de iluminación y sonido.
   * Empresa encargada de proporcionar mobiliario técnico: sillas, mesas, percheros, etc.
   * Empresa encargada de la elaboración de la rotulación.
   * Empresa encargada de la fabricación de los soportes publicitarios: *foto-call*, banderolas, cartelería, etc.
   * Empresa encargada del *catering* para el personal.
   * Empresa encargada del *catering* de los invitados.
   * Empresa encargada de montaje de vestuarios y *backstage*.
   * Empresa encargada del montaje de zona exterior: *kissing area*.
   * Empresa encargada de equipamiento y montaje de oficinas de producción, despachos y oficinas de prensa, etc.

En definitiva, podemos advertir que generalmente hay un número determinado de empresas que en su conjunto llevarán a cabo la logística diseñada. Evidentemente estos datos pueden ser reales o no. Muchas veces es una misma empresa la que realiza numerosas funciones o en algunos casos el mismo recinto cuenta con zonas totalmente equipadas para un propósito determinado. Lo que debemos considerar es que el engranaje de dichas empresas es de fundamental importancia.

• Diseño de un *timing* de producción bifurcado en dos líneas de actuación:

   * *Timing* de montaje y desmontaje.
   * *Timing* de actividades del personal especializado.

Para diseñar el primero de ellos yo personalmente comienzo al contrario, es decir, sabiendo a qué hora debe estar todo a punto gestiono las horas restantes para de acuerdo con las necesidades de las diferentes empresas discernir el orden del montaje y el horario del mismo. Es de vital importancia conocer extremadamente el lugar de celebración y sus entuertos, es decir, localización de puertas de carga y descarga, tamaño de las mismas, localización o no de montacargas y maquinaria de transporte, normas concernientes a la catalogación del lugar como espacio culturalmente catalogado y por tanto protegido, localización y disposición de zonas de aparcamiento para, en caso contrario, pedir los permisos pertinentes para hacer factible el establecimiento de los camiones y vehículos de las diferentes empresas. A fin de hacer fácil un entramado que por lo general suele ser dificultoso y susceptible de solapamientos innecesarios entre las diferentes empresas, mi consejo es establecer un orden de prioridades que con el correspondiente y lógico margen de error, garantice al menos un empaste y engranaje que haga posible con la mayor calma posible el montaje de un espectáculo que paradójicamente suele alcanzar como mucho treinta minutos de duración. La elaboración del segundo *timing* concierne al montaje del *backstage*, llegada de colecciones, horarios de peluquería y maquillaje, espacios y tiempos de *fitting* y horarios de comidas y descanso y lo más complicado de todo, el control de las modelos para que ejerzan su profesión con seriedad, disciplina y puntualidad.

El estilista como director de imagen

Como director de imagen, el estilista puede acometer las siguientes funciones:

Visualización, selección y organización de la colección

Generalmente, cuando acudimos al estudio de un diseñador o firma para comenzar el proceso de gestión y preparación de los *looks* que van a componer la colección que se presentará a los medios, nos encontramos con una colección extensa, reiterativa en formas, modelos y tejidos y organizada por colores, estilo o colecciones. Una vez visualizada la colección y comprendido el concepto de la misma debemos seleccionar los *looks* que, formando parte de la misma, son lo suficientemente significativos para exponerlos antes los medios de comunicación. La selección es muy arbitraria y la ordenación de la misma muy personal. Yo suelo estudiar minuciosamente la colección para no caer en una selección y orden de los *looks* de una manera simplista y previsible, es decir, intento evitar exponer los *looks* siguiendo a pies juntillas las minicolecciones que conforman el grueso del muestrario. Trato de mezclar las prendas de una manera valiente y tal vez arriesgada. Me encanta lo imprevisible y la táctica de exponer con un mínimo *fash* una prenda que parece perdida y que luego rescato para exponerla en otro momento del desfile. Se me antojan muy aburridos los desfiles donde todo parece perfectamente encajado, donde a las faldas les siguen los *short* y a estos los rematan los vestidos de noche. No me gustan nada las novias al final. Parece como si el diseñador dijera ¡también hago novias! En la selección de los *looks* debemos intentar no repetir una misma prenda en cuanto a patrón en un color diferente, a no ser que esté lo suficientemente camuflada para que no se note. Sólo lo justifico y estoy de acuerdo cuando me interesa alguna pieza como una chaqueta o un suéter y no encuentro una prenda para complementarla.

Suele ocurrir que generalmente una vez montada la colección decidamos confeccionar alguna que otra prenda que, aunque no integrada en el muestrario, se nos antoje vital, enriquecedora del resultado final o imprescindible para que la lectura del espectador una vez visto el desfile sea de coherencia, integración y seriedad. Estas prendas, a pesar de que su diseño y confección entiendo que son un entuerto para el diseñador, muchas veces ponen la guinda a una colección que sin ellas resultaría quizás más anodina o incompleta. El estilista cuando propone la presencia de una nueva prenda o *look* debe ser respetuoso con el diseñador y sobre todo debe contar con un argumento lo suficientemente significativo para que el diseñador entienda la propuesta y acceda a llevarla a cabo. Recordemos siempre que los estilistas, muchos de los cuáles somos diseñadores frustrados, debemos estar a disposición del diseñador de la colección. Es su colección, no la nuestra.

Una vez compuesta la colección que desfilará ante medios e invitados, mi cometido es exponer el o los conceptos que la colección me transmite, a fin de determinar diseñando una serie de propuestas concernientes a lo meramente estético que determinarán el mensaje visual que el diseñador o firma desea transmitir. A veces el diseñador tiene muy claro cuál es el concepto que desea transmitir. Si es así el estilista debe, si lo cree necesario, exponer otras posibles propuestas y/o completar el mensaje que el diseñador le trasmite enriqueciendo así, sin duda, la idea primaria. Otras veces, las colecciones son tan anodinas que es necesario conceptuarlas mediante un lenguaje visual a fin de conseguir que lo «previsible» se transforme, se enriquezca y muestre «algo» en lo que, si nos fijamos detenidamente, nos daríamos cuenta que no aporta absolutamente nada. Esta circunstancia suele ocurrir en colecciones donde el componente de diseño se sacrifica en pos de lo básico, comercial o anodino. Sin duda, el no compromiso facilita y democratiza la venta del producto. Más adelante redundaré en este tema.

Complementación de la colección con los complementos diseñados por el propio diseñador

Una vez seleccionadas las prendas que compondrán el desfile procederemos a, de acuerdo con el concepto estético que queremos emitir, complementar los *looks* mediante los accesorios de manera que consigamos definir y completar la imagen de cada uno de ellos. Cuando el diseñador o la firma posee accesorios propios el trabajo del estilista consiste en, una vez visualizados los mismos, adjudicarlos en cada *look*. Debemos tener en cuenta que no todos los *looks* tienen por qué llevar accesorios y que la insistencia en lo contrario mostrará una colección saturada. El proceso de complementación debe ser coherente, unitario y no excesivamente reiterativo en cuanto a prototipos, es decir, si por ejemplo utilizamos un tipo de sombrero debemos tener claro que queremos contar con el hecho de utilizar dicho sombrero y sobre todo no hacer uso de un número excesivo en cuanto al estilo del mismo. Los accesorios, debemos recordar, complementan y/o conceptualizan pero no deben anular una colección. La circunstancia de que el diseñador o firma posea sus propios accesorios facilita de alguna manera el trabajo del estilista ya que generalmente aquéllos llevan la impronta del estilo y el concepto teórico y formal de la colección. El diseño del maquillaje y la peluquería harán el resto.

Diseño teórico de los complementos, búsqueda de los mismos y aplicación

Cuando el diseñador o firma no posee accesorios propios la cosa se complica un poco para el estilista. Debemos tener en cuenta la tipología de accesorios que un *look* puede llevar, a saber:

- Cabeza: sombrero o derivados, gafas, pendientes, elementos de adorno (horquillas, flores, lazos, etc.).
- Cuello: collares, gargantillas, cuellos, etc.
- Talle: cinturones, chales, estolas, elementos de adorno (broches, flores, etc.).
- Manos: anillos, pulseras, bolsos, paraguas, etc.
- Piernas: medias.
- Pies: calzado.

De acuerdo con las indicaciones del diseñador, el estilista propondrá una serie de accesorios que complementarán cada *look*. Los accesorios pueden localizarse en *showrooms* o tiendas especializadas a cambio de contraprestaciones publicitarias, en las ferias nacionales o internacionales o si el diseñador o la firma lo requiere, pueden ser fabricados en exclusiva para la colección. Sea como fuere, debemos recordar las recomendaciones anteriormente expuestas en relación a la mesura, a la coherencia, etc.

Reconceptualizar una colección a través de la complementación de la misma

El poder del accesorio y su capacidad de reconvertir y ofrecer al receptor lecturas diversas es tan importante que por sí mismos actualmente podemos afirmar que no sólo complementan sino que son un *look* en sí mismos. A veces las colecciones son tan comerciales y anodinas que debemos reconceptualizarla mediante el uso de unos accesorios que posean una carga estética definitoria. Así por ejemplo un traje pantalón podrá tener diversas lecturas visuales dependiendo de los accesorios utilizados. El estilista podrá trasladarnos a la androginia de los años veinte, al Londres de los años sesenta o la Gran Manzana de los años noventa.

Algo que me parece fundamental es, una vez ubicados los accesorios en cada *look*, fotografiar cada modelo que compone la colección sobre una modelo maquillada y peinada según el estilo decidido. Una vez fotografiada la colección debe ser visualizada al completo y en el orden de salida que tendrá en el desfile por el diseñador, el equipo del mismo y el estilista. De este manera podremos establecer el acierto o no de la disposición del accesorio y del mensaje de la colección en su conjunto. Como caso práctico expondremos a continuación el diseño y la gestión de una colección cuyo objetivo no es otro que establecer el cometido del estilista y ratificar que su labor está muy por encima de la mera disposición de una serie de accesorios. Veamos a continuación una relación de datos a modo de información:

- Firma: «Tal» diseñada por «Tal».
- Género: Masculino/femenino.
- Temporada: Otoño/invierno «Tal».
- Tipología de las prendas:
  * Masculino: Pantalones, abrigos, chaquetas, trajes de chaqueta, jerséis, anoraks, camisas, rebecas, etc.
  * Femenino: Faldas, vestidos, trajes de chaqueta.
- Labor del estilista:
  * Conceptualizar.
  * Diseño y elaboración de nuevas prendas justificatorias del concepto.
  * Diseño y elaboración de nuevos accesorios.
  * Diseño del maquillaje y de la peluquería.
  * Disposición de los accesorios en cada *look*.

Colección Looks

Concepto de la Colección looks

• Tánger. Fusión entre el Tánger internacional de los años cuarenta, la decadencia de los años sesenta y la globalización de la actualidad.

• Personalidades: Nena Madison, Juanita Narboni, Jane Bowles, Ángel Vázquez, William Burroughs, Barbara Hutton...

• Referencias: El emigrante de Juanito Valderrana, los pollitos de merengue de la pastelería «La Española», el Cine Alcázar, la plaza de la fuente nueva, el Hotel Minzah, La Pensión Amar, Casabarata, Almacenes La Ideal, Peluquería Pepita, Café fuentes, Café de París.

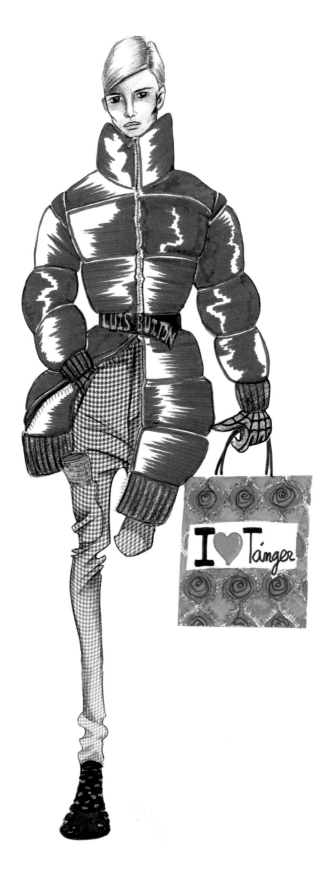

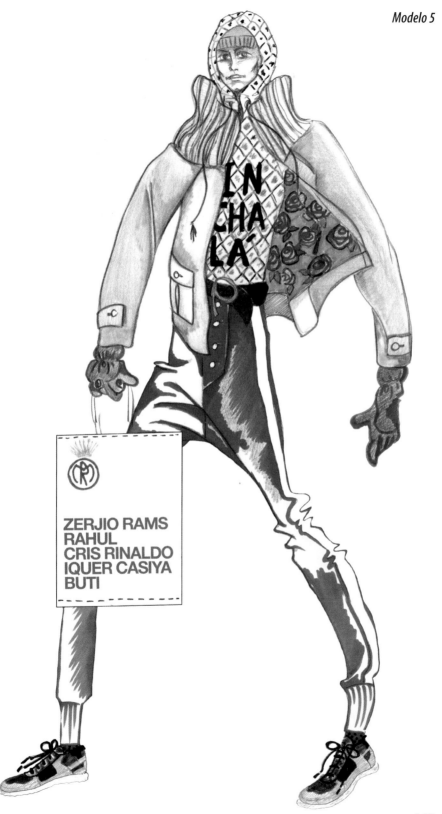

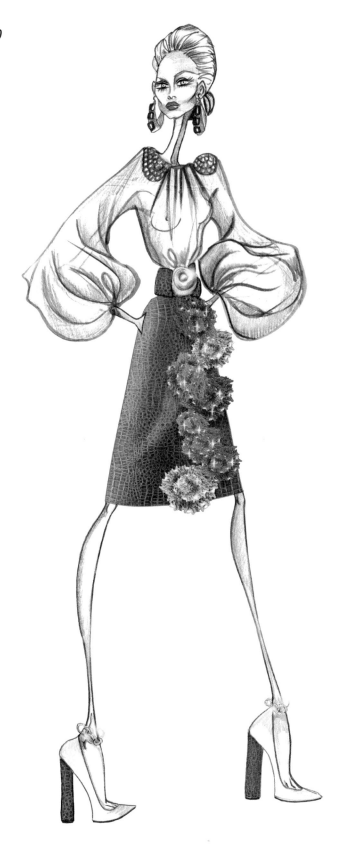

Descripción de los looks

Modelo 1

Outfit compuesto por plumífero *midi* en poliamida con cuello chimenea, cintura ajustada, cremallera vista *oversize* en dorado y liguillas y puños en lana y acrílico. El pantalón, de corte zaragüel de tiro y pitillo, es de lana con *print* en pata de gallo y bolsillos oblicuos y de parche. Accesorios:

- Guantes acolchados en poliamida con nervaduras en goma en color añil.
- Calcetines en acrílico color negro con topos en color añil.
- Cangrejeras en polipiel marrón chocolate.
- Cinturón en polipiel colo miel con logotipo imitación «Louis Vuitton».
- Bolsa en hule con *print* de rosas encadenadas y leyenda.
- Hojas del *Corán* contenidas en el bolsillo.

Modelo 2

Outfit compuesto por jersey de cuello cisne de cachemira, chaqueta *norfolk* en *Cheviot* ajustada con cinturón con hebilla en carey y pantalón de corte zaragüel en piel de cordero color caramelo con liguilla tobillera en cachemira y doble cierre con botonadura en nácar virgen. Accesorios:

- Calcetín en acrílico bicolor teja y añil.
- Sandalia en polipiel con hebilla dorada y suela de goma negra.
- Gorro de cachemira.
- Borsalino en *Cheviot* con hebilla lateral dorada.
- Reloj de cadena en oro.
- Bolsa en hule con dibujo del calendario musulmán.

Modelo 3

Outfit compuesto de traje pantalón en *Cheviot*. La chaqueta lleva mangas raglán con bolsillo de plastrón pespunteado, solapa en «V», cuello pico de pato y manga codera ribeteada de visón. La camisa con cuello *halston* con maxilazada está realizada en *georgette* color maquillaje. El pantalón es de pitillo con media campana y largo tobillero. Accesorios:

- Pendientes en carey y oro.
- Cinturón en loneta elástica verde y rojo con hebilla en cocodrilo y logotipo en latón dorado en forma de «P».
- Bolso-monedero con cadena dorada y boquilla en carey y esmeraldas en leopardo sintético.
- Guantes en piel de ciervo color cereza.

- Zapato tipo *loafers* con lengüeta flecada y borlas o *tassel* bicolor cereza y maquillaje.

Modelo 4

Outfit compuesto por *Kilt* en tartán en cuadros verdes, amarillos y negros, pantalón de algodón con liguilla color perla, cárdigan envolvente en punto con trenzado de Arán con cuello esmoquin y camisa de algodón en color negro con *print* de amebas en color verde esmeralda y cuello en algodón blanco. Accesorios:

- Calcetines en acrílico bicolor gris y cereza con motas.
- Sandalia en polipiel color caramelo.
- Bolsa de hule con literatura y arco iris.
- Corbata en seda color añil con *print* de topos en color blanco.
- Pisacorbatas en chapa dorada con símbología marroquí.
- Gafas en carey con cristal color verde botella.
- Paquete de tabaco «Marquise» (marca de tabaco fabricado en Marruecos).

Modelo 5

Outfit compuesto por buzo en algodón con *prints* geométricos en gris rata y vainilla con literatura, cazadora en pelo de camello con cuello en lana y bolsillo de fuelle forrada de seda estampada con *prints* de rosas y pantalón de corte zaraguel en rayón cereza con liguilla y galón blanco. Accesorios:

- Gorro de lana en verde penicilina.
- Cinturón en polipiel color chocolate con hebilla en forma de logotipo «P».
- Guantes acolchados en poliamida color azul añil.
- Anillo sello en oro y rubí.
- Bolsa en hule con literatura.
- Calcetín en acrílico color azulina con motas en negro.
- Deportiva en polipiel dorada y chocolate.

Modelo 6

Outfit compuesta de traje de chaqueta en piel verde aceite. La chaqueta con manga raglán de corte filipino está rematada con piel de zorro abotonada con botonadura en metal dorado y carey. La falda es de talle alto fruncida a la cintura con costura central con vivo. Accesorios:

- Gafas en carey con cadena con literatura «I love Tanger».
- Monedero en piel de leopardo sintético, boquilla en carey y cierre con esmeraldas.
- Guantes en piel de ciervo color cereza.

- Maxi cinturón en latón bañado en oro de catorce quilates con cadena.
- Bota en charol blanco con tacón en piel de serpiente y cremallera dorada vista.
- Paraguas en piel vainilla con literatura «I love Tanger» y empuñadura en material de hueso con cabeza de carnero con ojos en rubí.

Modelo 7

Outfit compuesto de pantalón de corte zaraguel en brocado de seda con *prints* de rosas y cadenetas con bolsillos de costura, chaleco en alpaca con rayas diplomática y botonadura de rosas bañada en oro de catorce quilates, camisa en algodón egipcio en color blanco y batín *oversize* en lana de *cashmire* color cereza con forro en algodón de *liberty*. Accesorios:
- *Tarbush* cereza con borla y flecos en seda negra.
- Pañuelo en seda con *prints* de amebas negro y blanco.
- Corbata en lana de *cashmire* en cuadros.
- Pasador y gemelos con cadenas y llaves en oro de catorce quilates.
- Paquete de tabaco «Marquis».
- Mechero en metal dorado con cabera de carnero.
- Bota de agua en goma negra con terminación en charol.

Modelo 8

Abrigo en piel sintética con *prints* de piel de leopardo con cuello a la caja, largo *midi* y manga filipina rematada en visón. Accesorios:
- Pamela en piel de potro.
- Pendientes en metal dorado y carey.
- Cinturón en piel de cocodrilo con hebilla en forma de rosa en metal dorado con baño de oro de catorce quilates.
- Guantes en piel de ciervo verde aceite.
- Monedero en polipiel roja con boquilla en carey y cierre con esmeraldas.
- Pulsera en oro con monedas.
- Zapatos con lengüeta en charol blanco y vainilla, galón en algodón verde y rojo y logotipo en forma de dos «C» entrelazadas en metal dorado.

Modelo 9

Vestido en cadí con cuello a la caja, manga filipina y lazadas. Accesorios:
- Guantes en piel de ciervo verde aceite.
- Pulsera en oro con monedas, semillas y horóscopos.
- Zapato de salón en piel color maquillaje con cadena tobillera con eslavones dorados y tacón en cocodrilo.
- Correa para animales en piel de pitón.

Modelo 10

Outfit compuesta por camisa en organza verde esmeralda con cuello a la caja fruncido, mangas abombadas y hombreras bordadas con dibujos *decó* y falda en piel de cocodrilo con flores bordadas con *paillettes* superpuestas. Accesorios:

- Pendiente «cigarrona» en oro y carey.
- Cinturón en piel de cocodrilo con hebilla en forma de rosa en metal dorado.
- Zapato de salón en piel vainilla con tacón en piel de cocodrilo y cadena tobillera en cadena dorada.

Modelo 11

Outfit compuesto por esmoquin y capa española. El esmoquin se compone de camisa en algodón adornada con chorreras, pajarita blanca y botonadura en oro y rubíes, chaqueta abotonada con un solo botón en nácar viva en terciopelo color vainilla con bolsillo de vivo y solapa de muesca y pantalón en piel con terminación en charol, galón en algodón dorado y corte en forma de zaraguel. Accesorios:

- Gemelos en oro y rubí.
- Anillo sello en oro y rubí.
- Bolso mariconera en piel de cocodrilo.
- *Monkstrap* en charol.

Modelo 12

Caftán en seda estampada con escote asimétrico bordado en cristal. Accesorios:

- Pendientes y pulsera en oro blanco y turquesas.
- Sandalias en piel bordadas con azabache y suela en charol cereza.

II. El estilista y el catálogo

Uno de los soportes publicitarios donde el estilista despliega su creatividad es el catálogo, recopilación y edición de una colección de moda, prendas o accesorios, que tiene como objetivo formar parte integrante de la logística productiva cuyo término será la venta del producto expuesto al consumidor. El catálogo es una incuestionable arma de ventas, un valor añadido al objeto de moda. La exposición visual del producto despertará el deseo de la posesión del mismo. Hacerse con el objeto de moda expuesto es una manera de participar y compartir el universo creativo de la firma o el diseñador. A lo largo de mi trayectoria profesional he trabajado como estilista desde numerosas vertientes y asumiendo diversas y diferentes disciplinas. Hay veces que mi trabajo se ha visto mediatizado por el criterio de la firma o el diseñador y otras por el departamento creativo de la agencia de publicidad que ejecuta la producción del catálogo.

Personalmente me encuentro más cómodo y seguro cuando tengo un contacto más estrecho con el diseñador de la firma. Me parece importante saber qué esperan de mi trabajo, cuales son sus inquietudes, qué cuestiones les preocupan y qué desean transmitir al consumidor a través de la exposición de la imágenes que reflejarán una filosofía de vida, una manera de entender la cotidianidad. Por otro lado, antes de comenzar a realizar mi trabajo necesito tener toda la información necesaria acerca de lo que se espera de mi trabajo, cuáles son mis competencias y cuáles los límites de mi libertad creativa a la hora de tomar las decisiones sobre una determinada imagen. El estilista forma parte de un equipo de trabajo pero su papel puede ser de suma importancia o sencillamente de ejecutor de competencias que, si bien importantes, no serán definitorias, a saber:

• Su labor durante la sesión se limitará a adaptar y controlar la correcta disposición de las prendas sobre la modelo.

• Ubicar en la modelo los complementos seleccionados por el diseñador cuidando la perfecta disposición de los mismos.

• Disponer la búsqueda de los complementos que complementarán cada uno de los *looks* fotografiados según el criterio expuesto por el diseñador y la aportación expuesta por el estilista.

• Ejercer la labor de lo que personalmente denomino «director artístico» o diseñador del concepto del catálogo. Dicho concepto conllevará una serie de competencias como serían:

* Creación del concepto.
* Tener criterio de peso en la selección del fotógrafo, la modelo y el resto del *staff* de trabajo como peluquero, maquillador y personal de vestuario.

* Visionar conjuntamente con el fotógrafo el lugar de la sesión, interiores o exteriores o ambos.
* Una vez ejecutada la sesión, tener criterio para participar en la selección de las imágenes que conformarán el catálogo.
* Visionar el diseño del catálogo para exponer su valoración con criterio personal sobre el producto final.

Personalmente he trabajado como estilista en todas las vertientes expuestas, formas y competencias que definen el grado de implicación y creatividad del estilista. De todas, la que con mayor frecuencia he llevado a cabo es la de «director artístico», donde he tenido la suerte de dirigir el proceso creativo de numerosos profesionales cuyo objetivo no es sino crear una compilación de imágenes destinadas a definir a una firma o diseñador, una muestra editada de sus propuestas de moda destinadas a la venta, a ser un producto deseable y por tanto vendible.

Generalmente en la producción de un catálogo los pasos a seguir son los siguientes:

• Visionar la colección conjuntamente con el diseñador, escucharle, entenderle, en definitiva comprenderle un poco más como persona y como profesional para posteriormente proponerle nuestro criterio.

• Seleccionar las prendas que finalmente serán fotografiadas. Generalmente las colecciones son muy extensas y no todas las prendas formarán parte del catálogo. Hay prendas que formando parte de la colección y siendo utilizadas en desfiles y editoriales no serán producidas y por lo tanto no deben aparecer en el catálogo. Otras veces ocurre el caso contrario y son estas prendas denominadas «de imagen» las que el diseñador considera que deben estar integradas en el catálogo siguiendo un criterio lícito en atención a un tipo de catálogo denominado «de imagen».

• Seleccionar y diseñar el tipo de catálogo que se desea llevar a cabo a saber:

* *Foto book*: Es un tipo de catálogo de carácter interno, es decir, un arma de venta y comercialización utilizado por la empresa y su red de comerciales para mostrar el producto tanto al consumidor que visita un comercio como al posible comprador de la colección. Dicha forma de catálogo suele ser y ejecutarse de manera sencilla, sin grandes medios ni excesiva producción. La producción del mismo suele ser de un número limitado de ejemplares. Esto no quiere decir que no se cuide la imagen del mismo, es decir, que la modelo no sea la adecuada, que no se utilicen complementos o que no cuidemos el maquillaje y la peluquería. No debemos olvidar que se trata de una imagen de venta.
* Catálogo de imagen: Es el catálogo que la empresa de moda produce

de cara al consumidor y los medios de comunicación. Son producidos y distribuidos a los clientes y las tiendas constituyendo la imagen que la empresa quiere proyectar hacia el exterior. Dicho tipo de catálogo se presta a numerosas variaciones en cuanto a tipología, concepto, materiales o diseño. Podrán ser catálogos con un grado de comercialización en menor o mayor grado atendiendo a la correcta y estricta exposición de la prendas fotografiadas, catálogos denominados «armarios», porque carecen de la presencia de modelo o, por ejemplo, catálogos donde lo que se «venda» sea más una filosofía, un *life style* que unas determinadas prendas.

• Proponer al diseñador una serie de propuestas «conceptualizadoras» que definirán la imagen del catálogo, lo unificarán. El concepto aplicado a un catálogo expondrá al receptor una filosofía, una forma de ver y sentir la ropa, en definitiva un universo estético. Es evidente que conceptualizar un soporte publicitario, como podría ser en este caso el catálogo, no implica contar una historia visual pero sí dar continuidad estética a una colección haciéndola atractiva y deseable con miras a facilitar su venta. La conceptualización implica el empaste absoluto de todos los ingredientes integradores que definirán y significaran una colección de moda. De lo contrario, visionando el catálogo, provocaríamos lo que denomino «chirriar», es decir, el que no exista una integración de todas las partes, un todo coherente referido tanto a la estética, al *acting* de la modelo, la planimetría, el mensaje o el diseño.

• Algo muy importante que el estilista debe tener claro, por parte del diseñador o responsable de la producción del catálogo, es el grado de implicación estética con respecto a la colección. El estilista puede ejercer de mero proveedor de accesorios y del uso de los mismos. En otro casos la labor de aquél conlleva mucha más responsabilidad en el sentido de que su trabajo resultará de vital importancia con la función de reconvertir la imagen de una colección mediante el uso de los accesorios. Esta circunstancia suele ocurrir en firmas donde el grado de comercialidad prima sobre cualquier otra disciplina, lo que conlleva un escaso compromiso con el componente de diseño en las prendas o en la reiteración de patrones y *prints*. Suelen ser colecciones de costo por debajo de la media con acabados que distan de definirse como impecables. Resumiendo, podemos considerar este tipo de firmas como «cualitativamente» cuestionables. La utilización por parte del estilista de unos accesorios de primera línea de diseño y moda puede, sin duda, enmascarar la carencia cualitativa en pos de una imagen visual deseable. El accesorio de primeras firmas se yergue, mezclándolo con las prendas, en el reconvertor de un lenguaje mucho más rico y atractivo. Debemos tener cautela, no obstante, a la hora de seleccionar dichos accesorios no eligiendo ningún *must* de la temporada, es decir, ningún complemento de firmas nacionales o internacionales que hayan destacado especialmente en los medios de comunicación. Por ejemplo, podemos seleccionar un complemento de Prada para complementar un *look* pero no debe ser un complemento demasiado significativo de la colección. Esto tergiversaría demasiado el mensaje del catálogo y encarecería la seriedad que toda firma de moda debe tener. Por otro lado, si seleccionamos un complemento de una firma debemos tener cuidado a la hora de fotografiarlo ya que no sería conveniente el que se viera el logotipo del complemento sobre todo si se trata de una firma muy conocida. Resumiendo, debemos ser conscientes de que el accesorio debe complementar un *look* de prendas cuyo objetivo es la venta, que aquél debe ensalzar en mayor o menor cuantía el *look* fotografiado y que debemos de ser cautos a la hora de seleccionarlos.

• Una vez decidido lo anteriormente expuesto, el estilista mostrará una serie de propuestas al cliente concerniente al tipo de accesorio que se utilizarían en el catálogo. Personalmente incluyo en las propuestas, sean del estilo que sean, una serie de piezas entre las que incluyo lo que en cine o televisión denominamos «atrezo», cualquier elemento que pueda definir y complementar el catálogo, tales como elementos decorativos: muebles, tejidos, alfombras, etc.

Las propuestas presentadas al cliente deben estar sujetas a una coherencia singular y estudiada con el objeto de conseguir una línea estética a lo largo de la exposición del catálogo. Cuando tengamos claro qué tipología de accesorios y qué uso determinado vamos a darle a los mismos como profesional os aconsejaría lo siguiente:

* El estilista no debe obsesionarse con los accesorios. Debe recordar siempre que lo importante son las prendas y que aquéllos son fundamentales pero no imprescindibles.
* Teniendo claro los consejos del cliente el accesorio siempre debe tener un segundo plano.
* No es necesario que cada imagen tenga accesorios diferentes. El que cada una de ellas tenga un estilismo concreto conlleva muchas veces el cansancio visual.
* Debemos recordar y no caer en el *horror vacui* cuando llevamos a cabo un estilismo. Hay estilistas que son tremendamente barrocos y efectistas lo que hace que las prendas pierdan su importancia y que en cada foto la modelo parezca un «muestrario de tiestos» lo que ilustra la escasa preparación y experiencia del estilista.

Las propuestas presentadas al cliente se llevan a cabo mediante la presentación al mismo de fotografías o una muestra real de los accesorios para que aquél proceda a la selección que le interesa. Personalmente una vez visionada la colección suelo llevar a cabo un *shopping* de búsqueda en tiendas especializadas, grandes superficies o *showrooms*. De cualquier manera la selección de unos accesorios u otros conllevará la aparición en los créditos del catálogo de la firma de los mismos con los datos pertinentes que se hayan acordado entre las partes interesadas.

Hay ocasiones en las que los accesorios son diseñados y realizados por el estilista u otros profesionales del sector, lo que encierra ciertos problemas ya que generalmente el consumidor suele demandar dichos accesorios que no han sido producidos por cualquier circunstancia. Una anécdota que me ocurrió hace algunos años ilustra perfectamente lo que acabo de exponer. En una ocasión diseñé y ejecuté una serie de pulseras para complementar unos vestidos de noche. El material utilizado fueron unos ceniceros del tren AVE realizados en latón dorado. Fui descomponiendo y enlazando piezas hasta que resultaron unas vistosas pulseras que cuando aparecieron fotografiadas en el catálogo causaron una demanda inusitada por parte de los clientes, lo que causó un entuerto molesto para la firma, ya que tuvo que dar explicaciones al respecto. Esta misma circunstancia me ocurrió con una camisa que confeccionamos sobre la modelo con alfileres a modo de top ya que el traje de chaqueta que debíamos fotografiar no cerraba por la parte delantera y necesitaba de una prenda inferior. Así que, sin más, decidí drapear una preciosa muselina de leopardo sobre el cuerpo de la modelo. Nos gustó tanto a todo el equipo, incluido el cliente, que prescindimos de la chaqueta. Cuando se editó el catálogo la camisa ficticia causó tanto furor que hubo que producirla para contentar a los clientes pedigüeños.

- En las ocasiones en los que ejerzo de director artístico mis competencias se amplían teniendo como misión, entre otras, la selección del equipo de trabajo, fotógrafo, modelos, peluquero/maquillador, asistentes... Una vez claro qué tipo de catálogo requiere el cliente mi función es presentarle los *books* de los profesionales de la fotografía que, según mi punto de vista, dan el perfil para que el resultado sea óptimo. Hay multitud de criterios por los que nos decantamos por uno u otro profesional, desde su estilo, su capacidad creativa, su actitud como director de las modelos, etc. Desde el punto de vista técnico hay fotógrafos excelentes pero difícilmente un mismo profesional posee todas las cualidades que para mí son necesarias. Como director artístico valoro sobremanera la capacidad para captar mi idea, la flexibilidad a la hora de trabajar, la aportación a un trabajo que es absolutamente de equipo o la manera de acometer la dirección. Personalmente creo que es absolutamente contraproducente el hecho de contar con un profesional que no esté a la altura. La actitud y la disposición de todo el equipo garantizará sin duda la consecución del objetivo final y más importante, que no es otro que el que el catálogo llegue al consumidor.

En cuanto a la selección de las modelos lo primero que suelo hacer es realizar una primera selección de las chicas que pueden definir sin lugar a dudas el concepto del catálogo y representar el *target* del consumidor del producto. Si no es posible que el cliente visione directamente a las modelos la agencia presenta al mismo una selección de *composits* o *curriculum* visual de la modelo, donde constan las medidas y los principales trabajos realizados. Debemos ser cautos a la hora de seleccionar a las modelos teniendo como único soporte las fotos, ya que actualmente el uso indiscriminado del Photoshop puede llevarnos a sorpresas desagradables. Para evitar dicha circunstancia, una vez seleccionadas las modelos que consideramos idóneas, solicitamos a la agencia que las representa el envío de unas fotos en las que la modelo pose sin maquillar en traje de baño. También el vídeo es otro de los soportes que se utilizan actualmente con el mismo objeto. Sin duda la selección de una u otra modelo es de vital importancia. La modelo es una pieza fundamental en la logística de venta de un producto. El acierto o no de una modelo determinada puede sin duda obstaculizar o mermar la venta del mismo. Cuando la selección de la modelo es competencia exclusiva mía los criterios fundamentales se rigen, en orden de importancia, por la armonía de las proporciones, el estado de la piel y la experiencia profesional. Mis criterios de valoración son absolutamente personales y obedecen a mi experiencia. La modelo debe ser esbelta y de ángulos prominentes, de estructura ósea perfecta y piel luminosa y sin mácula. No creo necesario extenderme más sobre este tema explicado extensamente en mi anterior libro *Escuela de modelos* editado también por Almuzara. Sólo insistir en la importancia de la figura de la modelo y hacer recordar que es un elemento muy importante en la cadena de venta de un producto.

La producción del catálogo debe ser decidida en una reunión de todos los profesionales implicados: fecha de realización, duración, ubicación... El diseño de producción de las sesiones fotográficas debe ser exhaustivo con el objeto de llevar a cabo el trabajo sin prisas, buen ritmo y sin apenas dificultad.

Evidentemente, la selección de los lugares de realización va en función tanto del tipo de catálogo requerido por el cliente como del concepto del mismo. Normalmente al cliente se le suele presentar un estudio con las propuestas de las posibles localizaciones para proceder a la selección de las mismas.

• Una vez planificada la producción del catálogo el estilista llevará a cabo lo que se denomina *Fitting* o pruebas. Para ello, lo primero a llevar a cabo es la ordenación en la que las prendas aparecerán impresas en el catálogo, lo que no conllevará el que éstas sean fotografiadas según dicho orden, ateniendo al diseño de la iluminación o el orden de las localizaciones. Dicho orden responde al tipo de colección. Hay firmas que diseñan colecciones de índole lineal, es decir, que no siguen una diferenciación en base al tipo de ropa atendiendo a la tipología de las mismas. De esta manera, no constan *looks* de mañana, de tarde o de noche. Dependiendo de una serie de circunstancias de este tipo, el estilista ordenará visualmente la colección para realizar lo que yo denomino el «empaste» perfecto de las prendas. Dicho empaste responde al color y a las formas de las prendas. La selección de un orden u otro es algo muy personal por parte del estilista y realmente no conozco una fórmula precisa y dogmática para llevarlo a cabo. Hay ocasiones en las que la colecciones están compuestas a su vez por pequeñas mini-colecciones que se definen por el color, el tejido y la tipología de las prendas. Si esta tipología se compone de trajes de *sport*, *cocktail* y noche, no debemos organizar el catálogo en base a una sucesión de mini-colecciones. Esto sería muy sencillo pero carecería de linealidad ya que después de la cada mini-colección clausurada con los vestidos de *cocktail* comenzaríamos de nuevo con otra mini-colección que comenzaría, siguiendo un lógico concepto, con los *looks* más informales. Cuando se da esta circunstancia, el trabajo del estilista consiste en ejercer el *mixing* y fusionar las diferentes colecciones con el objeto de conseguir la linealidad, coherencia y empaste perfecto de todos los *looks* que conformarán el catálogo. Una vez decidido el orden de los *looks,* procederemos a la prueba de cada uno de ellos con una modelo, bien con la que realizará el catálogo, lo cual a veces es imposible porque su disponibilidad no se lo permite, o bien con una modelo de prueba que tenga más o menos las mismas medidas y características físicas que la que será la modelo imagen del catálogo. Se llevaría a cabo el *fitting* propiamente dicho con la modelo que realizará el catálogo. Me gusta personalmente probar cada *look* con los accesorios. Creo que es importante igualmente el que la modelo vaya maquillada y peinada según lo decidido ya que de esta manera la imagen podrá ser revisada y cambiada si no es del agrado del equipo. Fotografiamos cada *look* y posteriormente montamos una simulación del catálogo para proceder a dar o no el visto bueno al mismo o, por el contrario, realizar los cambios necesarios.

• A su vez, conjuntamente con el fotógrafo, se decidirá dónde se fotografiarán los diferentes *looks* partiendo de los lugares anteriormente seleccionados. Esta cuestión es de suma importancia para conseguir la linealidad y el empaste deseado en el catálogo. Hay ocasiones en las que algunos de los sets exteriores seleccionados no son suficientemente «ricos» en cuanto a espacios para poder fotografiar los *looks* que se requieren, por lo que se seleccionarán otros sets exteriores que no pierdan con el anterior al menos algunos rasgos de conexión en cuanto a estilo, ya que de lo contrario quizás produciríamos una visión de ruptura demasiado brusca y por tanto contraproducente.

• Una vez seleccionados los *looks* y decididos los complementos se procederá al empaquetamiento de los mismos para trasladarlos al lugar donde se llevará a cabo la sesión. No es necesario que los *looks* vayan empaquetados con los complementos pertinentes ya que tendremos como guía-base las fotografías realizadas. El material que el estilista debe llevar a su campo de trabajo ocupa otro capítulo en este libro, así que sólo apuntaré que con miras a realizar su trabajo con orden y seriedad el estilista debe organizar un espacio donde ubicar los accesorios para, de acuerdo con el orden de producción, ubicarlos en cada *look*. Si se da la circunstancia de no haber podido llevar a cabo la logística anteriormente expuesta relativa a las pruebas, aconsejo que los accesorios se ordenen por su tipología para, una vez vestida la modelo y de acuerdo con el diseñador, complementar el *look*.

• Durante la sesión el estilista debe tener presente y dar suma importancia a varias cuestiones:

* Su ubicación. El estilista debe estar siempre justamente detrás del fotógrafo a fin de ver exactamente qué es lo que se está fotografiando, cuál es la imagen que el fotógrafo capta... Desde esta posición el estilista controlará la perfecta visión de la ropa y la correcta colocación del accesorio.

* Atender y controlar la sucesión de la planimetría que el fotógrafo está llevando a cabo con cada *look*. Una cuestión importante al final de cada jornada es visionar el trabajo realizado a fin de controlar la planimetría que el fotógrafo está llevando a cabo para ejercer el denominado en el lenguaje audiovisual *raccord*, con el objeto de recordar cuáles han sido los accesorios utilizados o si un plano se ha reiterado considerablemente. Cuando ejerzo de director artístico suelo visionar cada *look* fotografiado. Es de esta manera como decido si puedo o no repetir un accesorio, si las prendas estaban perfectamente dispuestas o si la linealidad conceptual está siendo o no conseguida.

* Controlar la sucesión de accesorios utilizados en cada plano. Merece la pena reiterar que la linealidad es una de las cualidades que el catálogo debe tener. No debemos por ello tratar y considerar la imagen de cada *look* como algo independiente. Cada una de ellas debe estar empastada, unida y sujeta a la reiteración estética para conseguir un resultado final global, unificado, coherente y atractivo. Esta cuestión se traduce en la labor del estilista de evitar una serie de defectos fácilmente distinguibles y comunes en algunos catálogos: el estilista no debe obsesionarse con el accesorio. Dentro de una misma serie de prendas fotografiadas es conveniente repetir

alguno de aquéllos, prescindir de otros o simplemente anularlos totalmente. Un ejemplo podrá hacer más comprensible lo que intento explicar. Si tenemos una serie o parte de la colección confeccionada en el mismo tejido y formas no debemos complementar cada *look* como si se tratasen de prendas individuales, sino considerar la serie de la colección como un «todo». Los accesorios seleccionados se repetirán o no en cada imagen pero siempre formando parte de esos accesorios previamente seleccionados. De la misma manera es igualmente inaceptable el hecho que cada *look* vaya con un peinado o maquillaje diferente a no ser que el concepto del catálogo lo requiera. Creo que el estilista debe ser sutil en la elección y ubicación de dichos accesorios. Por otra parte el prescindir en alguno de los *looks* de un accesorio determinado no tiene por qué mermar la calidad de aquél. Lo realmente importante es el resultado final.

• Una vez finalizada la sesión el fotógrafo llevará a cabo una criba de las imágenes para poder presentar al cliente una serie de propuestas que técnicamente sean correctas. Considero de vital importancia que se presente al cliente una serie de planos diferentes de cada *look* fotografiado con miras a que en el momento determinado tengamos suficientes opciones para realizar el montaje del catálogo atendiendo a la coherencia, perfecta armonía de la planimetría, etc Considero igualmente importante el que se presente al cliente una serie de imágenes perfectamente retocadas para que aquél pueda hacerse una idea de cómo será el resultado final. Debemos tener claro que el cliente debe entender fácilmente el trabajo que le presentamos. Me gusta exponerle al cliente el motivo de mis propuestas, expresarle y hacerle partícipe de mis inquietudes y mis pretensiones. En definitiva, me encanta que el cliente disfrute del universo que entre todos los profesionales creamos.

• Una vez seleccionados los *looks* el catálogo se envía a la empresa encargada de la impresión del mismo. Este suele ser un largo proceso en el que recomiendo paciencia y control ya que muchas veces la ejecución y producción del catálogo por parte de la imprenta conlleva numerosos entuertos y confusiones. Como estilista suelo ver una prueba final para ultimar posibles cambios y cerciorarme de que todos los créditos de las empresas colaboradoras constan en su totalidad y están ubicados en el lugar acordado. Normalmente dichos créditos reproducen el nombre del estilista, de los ayudantes auxiliares y de las firmas y/o tiendas que han cedido los accesorios utilizados. Las condiciones de dichas colaboraciones deben ser pactadas con el cliente con anterioridad a la realización del catálogo para evitar cambios de opinión por parte del mismo.

Cuando el catálogo llega al consumidor ya estamos inmersos en otros trabajos, pendientes de otros menesteres, inmersos en otra de las muchas vorágines que forman este universo neurótico de la moda y sus intríngulis. Es de cualquier manera muy gratificante contemplar el resultado del producto final, si gustó al cliente, del agrado de los comerciales y de los consumidores intermediarios de la firma o diseñador.Pero sobre todo el visionado del producto impreso final debe servir al estilista para seguir creciendo y mejorando su trabajo y esto se consigue analizando los resultados desde la objetividad, anotando aciertos y posibles mejoras, cotejando tu impresión con otros profesionales implicados como el fotógrafo, la modelo o el maquillador. Sólo de esta guisa podremos mejorar y llevar a cabo un nuevo catálogo con acierto.

III. El estilista y la editorial de moda

De las muchas acepciones que la palabra «editorial» tiene en el sector periodístico, en el terreno que nos ocupa, el de la moda, una editorial de moda es un medio de comunicación visual editado en soportes que tiene como objetivo reflejar la moda y las tendencias tanto en indumentaria como en accesorios que imperan cada temporada. Una editorial puede ser conceptual o de concepto, de tendencia o realizada con un personaje mediático de cualquier disciplina cultural o artística.

Una editorial es conceptual cuando la misma se gestiona partiendo de un concepto determinado, es decir, cuando a partir de una idea, una imagen, un lenguaje visual... se crea una estética original y significativa que expone visualmente el concepto seleccionado. La conceptualización de la editorial corresponde en la mayoría de los casos y dependiendo del tipo de publicación, al director o directora de moda, al fotógrafo que la realizará o, en otros casos, al estilista. El concepto seleccionado puede corresponder a una idea creativa determinada sin tener en cuenta las tendencias de la moda del momento. Un libro, una película, un lugar, un personaje o simplemente una idea pueden ser transformadas en una editorial de moda.

Generalmente este tipo de editorial es más complicada en lo concerniente a su producción y ejecución, ya que hay que trabajar en sentido contrario a la dinámica de la moda y las tendencias. Es el estilista el que debe seleccionar de las colecciones las prendas que ilustren el concepto de editorial requerido. Esto encierra una serie de contratiempos ya que quizás el concepto de la editorial no es fácil de ilustrar debido a que las tendencias del momento no coinciden con el concepto en cuestión. Es para el estilista un arduo trabajo de campo e investigación donde escudriña en los diferentes *showrooms* buscando aquellas prendas que definan el concepto de la editorial. A mí personalmente me parece un proceso difícil pero apasionante a la vez. El estilista se convierte en un investigador que a base de creatividad y de ejercer los *mix* con soltura y conocimiento consigue encontrar y seleccionar las prendas que le son necesarias para que su trabajo sea brillante.

Otras veces, y es así la mayoría de ellas, es a partir de las tendencias expuestas en las colecciones de los diseñadores y las firmas desde donde se decide el concepto de la editorial, con lo cual el trabajo del estilista suele ser mucho más sencillo. Un ejemplo ilustrativo de la opción expuesta podría ser el que a continuación referimos. Así, por ejemplo, si una de las tendencias propuesta por los diseñadores y las firmas es la época de la «Rusia zarista», un concepto editorial podría ser la novela *Ana Karenina*, de Tolstói y, asimismo, dentro del concepto general de la novela, la editorial podría circunscribirse en su concepto a algo mucho más concreto y determinado, por ejemplo, «los encuentros amorosos» entre Ana y su amante. El trabajo del estilista, en éste o en cualquier otro caso, consistiría en la localización de las prendas y la exposición al realizador de los *looks* que ilustrasen el concepto seleccionado. En algunas ocasiones la editorial de moda se limita a ilustrar, mediante la selección de las prendas propuestas por el estilista, alguna de las tendencias del momento en cuestión, así, por ejemplo, un color de tendencia, un tipo de prenda o simplemente la muestra de tendencias o *looks* propuestos por los diseñadores.

La editorial realizada con un personaje mediático conlleva una serie de matizaciones que el estilista debe tener siempre en cuenta. Generalmente este tipo de editorial va acompañada por entrevista y texto. De una u otra forma el estilista debe ser consciente del carácter del personaje y actuar en base a ello, cuestiones que veremos en el capítulo acerca del asesoramiento personal.

Personalmente creo que la editorial de moda debe ser algo más que una mera exposición de tendencias o propuestas de los diseñadores. Una editorial debe contar siempre algo, debe reflejar y exponer la labor de un equipo de trabajo encabezado por el profesional que la realiza o director artístico, que no hace sino dirigir una «película» en imágenes, una retahíla donde todo lo que se refleja tiene un sentido, una coherencia y como toda obra creativa está sujeta a un comienzo, un núcleo y un desenlace. A mí personalmente me fascina poder contar una idea a través de la realización de una editorial de moda. Para lograr esto el engranaje con el *staff* de trabajo debe ser absoluto, hay que hablar un mismo lenguaje, una misma forma de comunicación.

El *staff* de trabajo debería componerse de los siguientes profesionales: director de moda o realizador de la editorial (hay veces en que es el director de moda quien propone la idea y el realizador es quien la ejecuta); fotógrafo; estilista; maquillador; peluquero; equipo de producción; y asistentes.

Evidentemente éste es un equipo hipotético, ya que generalmente no son tan extensos y en eso interfiere la capacidad y la solvencia económica de la revista. A veces la figura del realizador no existe siendo el propio estilista quien propone la idea o es el fotógrafo quien dirige la realización. No siempre hay un maquillador y un peluquero, sino que es el mismo profesional quien lleva a cabo ambas competencias, etc. Para poder ilustrar cómo se lleva a cabo una editorial de moda pondremos un ejemplo práctico de la editorial que para la revista *Surrealista* llevamos a cabo para presentar las colecciones de otoño-invierno 2009/10 y que realizamos en el mes de junio de 2008. El tema elegido fue el personaje de Juanita Narboni de la novela de Ángel Vázquez, *La vida perra de Juanita Narboni*, un monólogo interior de la protagonista que se desarrolla en el Tánger de entre los años cuarenta y sesenta. La novela de Ángel Vázquez la leí hace un par de años. Yo ya tenía una casa en Tánger desde el año anterior así que al leer la novela vi claramente que había una editorial, una editorial con una estética muy significativa y un personaje de ensueño. La producción comenzó en el mes de abril de 2008. Lo primero fue hablar con la directora de la revista, Victoria Pozuelo, y contarle la idea y la posibilidad de poder llevarla a cabo, sobre todo desde el punto de vista económico, ya que al ser en Marruecos, la cuantía económica de la producción se encarecería irremediablemente. Una vez aprobada la viabilidad de la realización comenzamos a trabajar en torno a varios frentes:

Preproducción

Todas las cuestiones que preceden a la realización de la editorial, a saber:

Concretar la fecha de realización. Es importante concretar la fecha de realización en base a la temporada que se quiere fotografiar, la climatología, así como la disponibilidad de los profesionales que llevarán a cabo el trabajo. Ya que la editorial iba a contar con las colecciones de otoño-invierno del año en curso y el siguiente, es decir otoño-invierno 2008/2009, nuestro tiempo de plazo se acababa a finales de julio de 2008, ya que en agosto los *showrooms* permanecen cerrados y a partir de septiembre (fecha común en la que los diseñadores comienzan a presentar sus colecciones para la próxima temporada primavera-verano) las colecciones de otoño-invierno se devuelven a las empresas o se ponen a la venta en los propios *showrooms*.

Diseñar un calendario de producción. Este apartado es sin duda de gran importancia sobre todo para los que, como yo, son un auténtico desastre para fechas y programaciones. El tener organizado una buena agenda hace que el trabajo se desarrolle al menos mermando la sempiterna posibilidad de los avatares de última hora, como una enfermedad repentina de la modelo, una huelga de transporte o un cambio climatológico no previsto. Lo más importante según mi experiencia es saber que por mucho que organices tienes que contar siempre con la eventualidad de los acontecimientos y en base a esta certeza buscar antes de que ocurran alternativas posibles en el caso de que se produzcan. Partiendo de la fecha de realización prevista programaremos un calendario, una guía de acciones que aglutinaría todas aquellas cuestiones que tenemos que resolver hasta el día de la elaboración de la editorial.

Concretar la duración de la producción. La duración de la realización depende del tipo de editorial, del número de páginas a realizar y del lugar de realización. Cuando la editorial se realiza en la misma ciudad en la que se ubica el equipo, la producción suele ser más simple ya que se evitan los traslados del equipo y el tener que pernoctar fuera de la ciudad, por lo que suelen ser también producciones de más bajo coste económico. De igual manera, la cuantía de los *looks* a fotografiar condiciona el que la editorial pueda realizarse en un día o más. Generalmente si no son más de diez *looks,* la editorial suele realizarse en un día, o día y medio. Esta cuestión depende de si la sesión es en interiores o exteriores. En este último caso es fundamental la opinión del fotógrafo, ya que debemos de tener en cuenta que las horas en las que el sol está en su punto más alto hacen poco recomendable fotografiar, ya que la luz es demasiado dura y esto dificulta el trabajo. Si la editorial se realiza en exteriores sin lugares a la sombra la citación será antes del amanecer con el objeto de que una vez todo listo, traslado al lugar, montaje de los *looks* y elementos de estilismo, planchado de la ropa, realización del maquillaje y la peluquería, etc., las primeras fotos se hagan en las primeras horas de la mañana hasta aproximadamente el mediodía. A partir de entonces esperar que baje la intensidad de la luz o localizar exteriores en sombra serán las opciones para continuar el trabajo. Si el número de *looks* supera la docena, la editorial debe realizarse durante dos días como mínimo y si hay que trasladarse es recomendable que el equipo se instale en el lugar de trabajo la tarde antes de la realización. De esta manera se dispondrá del tiempo necesario para que la producción se organice sin premura y por ende con éxito. En el caso de la editorial «La vida Perra» que realizamos en Tánger, el equipo se trasladó a mediodía del día anterior a la producción con el aliciente y la tranquilidad de que en Marruecos eran dos horas menos que en España, lo cual nos hizo ganar tiempo. La sesión se llevó a cabo en un día y medio de trabajo aunque lo ideal hubiese sido realizarla en tres días completos. El rentabilizar el ritmo de trabajo al máximo puede resultar contraproducente para el equipo. Contar una historia conlleva un ritmo lógico emocional que garantiza el resultado esperado.

Seleccionar el lugar de realización. El o los lugares de la realización de una editorial son fundamentales para el resultado final. En primer lugar hay que decidir si el concepto de la editorial puede y quiere llevarse a cabo en interiores, exteriores o en ambos emplazamientos. Si es en interior, estudio o cualquier otro lugar, se requiere generalmente de un equipo especializado en iluminación, atrezo, etc. Si es en exteriores hay que tener claro en cuantos lugares vamos a fotografiar, sobre todo para planificar el orden de realización, de acuerdo siempre con el fotógrafo, quien debe ajustar los tiempos y la calidad de la luz de los emplazamientos. En el caso de nuestra editorial teníamos claro que queríamos realizarla en Tánger y que la selección de los lugares dependería de lo que visualizáramos en la visita de inspección que llevaríamos a cabo más adelante. Personalmente el emplazamiento me parece de vital importancia ya que supone un soporte fundamental para lo que el realizador de la editorial quiere transmitir. El entorno enriquece y conceptualiza el mensaje. El entorno es, sin duda, un complemento más.

Concretar los miembros del equipo. El número de profesionales que realizarán la editorial dependerá siempre de la complejidad en la producción de la misma.

Selección de la modelo. Seleccionar a la modelo idónea es a veces todo un handicap, sobre todo si se busca una modelo con unas características muy peculiares. La modelo en la logística de la producción de moda es un eslabón fundamental y la que hace posible materializar los *looks*, exponerlos. Generalmente no es nada complicado para una publicación de moda conseguir una modelo por parte de las agencias para realizar una editorial de moda ya que la editorial es para la carrera de la modelo un soporte visual muy importante ya que supone el enriquecimiento de su *book*, es decir, de su *curriculum*. Es por este carácter promocional de las editoriales por lo que el caché de la modelo es nimio. Evidentemente esto depende de qué revista se trate y también de la trayectoria profesional de la modelo que se seleccione. Normalmente, cuando se trata de una publicación poco conocida la agencia que representa a la modelo seleccionada requerirá información concerniente a la revista y al equipo de trabajo con la intención de constatar la calidad y fiabilidad del mismo. Por otro lado, es mucho más sencillo contar con modelos que estén comenzando sus carreras profesionales ya que para éstas el material fotográfico publicado será la base de su *book*. En el caso de nuestra editorial buscamos un perfil muy concreto. El personaje de Juanita Narboni me transmitía personalidad, distinción y elegancia natural. No sería hermosa su cara pero sin duda sí enigmática. Su mirada limpia, curiosa y atractivamente triste. Al final, después de barajar varias opciones, nos decidimos por la modelo Nuria Fernández de la agencia Group. Anteriormente no habíamos trabajado con Nuria, pero físicamente daba el perfil a la perfección y atendiendo a su trayectoria profesional sabíamos que trabajaríamos sin ningún problema. Trabajar con modelos inexpertas en una producción puede resultar todo un engorro ya que sin duda su inexperiencia suele ralentizar generalmente el ritmo de trabajo.

Visita de inspección. Una vez seleccionado el o los lugares donde se pretende realizar la editorial es conveniente, si no imprescindible, realizar una visita de inspección que nos permitirá cerciorarnos de la viabilidad de la producción. En esta visita tomas notas sobre el lugar en sí, sobre los espacios disponibles para llevar a cabo la producción, etc. Lo idóneo en estos casos es realizar la visita de inspección con el fotógrafo ya que de esta manera se organizará el *timing* de la sesión o *shootting* atendiendo a la disposición y calidad de la luz. En el caso de la editorial «La vida Perra» realicé la visita de inspección a Tánger acompañado de la estilista y asistente Cristina Olivares. Juntos, fotografiamos todos aquellos lugares que despertaron nuestro interés, aquéllos que podrían ilustrar los descritos en la novela o emplazamientos que llamaron nuestra atención, como tiendas, cafés o elementos decorativos o estructurales, tales como paramentos, colores, texturas... Con toda aquella información visual volvimos a España para posteriormente seguir trabajando en el tema en cuestión.

Solicitar los permisos pertinentes. Una vez seleccionados y acordados los lugares donde se llevará a cabo la editorial es importante la petición de permisos legales que hagan fácil y efectiva dicha producción. Generalmente y dependiendo del país y del ayuntamiento de la ciudad, las normas para poder fotografiar varían. De cualquier manera considero indispensable la petición de estos permisos ya que el no hacerlo puede ocasionar entuertos lo que al final se traduce en un encarecimiento de los gastos. Realizar una producción sin los permisos correspondientes no es recomendable sencillamente porque la gestión que conlleva no entraña dificultad alguna. Yo recomiendo que si realizamos la editorial en un país extranjero acudamos al consulado o embajada, y si es en España a la delegación de urbanismo de los ayuntamientos. Normalmente los permisos suelen tardar en hacerse efectivos aproximadamente dos semanas.

Contactar y gestionar con posibles colaboradores. Contactar con posibles colaboradores (transportes, hoteles, restaurantes, etc.) constituye una labor que puede hacer más fácil desde el punto de vista económico la realización de una editorial ya que ésta generalmente es costosa sobre todo si se lleva a cabo en el extranjero y es realizada por un número significativo de profesionales. Es normal que la dirección de la revista en cuestión lleve a cabo una serie de gestiones encaminadas a aminorar gastos de realización a cambio de contraprestaciones publicitarias.

Reunión con todos los profesionales que configurarán la imagen de la editorial: fotógrafo, estilista, maquillaje y peluquería. Una parte que considero crucial en el desarrollo y la realización de la editorial es una reunión previa con todos los profesionales que van a intervenir con el objeto de determinar tanto la logística de producción (horarios, citación, explicación del lugar seleccionado para realizar la editorial, cómo se llega...) como la imagen que queremos darle a dicha editorial: qué tipo de maquillaje, qué estilo de pelo, qué panimetría, qué terminación, etc.

Visionado de los looks. Una labor que me encanta es la de realizar el llamado en el argot de la moda *shopping*, es decir, la búsqueda de las prendas y accesorios, objetos y atrezo necesarios para llevar a cabo la realización de la editorial. Si éstos los localizo en tiendas suelo solicitar un albarán de pedido donde se especifica el número de prendas, las marcas de las mismas y los precios, información imprescindible para posteriormente plasmarla en la editorial. Solemos retirar la mercancía de las tiendas un día antes de la realización de la editorial para poder organizar todos los *looks*. Cuando realizo algún *shopping* en los *showrooms* de Madrid o Barcelona suelo pedir cita con anterioridad. Una vez seleccionadas las prendas es el *showroom* quién se encargará de enviármelas a la dirección de mi agencia donde una vez allí revisamos y cotejamos con los albaranes para evitar cualquier contratiempo. Los *looks* seleccionados por internet a través de las páginas especializadas que reproducen los desfiles o mediante los *books* que las firmas me envían los solicito con tiempo suficiente ya que suele ocurrir que algún *look* seleccionado se esté utilizando en otra producción. Hay prendas y *looks must* que están tremendamente solicitados. Hacer saber a la directora del *showroom* de tu interés por aquéllos podrá ser una manera de conseguirlos. Una vez en mi poder visiono todas las prendas y accesorios para llevar a cabo los *mix* que creo convenientes. Estos son enfundados y preparados para la sesión.

Organización del material necesario. Normalmente el día anterior los ayudantes de producción o auxiliares ayudantes se encargarán de organizar el material necesario que hace falta para realizar una editorial de moda, a saber:

- Percheros grandes para organizar la ropa y perchero pequeño para desplazar los *looks*, sobre todo cuando la editorial se realiza al aire libre y hay que desplazarse.
- Fundas de ropa.
- Equipo de estilismo.
- Tabla y plancha.
- Mesas auxiliares.
- Sillas auxiliares.

Citación y traslado. La citación debe llevarse a cabo en un lugar céntrico o conocido por la totalidad de los miembros del equipo. Lo ideal, en lo concerniente al traslado, es evitar la dispersión siendo importante el menor número de vehículos posibles.

La realización

Mientras la modelo está siendo peinada y maquillada el equipo de vestuario se encarga de organizar los *looks* y los accesorios para comenzar el *shooting*. Una vez vestida, el auxiliar o asistente de estilismo debe llevar a cabo una relación por escrito de cada prenda que configura un *look* con el objeto de transcribir esa información posteriormente en la editorial. Pondremos un ejemplo ilustrativo: imaginemos que la modelo lleva un vestido de Chanel procedente del *showroom* de la firma, unas botas de Prada de la tienda «X», una pulsera de la firma «X» que la diseñadora «X» diseña y realiza en exclusiva para la tienda «X». El asistente de estilismo anotará: vestido de Chanel (al ser una prenda de *showroom* no pondremos prccio); botas de Prada en «X»; pulsera de «X» para la tienda «X».

La postproducción

Posteriormente a la realización de la editorial la postproducción se compone de los pasos siguientes:

- Devolución del material, que debe hacerse atendiendo a los distintos albaranes de los diferentes *showrooms*, intentando que lo devuelto esté perfectamente doblado y planchado. Es muy engorrosa la labor de algunos estilistas que se demoran excesivamente en la devolución de las prendas lo que conlleva la mala fama de nuestro gremio y sobre todo los problemas que ocasionan para el resto de los estilistas que esperan la llegada de algunas prendas determinadas. Una vez enviado el material se cotejará que llega a su destino en perfecto estado y en la fecha prevista.

• Visionar las fotos y seleccionar las que finalmente compondrán la editorial. Es importante que esta fase esté realizada por el fotógrafo y el realizador de la editorial. Los criterios técnicos son importantes a la hora de la selección pero también la planimetría. Es crucial ver la editorial como un «todo» y por tanto la selección y maquetación de la misma tiene que ser coherente. Yo lo siento como si estuviera llevando a cabo el montaje de una película fotograma a fotograma, en la que no debemos repetir incesantemente un mismo plano. La editorial debe estar diversificada y a la vez perfectamente solapada.

• Una vez montada se ubican los textos que ilustran la editorial que son, a saber y de forma general, los siguientes: nombre de la editorial, créditos de realización y fotógrafo, modelo, peluquería y maquillaje, estilismo, asistentes, agradecimientos especiales, tales como ubicación, traslados o personales. La ubicación de los mismos no tiene por qué seguir un orden preciso. Personalmente yo suelo ubicar en la página de entrada el nombre de la editorial y el texto si lo hubiese, el nombre del realizador y el nombre del fotógrafo. En la última página suelo ubicar los créditos referentes a los servicios restantes anteriormente citados.

• Creo que es de vital importancia el visionado de la editorial una vez montada antes de enviarla a imprenta. Suelo hacerlo imprimiéndola en papel a tamaño real a fin de poder supervisar, corregir o realizar cambios de última hora. El visto bueno al trabajo realizado será el colofón a un arduo proceso y el comienzo del siguiente.

IV. El estilista como asesor de imagen

Una extensión más de la profesión de estilista es su labor como asesor de imagen. Un asesor de imagen puede ser definido como un profesional de la imagen que trata de asesorar a las personas que lo requieran. La necesidad de un asesor de imagen personal responde a muchas cuestiones. La facultad de conocer la moda, de saber qué es lo que nos conviene, cómo debemos vestirnos según nuestra forma de vida, etc., no siempre es algo intrínseco al ser humano. Me he encontrado casos en los que el asesoramiento se requiere por una cuestión de salud. Hay personas que sienten verdadera fobia por la ropa y se angustian cuando tienen que vestirse. Generalmente son personas dedicadas a profesiones en las que la imagen se considera importante. En una sociedad en que la imagen se considera tan importante no debe extrañarnos el que cada vez haya más personas que solicitan la ayuda de un profesional que les asesore. La manera de vestirse informa y, por lo tanto, estemos de acuerdo o no, vivir en sociedad es respetar una serie de normas, de códigos referentes a la indumentaria que nos define como personas. A lo largo de mi carrera profesional me he encontrado con dos sectores que han requerido mi asesoramiento:

- Asesoramiento personal a personas sin proyección pública.
- Asesoramiento personal a personas con proyección pública.

Tanto en uno como en otro caso el asesoramiento personal puede ser puntual o continuo. De la misma manera tendríamos que diferenciar el asesoramiento personal cuyo objetivo es proponer y/o proporcionar *looks* determinados a un determinado cliente y el asesoramiento personal cuya función es el llamado «cambio de imagen», es decir, redefinir la imagen de una persona atendiendo a las numerosas disciplinas estéticas que interfieren en la imagen que una persona proyecta como son, además de la indumentaria, la peluquería, el maquillaje, el perfume, etc.

Todos los casos entraman una dificultad intrínseca a la mera acción de asesorar que en mi caso personal adquiere una significativa traba. Personalmente asesorar implica tener que decirle a la gente cómo debe vestirse o no, que es lo adecuado o no según su figura, su forma de vida... Es aplicar una serie de dogmas teóricos que según mi punto de vista restan absolutamente libertad a la persona. Soy de la opinión de que la libertad debe regir por encima de cualquier cosa a la hora de vestirse, lo que implica una decisión personal sobre la imagen que se proyecta. Los medios de comunicación y la moda preconizan un alienante diseño de lo conveniente o no atendiendo a unos códigos definidos como coherentes y procedentes del sentido común. Pero ¿de qué sentido común? Lo conveniente o no y/o el protocolo aplicado a la indumentaria no son sino normas definidas y diseñadas por el ser humano que tendrán, según el contexto socioeconómico en el que se integran, matices diferentes. Y como tales, susceptibles de cambios o de ser consideradas o no.

Personalmente el ver por la calle a una chica gorda con una pantalón ceñido o a un chaval muy delgado con unas bermudas, prototipos que serían definidos como erróneos o no convenientes por parte del asesor de imagen, me producen una tremenda y lícita sensación de libertad. Y es esa libertad la que se me antoja mucho más importante que cualquier código de coherencia referente a cómo debemos vestirnos o no. Sí es cierto, aclarada mi opinión al respecto, que muchas personas anónimas y con proyección pública, han requerido mi opinión y mi asesoramiento con el objetivo de mejorar su imagen según mi criterio profesional porque ésta no les proporcionaba seguridad y por tanto felicidad. Es ésta la única razón por la que considero necesaria y loable la profesión del asesor de imagen en tanto en cuanto puede ayudar a sentirse mejor a una persona, a hacer que su vida sea más plena. Comienzo mi proceso de asesoramiento llevando a cabo un estudio completo de la persona, tanto físico como psíquico. Para ello relleno una ficha prototipo donde recojo y detallo toda la información posible acerca de la persona que debo asesorar. Cuando se trata de un asesoramiento puntual tengo en cuenta, además de a la persona, las peculiaridades y características de dicho evento, información que detallo igualmente en la ficha. El modelo de ficha es el siguiente:

Modelo de fichas

Asesoramiento personal (ficha 1)
Datos personales: Nombre. Sexo. Profesión. Edad.
Datos físicos: Altura. Medidas (pecho/cintura/cadera). Nº de pie. Color de pelo. Color de piel. Peculiaridades físicas (descripción de la persona a asesorar desde un punto de vista físico).
Datos acerca de la personalidad. Descripción de la persona. Información concerniente a la sensación que proyecta en mí. La fuente de dicha información procede de una serie de preguntas que suelo formularle a la persona a quien debo asesorar. Esta información se complementa con datos procedentes de mis conversaciones con dicha persona. Tal información debe ser confidencial ya que se trata de la sensación que me produce personalmente el personaje.

Características de los actos y eventos (ficha 2)
* Tipo de evento o acto.
* Fecha.
* Hora.
* Invitación o trabajo (especificar en calidad de qué).

Cuando se trata de un asesoramiento personal a tiempo total, amén de esta ficha, suelo especificar y añadir las que siguen:

Datos de asesoramiento personal (ficha 3)
Características físicas: Estudio y conclusiones. Objetivos. Cambio de imagen: peluquería. Cambio de imagen: piel. Posibles micro y/o cirugía.

Características de la personalidad: ¿Por qué el cambio de imagen? Objetivos. Descripción del nuevo modelo.

Datos concernientes a la indumentaria (ficha 4)
- Prendas de mañana-complementos.
- Prendas de tarde-complementos.
- Prendas de noche-complementos.
- Prendas de ceremonia-complementos.
- Lo que sí.
- Lo que no.

En esta ficha recojo toda la información que resulta del estudio realizado a la persona a asesorar donde detallo la tipología de las prendas que bajo mi punto de vista debe utilizar para conseguir el objetivo marcado, así como lo que es conveniente y lo que no. Vamos a poner un ejemplo de asesoramiento individualizado a una persona con proyección pública que desea asesoramiento de tipo puntual, en este caso, para tres eventos concretos.

Ejemplos de asesoramiento

Datos personales
- Nombre.
- Sexo: mujer.
- Edad: 39 años.
- Profesión: Presentadora TV-actriz.

Datos físicos
- Altura:1,70.
- Medidas de contorno: 84/60/94 (pecho, cintura, cadera, respectivamente).
- Nº de pie: 38.
- Color de pelo: castaño.
- Color de piel: blanca.
- Peculiaridades físicas: hombros no excesivamente anchos. Deltoides desarrollados. Pantorrillas generosas.

Datos acerca de la personalidad
- Licenciada en periodismo. Casada y divorciada con dos hijos. Comprometida políticamente con los partidos políticos de ideología de izquierda. Profesionalmente trabajando en programas de televisión de corte

social. Debates, entrevistas a personalidades de la política y la cultura, etc. Carácter dicharachero. Habladora. Gesticula excesivamente. Pasional. Le gusta que la cataloguen como una mujer sexy. Le gusta gustar. No le gusta llamar la atención con respecto a su indumentaria pero se confiesa en el fondo atrevida. Ahí radica el conflicto. El motivo de que sienta la necesidad de contar con un asesor de imagen que sepa captar y solucionar sus necesidades. Yo la encuentro terriblemente insegura. La siento preocupada por la opinión que pueda generar en los demás.

Características de los actos y eventos

Acto 1: Inauguración galería de arte. Exposición fotográfica
- Fecha:5 de diciembre de 2009.
- Hora:11:00 horas.
- Invitación o trabajo (especificar en calidad de qué): madrina de la exposición.
- Indumentaria: Traje sastre diplomático color gris. Pantalón y chaqueta. Camisa con lazada seda. *Print* ojo de perdiz en color gris en dos tonos y blanco roto.
- Complementos: Botín de ante color gris. Cartera en piel de serpiente.
- Peluquería: Coleta baja con raya al lado.
- Maquillaje: Fondo mate textura ligera. Sombras *mix* gris/marrón satinada moderadamente. Colorete melocotón de textura mate. Rímel marrón. Labios *nude* o melocotón.

Acto 2: Asistencia como invitada a programa televisión para ser entrevistada.
- Fecha: 25 de enero de 2010.
- Hora: 18:00 horas.
- Invitación o trabajo: invitada.
- Tipo de programa: *magazine*.
- Indumentaria: vestido escote palabra de honor color magenta en tejido de *tweed*.
- Complementos: Medias transparentes tono «humo». Zapato semidescubierto en piel de cocodrilo en color marrón «coñac». Anillo en cristal biselado color caramelo con soporte en color oro.
- Peluquería: Pelo suelto planchado hacia atrás recogido por detrás de las orejas. Raya en medio.
- Maquillaje: Fondo satinado moderado. Sombras ahumadas satinadas. Rímel negro. Colorete tono «vino tinto». Labios *gloss*.

Acto 3: asistencia como invitada gala entrega de premios de literatura
- Fecha: 20 de marzo de 2010.
- Hora: 22:00 horas.
- Invitación o trabajo: invitada para entregar uno de los premios.
- Indumentaria: Vestido largo *chiffón* verde esmeralda sin mangas y escote asimétrico. Bolero visón estilo retro años setenta.
- Complementos: Guantes hasta el hombro raso duquesa color maquillaje. Pendientes de esmeraldas y brillantes estilo retro años setenta. Pulsera *oversize* en oro blanco estilo retro años setenta. *Clucht* en piel color guinda bordado con incrustaciones en cristal en tonos color caramelo.
- Peluquería: Recogido moño «italiano».
- Maquillaje: Fondo mate. Puntos de luz con terminaciones satinadas en zona superior de los pómulos. Sombra de ojos antracita y oro. Colorete tono caldera con terminación mate. Rímel negro. Labios *gloss nude* satinado.

El fondo de armario: ¿Qué debemos tener en nuestro armario?

Abrigo de vestir negro. Abrigo *Trench* camel. *Blazer* azul. Camisa blanca. *Jeans*. Sandalia negra. Sandalia oro. Bota alta negra. Botín marrón. Salón negro. Salón camel de ante. Rebeca azul. Vestido *cocktail* negro. Mocasín. Zapatilla *sport*. Falda camel. Falda negra. Fular de *cashmire*. Sombrero de lluvia. Pañuelo seda. Bolso negro *sport*. Bolso *kelly* cocodrilo marrón. Paraguas. *Cluch* negro. Chaqueta negra de terciopelo. Chal de seda. Gorro de lana. Traje pantalón diplomático. Esmoquin negro. Sandalia plana cuero. Vestido envolvente de algodón o punto de seda. Gabardina. Top. Jersey cuello cisne negro. Guante cabritilla marrón. Chaqueta *Tweed*.

Las siluetas

Mis consejos para aquellas mujeres que lo soliciten referentes a qué tipo de prendas, cortes, formas y acabados aconsejamos dependiendo de las peculiaridades físicas que las definan son los siguientes:

Mujeres gruesas

Importante: No por más que cubramos nuestro cuerpo no siempre pareceremos menos gruesas. De la misma manera no por utilizar prendas de corte excesivamente rectilíneo pareceremos más delgadas.

No aconsejamos: Grandes estampados. Tejidos con rayas horizontales.

Tejidos rígidos. Bolsillos *oversize*. Frunces en cinturas. Accesorios de gran tamaño. *Leggins* y pantalones *strechs*. Prendas superpuestas. Prendas excesivamente voluminosas. Minifaldas. *Shorts*. Drapeados. Faldas con volantes. Vestidos o faldas de capa. Camisas con mangas a la sisa. Cuellos a la caja o *halter*. Boleros. Cazadoras fruncidas. Acolchados.

Sí aconsejamos: Blusones. Vestidos envolventes. Vestidos de corte al bies. Camisas de corte masculinos. Faldas tableadas. Faldas de media capa. Cuellos de pico, redondos, barco de corte bajo, ovales o cuadrados. *Twin set*. Cárdigan ¾. Levitas. Abrigos envolventes. Cintura marcada con discreción.

Piernas gruesas

No aconsejamos: Medias de acabados satinados o brillantes. Medias en colores claros sobre todo blancas. Leotardos de lana. Zapatos cogidos al tobillo. Botas de media caña. Minifaldas. Pantalones *capri*, pirata o pescador. *Shorts*.

Sí aconsejamos: Medias oscuras y opacas. Faldas con largo por debajo de las rodillas. Botas de caña alta. Bermudas. Pantalones con pinzas.

Talle superior corto

No aconsejamos: Cinturones demasiado anchos. Prendas superiores con *prints oversize*s. Cuellos a la caja o barcos superiores.

Sí aconsejamos: Verticalidad tanto en los diseños de tejidos como en el corte de las prendas. Talles bajos. Cinturas bajas. Vestidos de corte imperio.

Talle superior largo

No aconsejamos: Cinturas muy bajas. Pantalones con tiro significativamente corto. Vestidos cortos de talle recto. Cuellos a la caja o cisne.

Sí aconsejamos: Horizontalidad tanto en los diseños de tejidos como en el corte de las prendas. Cinturas marcadas. Cinturones anchos. Pantalones y faldas de talle alto.

Cuello corto

No aconsejamos: Cuellos *halter*, a la caja, cisne o chimenea. Hombreras. Mangas con frunces en la copa. Prendas superiores con volantes.

Sí aconsejamos: Cuellos de pico, redondos, cuadrados y barcos bajo. Cuellos con solapas largas. Tops palabra de honor.

Hombros caídos

No aconsejamos: Mangas raglán. Escotes «palabra de honor». Prendas con cortes de tipo «imperio» con jaretas, frunces o drapeados.

Sí aconsejamos: Prendas con cortes estructurados en la zona superior. Hombreras. Chaquetas sastres. Escotes redondos, cuadrados, barcos y asimétricos. Cuellos *halter* en tops sin mangas. Mangas «filipinas», «farol», «de jamón» y fruncidas en las copas.

Talle con cintura poco pronunciada

No aconsejamos: Estampados *oversizes*. Rayas horizontales. Faldas fruncidas a la cintura.

Sí aconsejamos: Vestidos y tops con corte imperio. Cortes rectilíneos. Cortes a la cintura sin frunces. Cinturones. Chaquetas entalladas.

Caderas significativamente anchas

No aconsejamos: Bolsillos laterales. Tejidos estampados *oversize*. Tejidos con *prints* en líneas horizontales. Tejidos en tonos claros. Prendas con cintura marcada. Faldas fruncidas a la cintura. *Shorts*. Vestidos ceñidos.

Sí aconsejamos: Tejidos en tonos oscuros. Tejidos con *prints* en líneas verticales. Talles bajos. Faldas con cintura baja. Vestidos envolventes. Vestidos corte imperio. Vestidos camiseros.

Pecho voluminoso

No aconsejamos: Escotes a «la caja», *halter* o *perkins*. Tejidos con estampados *oversizes*, de trama gruesa o rayados. Prendas superiores con drapeados o jaretas. Prendas superiores cortadas bajo el pecho.

Sí aconsejamos: Camisas de corte masculinos. Vestidos y tops envolventes. Escotes de pico, redondos y «barcos» abiertos. Chaquetas sin solapas y esmoquin.

Pecho pequeño

No aconsejamos: Prendas superiores demasiado ajustadas. Escotes generosos sobre todo los terminados en pico. Camisetas remeras.

Sí aconsejamos: Escotes «bañera» de corte alto. Escotes en forma de herradura. Prendas con cortes armados, drapeados, tablas, jaretas, etc. Prendas superiores cortadas bajo el pecho.

Pecho de nacimiento bajo

No aconsejamos: Escotes palabra de honor. Escotes ovalados, redondos o demasiados pronunciados.

Sí aconsejamos: Prendas superiores sujetas con tirantes y forma triangular. Prendas con «corte imperio». Escotes asimétricos.

Pecho de nacimiento alto

No aconsejamos: Escotes barcos, *perkins* y *halters*. Prendas con tablas, jaretas, drapeados o volantes.

Sí aconsejamos: Todos los escotes de corte pronunciado, en especial los terminados en pico y forma «palabra de honor».

La etiqueta

La etiqueta aplicada a la moda consiste en el compendio y oficialización de una serie de normas, aconsejadas a veces y otras impuestas, referentes a cómo es adecuado vestirse o no dependiendo de las diferentes ocasiones. Al igual que en lo concerniente al asesoramiento personal, el decirle a la gente cómo debe vestirse me parece una barbaridad. No soporto pensar que para disfrutar de una fiesta o acto al que te apetece asistir tengas que ajustarte a vestirte de una u otra manera. Reivindico absolutamente la libertad a la hora de vestirnos. Vestirse significa cubrirse, nada más. Esta afirmación conlleva una serie de principios que se generan del sentido común, lo que no tiene nada que ver con que alguien te obligue o te aconseje ponerte una u otra cosa. Se me antoja inadmisible el que llamados expertos en etiqueta o moda expongan la no corrección de vestirse de negro la madrina o la madre de uno de los cónyuges en una boda, vestir pantalones, el que las mujeres no pueden llevar relojes en la misma o el que si eres viuda o tienes cierta edad tengas que ataviarte con mantilla negra. Simplemente no lo concibo. Una cosa es aconsejar, proponer o dar tu opinión según tu gusto personal y otra muy diferente es sentar cátedra sobre lo que se debe llevar y lo que no. Los dogmas aplicados a algo tan superficial como la moda me resultan indignantes.

Si algo caracteriza a la sociedad actual es la permisibidad, lo que se traduce en que cada uno puede vestirse como le dé la gana. De igual manera hoy en día los usos de ciertas prendas y complementos se han despojado de su carácter simbólico desmitificándose. Otra cuestión es que quieras seguir las reglas protocolarias despojándolas de su matiz dogmático y sometiéndolas a una revisión personal. Es en definitiva utilizar la indumentaria con naturalidad, llevando las prendas con coherencia, con seguridad.

Como estilista son muchos los consejos que me solicitan sobre todo referentes a la indumentaria utilizada en ocasiones especiales y ceremonias. Es por ello por lo que voy a dar mi opinión personal sobre una serie de cuestiones. Vuelvo a reiterar que por encima de todo debe prevalecer tu gusto personal y que la opción elegida debe partir del libre albedrío.

Cuando hablamos de «etiqueta» hacemos referencia a una serie de normas aplicadas al vestuario en determinadas celebraciones o actos. Normalmente suele hablarse de etiqueta masculina ya que no existe rigurosamente una etiqueta femenina. Hablaremos de vestuario femenino apropiado y/o aconsejado para una u otra ocasión.

Sobre la mantilla

Tocarse con mantilla española en una boda por parte de la madrina o las invitadas puede partir de una petición por parte de los novios, petición que, en muchas ocasiones, se especifica en la invitación, o como decisión personal. Concerniente a este complemento tan especial y tan español mis consejos son los siguientes:

La mantilla generalmente suele ser blanca, cruda o negra, aunque actualmente existen de otros colores. Para una boda yo limitaría su uso a la mantilla beis y negra. La mantilla beis me encanta para las bodas de mañana, complementadas con vestidos por debajo de la rodilla, guantes, cartera de mano y flores o lazadas en el pelo.

Una mantilla se complementa con los siguientes objetos: peina, alfiler para recoger la mantilla en la parte trasera, alfileres de cabecilla negros o blancos y horquillas cerradas y de moño. Lo primero es ubicar la peineta siempre perpendicular a la nuca. Hay que cuidar la inclinación de la misma para que quede completamente recta, de lo contrario el resultado no será el adecuado. A continuación doblaremos la mantilla por el centro para señalar el centro de la misma con un alfiler. Pondremos la mantilla sobre la cabeza centrándola y dejando en la parte delantera una parte que plegaremos sobre la zona superior de la cabeza tensando el encaje para dejar limpia la ascensión del encaje sobre la peineta. La parte trasera de la mantilla quedará recogida plegada a la altura de la nuca donde pondremos un alfiler decorativo. Recomiendo coser con cuidado la mantilla a la peina en la zona posterior. Conseguiremos, con ello, que la persona ataviada con la mantilla se sienta mucho más segura.

La colocación de la mantilla tiene varios estilos. La podemos ubicar colocando la blonda de encaje sobre la frente emulando el estilo de los años veinte y treinta, asentarla sobre la parte superior de la cabeza sin plegar o plegando profusamente la zona superior al estilo de los años sesenta y setenta del siglo XX.

El protocolo exige que la mantilla no se quite después de la ceremonia. Yo creo que debemos ser flexibles y que debemos quitárnosla antes de la cena. Debe ser un martirio comer con una mantilla como atavío. Despojarnos de ésta y adornar nuestro pelo con cualquier otro objeto más sencillo puede ser otra opción.

El sombrero

Creo que puedo contar con los dedos de la mano las ocasiones en que he notado una mínima naturalidad en mujeres ataviadas con un sombrero. Actualmente la democratización de este accesorio y su vuelta a la palestra de la moda después de años prácticamente denostado nos ha dado la oportunidad de contemplar verdaderos esperpentos urbanos. El sombrero es un accesorio difícil y su uso debe estar supeditado a llevarlo con naturalidad, es decir, con seguridad y con comodidad. Es importante ponerse en manos de algún profesional especialista que nos recomiende y presente varios modelos antes de decantarnos por uno u otro. Probarnos el sombrero cuantas veces sea necesaria para ver cómo nos vemos y sentimos. El sombrero es un complemento perfecto para completar un *look* pero puede resultar un auténtico desastre si no observamos cómo queda sobre nuestras cabezas, cómo es la línea de nuestro perfil o cómo nos queda cuando estamos sentadas o caminando. Es importante que siempre lo probemos con la indumentaria, las joyas y a ser posible peinadas y maquilladas o al menos con los labios pintados. El sombrero no es un accesorio que llevemos normalmente a diario lo que conlleva que sentirnos naturales y llevarlo sin rigidez sea un auténtico *tour de force*. La elección de un sombrero, el diseño y el material de fabricación, dependerá de la estación, la hora y el evento u ocasión en el que vamos a llevarlo. Antes de detallar las normas que dictan los expertos reitero que siempre debe primar vuestro deseo y libertad para acatarlas o no.

Dependiendo del momento del día el sombrero puede tener la siguiente tipología:

- Pamelas: Ala con diámetro superior a los 20/30 cm. de diámetro. Se suelen utilizar durante las horas de sol incluyendo los días soleados del invierno. Yo me decantaría por las de rafia o paja.
- Sombreros: Ala inferior a los 20/30 cm de diámetro hasta la inexistencia de la misma. Los hay de muchas tipologías y aunque suelen utilizarse por la tarde a mi me encantan en invierno por la mañana, en fieltro o piel.
- Tocado: Se denomina así a cualquier tipo de adorno ubicado en la cabeza. Personalmente no me gusta que sean utilizados por la noche. Un tocado en rafia o paja adornado con flores o plumas puede ser utilizado perfectamente una mañana soleada; o en fieltro, terciopelo o piel, una tarde de otoño o invierno.

Los turbantes pueden considerarse un tipo de tocado aunque no poseen las mismas características. Yo me decantaría por los de piel o raso de algodón para ser utilizados en otoño o invierno y siempre por la tarde. Me encantan. Quiero reivindicar dos complementos que hoy en día están obsoletos y apenas se utilizan como complementos femeninos. Me encantan las flores naturales en el pelo y los broches de cintura o solapa hechos con flores naturales para rematar un *look* años cuarenta. Según el protocolo no debemos despojarnos del sombrero durante toda la ceremonia y volver a casa con la cabeza cubierta. Como imaginaréis no estoy de acuerdo en absoluto. Creo que después de la ceremonia podemos e incluso debemos quitarnos el sombrero sobre todo si es una pamela o un sombrero de corte aparatoso. Comer y bailar con la cabeza cubierta por un sombrero se me antoja incómodo y antinatural por mucha etiqueta que lo aconseje.

Los guantes

El guante se ha convertido en un complemento perfecto para rematar un *look*. Para la vida diaria me encantan en piel de cordero en color marrón o negro. Cuando queremos utilizarlo protocolariamente debemos conocer los materiales, las formas y las diferentes ocasiones en las que podemos llevarlos. Para las bodas u otras ceremonias de día o mediodía hasta primera hora de la tarde yo me decantaría por los guantes de algodón o gamuza hasta medio brazo en colores claros, blancos rotos, marfiles, maquillaje o perla. Según la etiqueta, el guante de la mano derecha debe quitarse y sostenerse con la mano izquierda que siempre debe ir enguantada y con la que sostendremos el bolso, y si nos decantamos por un abanico, también. Para la tarde propondría guantes en piel de cordero de colores variados en discordancia con el abrigo o la chaqueta evitando un «total *look*» que, personalmente, me aburre muchísimo. Para la noche me encantan de color negro en raso de algodón hasta la parte superior del brazo. Protocolariamente en ceremonias de gala se suele utilizar el guante largo de color blanco.

El bolso

Otro accesorio complementario de un *look* es el bolso. Según el tipo de ceremonia y la hora de la misma nos decantaremos por un modelo u otro en cuanto a tamaño y material de fabricación. Recomiendo que cuanto más solemne sea la ceremonia y más de noche, nos decantemos por un bolso más pequeño y materiales más ricos. Para las ceremonias de mañana me encantan los *Kelly* en piel topo o cocodrilo natural, así como las carteras en piel. Por la tarde prefiero las carteras en cocodrilo, serpiente o terciopelo. Para la noche son ideales los bolsos pequeños o los *clucht*.

La etiqueta masculina

En la invitación a una celebración o acto suele aparecer la información concerniente a la indumentaria que sigue:

• *White tie, cravate blanche,* pajarita blanca: Rigurosa Etiqueta. Indica que se debe vestir el frac, prenda compuesta por chaqueta, pantalón, chaleco, camisa, pajarita blanca y, como accesorios, zapatos de charol, bufanda blanca y guantes.

El frac debe ser en color negro. La chaqueta suele llevar botonadura aunque no se abrocha. La solapa se confecciona en seda. Los pantalones, sin vuelta, se sujetan con tirantes y se adornan con galones en las costuras laterales. El chaleco, cruzado o no, al igual que la pajarita, suele confeccionarse en tejido de piqué. La camisa tiene siempre la pechera reforzada con un tipo de tejido más consistente, como el piqué, o está jalonada de jaretas o plisados. El cuello es de tirilla y está rematado con un sobrecuello almidonado. Los puños van cerrados con gemelos.

• *Blanck tie, cravate noir,* pajarita negra: Etiqueta. Indica que se debe vestir el esmoquin, también llamado *tuxedo* en EEUU y *dinner jacket* en Inglaterra. Las ocasiones suelen ser menos formales que en las que se suele vestir el frac, como cenas, fiestas o entrega de premios o galardones. Siempre se utiliza a última hora de la tarde o por la noche.

El esmoquin se compone de chaqueta, pantalón, camisa, pajarita negra y, como accesorios, pañuelo de bolsillo, fajín y gemelos. El esmoquin suele ser negro o azul. La chaqueta, sea cruzada o no, lleva la solapa realizada en seda en forma de pico o redonda. Una variedad es la chaqueta en color crudo o blanco que suele utilizarse a primera hora de la tarde o en fiestas y bailes al aire libre. Los pantalones siempre son negros o azules dependiendo del color de la chaqueta. No llevan pinzas y están rematados por un galón lateral. La chaqueta blanca siempre se lleva con pantalón negro o azul. La camisa es de color blanco abotonada a la vista o no. Suele estar adornada en la pechera con tablas o jaretas. La pajarita siempre debe ser negra y hacerse manualmente. El fajín suele llevar tablas y se coloca con éstas hacia arriba. El esmoquin suele llevarse con zapatos de charol con o sin lazo (*pumps*) o con zapato de cordones (*oxford*).

• Media Etiqueta. La media etiqueta es la norma más utilizada hoy en día. La forma de vida actual y las cada vez menores ocasiones para vestir de gala o etiqueta han hecho que en cualquier acto se imponga la media etiqueta que se traduce en que el hombre debe ir vestido con traje oscuro, azul o negro, y la mujer con vestido de *cocktail* que generalmente nunca es largo.

• El chaqué. También llamado *Morning dress.* Es un vestuario masculino que se utiliza en ceremonias de mañana y primera hora de la tarde. Suele estar compuesto por pantalón, chaqueta, chaleco, camisa y accesorios tales como corbatas, guantes, zapatos tipo *oxford* y sombrero de copa en gris o negro.

El chaqué suele ser negro o gris. El chaleco puede tener botonadura cruzada o simple y estar confeccionado en una variabilidad significativa de tejidos aunque los clásicos son la seda en color entre beis y amarillo denominado *buff* en Inglaterra. También se suele realizar en gris perla. El pantalón del chaqué es, generalmente, rayado en tonos grises y negros. La corbata puede sustituirse por un fular o pañuelo de cuello en seda. Nunca se debe llevar el chaqué con pajarita. Los guantes pueden ser en algodón blanco o grises de gamuza o ante.

Mis consejos

Me han preguntado en numerosas ocasiones qué prendas según mi criterio personal se me antojan más difíciles de llevar o considero de mal gusto.

Evidentemente el criterio es personal, tanto si eres profesional del estilismo como si es absolutamente subjetivo y obedece a veces a circunstancias o experiencias personales de las que no guardamos un buen recuerdo.

Sí es cierto que, al margen de imposturas superficiales y tendencias, hay una serie de prendas, formas y accesorios que a lo largo de mi carrera profesional no he podido considerar dignas de ser utilizadas en mis trabajos. He de confesar que no son de mi agrado por considerarlas carentes de estilo y tremendamente vulgares:

- Los zapatos demasiado altos y las plataformas exageradas.
- Combinar bolsos y zapatos del mismo material y color.
- Los zapatos forrados de la misma tela que el vestido.
- Los vestidos o faldas de corte en forma de pañuelos.
- Los vestidos o faldas asimétricas.
- Las medias brillantes en color carne o blancas.
- La superposición de hombreras.
- El tejido «organza de cristal».
- Las botas de estilo *cowboys*.
- Los bolsos-bandolera.
- Los tacones medianos.
- Las mangas «jamón».
- Las botas estilo mosquetero (por encima de las rodillas).
- Las botas de color blanco.
- Las botas de media caña.
- Los pantalones por dentro de las botas.

Evidentemente, dejar claro que para todo hay excepciones. Hay botas y botas. Hay personas y personas. Hay situaciones y situaciones.

Los colores

Al margen de teorizar sobre el color y de llevar a cabo un estudio exhaustivo sobre el mismo, asunto muchas veces analizado por autores especializados, sí quería hacer hincapié en la llamada «psicología del color» y sobre todo en que pudieseis conocer qué colores son los más adecuados en vuestra indumentaria según el *colour me beautiful* o combinación de tono de piel, color de pelo y de ojos.[22] Hay una regla de oro relacionada con el color que debemos tener siempre en cuenta y aplicarla tanto a nuestra indumentaria como a nuestro maquillaje, a saber:

- Tonos oscuros: negros, grises, marrones y azules. Producen un efecto reductor. Adelgazan, disimulan y hunden.
- Tonos claros: blancos, huesos, cremas. Producen el efecto contrario. Engordan, enfatizan y proyectan.

En cuanto a los acabados:

- Acabados mates: Producen un efecto disimulador.
- Acabados brillantes: Producen el efecto contrario.

Por otro lado, debemos saber que según los especialistas en la materia los colores nos transmiten emociones y sensaciones, a saber:

Colores primarios: Amarillo, magenta, cian... Aportan creatividad, ingenuidad y un aire infantil.

Colores cálidos: Amarillo, rojo, naranja... Son los que tienen en su composición pigmento amarillo. Te aportarán cercanía y accesibilidad.

Colores fríos: Azul, morado, violeta... Son los que tienen en su composición pigmento de cian. Te aportarán seguridad, seriedad e inaccesibilidad.

Colores luminosos: Son los que tienen en su composición un tanto por ciento de blanco. Te aportarán accesibilidad y juventud.

Colores neutros: Son los que van desde el blanco hasta el beis, tostado o crema. También se consideran neutros los marrones y la escala más pálida de los grises. Aportan tranquilidad, equilibrio y serenidad.

Colores pastel: Son colores con poca intensidad y bastante grado de blanco. Te aportarán dulzura, fragilidad y un toque romántico.

Colores básicos: El blanco y el negro. El primero te aportará juventud, frescura y sencillez. El negro te aportará seriedad, tristeza y distanciamiento.[23]

Otros colores y lo que nos aportan serán: Rosa, dulzura, alegría, seguridad; púrpura,

---

22. Roetzel, Bernhard: *El Caballero,* Barcelona, 1999.

23. Herderson, Veronique y Henshaw, Pat: *Mi color perfecto,* Barcelona, 2006

creatividad, espiritualidad, relajación; rojo, energía, seguridad, euforia; verde, calma, tranquilidad, imaginación; azul, paz, orden.

Para saber si un color nos favorece o no, debemos, delante de un espejo, acercarnos una prenda a la cara y observar qué efecto produce. Sabremos que nos favorece cuando la cara se ilumina, se minimizan las imperfecciones y arrugas y se realza el color de nuestros ojos. Podremos reconocer que no estamos ante el color adecuado cuando se produce el efecto contrario.[24]

Teniendo en cuenta el color de nuestra piel, ojos y cabello deduciremos qué colores nos favorecen, aunque debo hacer hincapié en que muchas veces un color que aparentemente, o siguiendo la teoría del color, no es para nosotros el adecuado, nos aporta otras cualidades o estados que a mí personalmente me encantan. Esto ocurre, por ejemplo, con los tonos denominados «empolvados» o colores pasteles con acabado en veladura blanquecina que atenúan, velando, el tono real. Generalmente dichos acabados se plasman en tonos beis, salmón, rosado, celeste, gris perla, verde esmeralda o amarillo. Según las teorías del color, dichos tonos de color serían adecuados para las personas de piel y ojos claros y cabellos rubios o tono ceniza pero personalmente no descartaría vestir a alguien de piel dorada o morena con aquéllos, ya que opino que, correctos o no, aportan estilo, serenidad y elegancia. Debo reiterar, como lo he hecho en otros capítulos de este manual, que las normas y dogmas estéticas no son incuestionables y deben ser sometidas a una revisión personal constante relativizándolas en la medida en que lo creamos necesario.

Retomando la teoría y para que pueda servirte de guía debes saber que si tienes:

Tez, ojos y cabellos claros: aspecto luminoso

- Disposición del color: colores claros cerca de la cara. Puedes llevar dos colores claros juntos. Puedes llevar combinación de color oscuro y claro. No debes llevar dos colores oscuros juntos.
- Paleta adecuada: blancos, beis, grises, verdes, azules, pasteles, morado, marrón.

Tez y ojos claros / cabellos oscuros: aspecto intenso

- Disposiciones del color: colores oscuros cerca de la cara. Puedes llevar dos colores oscuros juntos. Puedes llevar combinación de color oscuro y claro. No debes llevar dos colores claros juntos.
- Paleta adecuada: negro, azules, magentas, rojos, verdes musgo, azules intensos, berenjena.

---

24. Olivé, Elisabet y Guals, Montse: *¿Qué me pongo?*, Barcelona, 2007.

Tez y ojos claros en tono dorado / cabellos rubios cobrizos o pelirrojos: aspecto cálido

- Disposiciones del color: colores cálidos cerca de la cara. Puedes llevar dos colores oscuros juntos. No debes llevar dos colores claros juntos.
- Paletas adecuadas: chocolates, verdes, caquis, musgos, amarillos, bronces, camel, anaranjados, albaricoques, turquesas, caramelo, ámbar.[25]

El personal shopper

Una vertiente del estilista como asesor de imagen es el llamado *personal shopper*, profesional que además de asesorar debe proveer al cliente de la información necesaria para todo aquello que el cliente requiera con relación a su imagen, desde su indumentaria hasta su perfume. El *personal shopper* trasciende el papel de consultor por el de ejecutor, proporcionando todo aquello que puede llegar a conformar una imagen nueva. Su campo de acción es mucho más amplio que el del mero asesor, ampliándolo al entorno del cliente: armario, bolso, equipaje, etc. Como en el caso del asesor de imagen son muchas las razones por las que se contrata a un *personal shopper*, desde un asesoramiento general hasta una gestión puntual de tal asesoramiento. La función del *personal shopper* puede abarcar las siguientes competencias:

- Asesoramiento.
- Compra.
- Ordena.
- Organiza.

El *Personal shopper* formaliza su función en base a una serie de estadíos: escuchar; ver; estudiar; proponer; visionar; provisionar; supervisar; ejecutar puntualmente.

Mediante la atención al cliente y el conocimiento del porqué de su requerimiento, el *personal shopper* debe realizar un análisis del cliente, donde quedará especificado toda la información necesaria para realizar un diagnóstico de cuáles son las competencias que el *personal shopper* debe llevar a cabo y por qué. Es decir, si bien los objetivos del *personal shopper* están muy claros y no son otros que el de asistir a un cliente cuyo propósito es «cambiar», existen muchos pormenores y sub-áreas en las competencias de aquél. Su labor consistirá en centrarse en las necesidades de su cliente y no participar ni opinar en cuestiones que no le competen. Es así como el *personal shopper* debe tener claro que su función no es meramente física sino también psíquica. El *personal*

---

25. Herderson, Veronique, *Op.Cit.,* pág. 33.

shopper actuará de manera ecuánime y no se pronunciará en aspectos que no le conciernen. Su papel debe ser ejercido desde el respeto, la ética y la flexibilidad, lo que no quiere decir que ejerza su profesión sin criterio personal y seguridad en sus convicciones. Sus opiniones y decisiones deben ser consensuadas, compartidas y convincentes con respecto al cliente.

Al igual que el asesor de imagen son muchas las razones por las que se contrata la labor del *personal shopper*: un cambio profesional, una agenda apretada, un armario atestado, una auténtica fobia a la ropa, una inseguridad patológica o simplemente la disponibilidad de unos recursos económicos que te permiten contar con un profesional que controle tu imagen, son algunos de los motivos por los que se requiere la presencia del *personal shopper*.

Una vez realizado el diagnóstico entramos en una situación peliaguda, el hacerle ver al cliente que la imagen que expone no es la adecuada según nuestro criterio. Mi primer consejo es contar antes que nada con las armas suficientes para hacerle ver por qué su imagen no es la adecuada. No basta con mostrarle cómo cambiar dicha imagen sino hacerle ver con ejemplos figurativos por qué debe cambiar la ya existente por la que le estamos proponiendo. A mí personalmente se me antoja una labor muy delicada y difícil, ya que me resulta complicado decirle a alguien que su imagen no es la adecuada. La humildad es el arma más poderosa para resarcir un posible malestar. Debemos dejar claro que el gusto es algo muy personal que define a las personas y que por lo tanto es una cuestión muy respetable. Por otro lado y desde nuestra sabiduría expondremos que nuestro parecer es igualmente libre y personal lo cual deja claro que no está exento de críticas en contra. La seguridad y la humildad harán que el cliente confíe plenamente en nosotros. No debemos olvidar que el constatar que una imagen determinada no es la adecuada no significa erradicarla drásticamente. No todo debe ser blanco o negro. Debemos de intentar encontrar un acuerdo tácito con nuestro cliente. Tenemos nuestras poderosas armas de convicción y las debemos saber utilizar. La «reeducación» debe ser asertiva pero pausada. La frase «porque lo digo yo» debemos de borrarla de nuestra comunicación con el cliente.

Antes de comenzar a formalizar la imagen que creemos adecuada es conveniente ver cuál es el estado y la tipología de prendas que configuran su armario. Nuestro objetivo no es más que el de desprenderse de lo innecesario, confeccionar un listado con lo que hace falta y finalmente organizar disponiendo los diferentes elementos y prendas. El *personal shopper* deberá conocer al dedillo la oferta disponible en la ciudad en la que se encuentre de las diferentes formas de indumentaria a fin de proporcionar al cliente lo que requiera, a saber:

- Espacios de indumentaria (muchos de ellos cuentan con todo tipo de accesorios). Seis son las áreas que debemos controlar como posibles compradores: grandes almacenes (Corte Inglés), boutiques multimarcas (presencia de varias firmas de moda o diseñadores), espacios de moda (grupos de moda con firmas y complementos propios tales como Cortefiel, Zara, Blanco, Gap, H & M o Mango), boutiques de firma o diseñador (colecciones de una firma y/o diseñador), *oulets* (superficies donde se venden colecciones de indumentaria y accesorios de temporadas pasadas o portadores de alguna tara) y talleres de costura a medida.

- Espacios especializados en calzados.
- Espacios especializados en accesorios.
- Espacios especializados en ropa interior y medias.
- Espacios dedicados a joyas.
- Espacios dedicados a la cosmética y perfumería.
- Espacios multiproductos.

Yo personalmente recomiendo que el *personal shopper* configure un itinerario o guía de compras de la ciudad en la que trabaja anotando datos informativos de cada establecimiento y personales como los nombres de las directores/as de tiendas y profesionales.

Cuando considero que son tiendas muy especiales suelo llamar antes de realizar la visita con el cliente a fin de que nos atienda directamente el o la propietaria o director/a del establecimiento. De dicha guía general configuraremos otra personal para cada cliente donde especificaremos nuestras necesidades a fin de que las compras se realicen con comodidad y ocasionando al cliente las mínimas molestias. Suelo incluir en dichas guías espacios para un *break* o descanso. Un té en un sitio ideal y tranquilo nos vendrá de perlas para reponer fuerzas y llevar a cabo una revisión de lo adquirido. Algo que considero de vital importancia cuando realicemos compras con nuestro cliente es asegurarnos de su imagen para que al probarse alguna prenda su aspecto sea impecable. No puedo soportar cuando alguna clienta se prueba una falda por ejemplo y lleva calcetines, que su ropa interior no sea la adecuada o que no esté convenientemente maquillada o peinada. Esta cuestión la considero muy importante. Como *personal shopper* uno de nuestros cometidos es que nuestro cliente se sienta seguro y satisfecho. La imposición por nuestra parte de algunas reglas para mí fundamentales hará más fácil lograr nuestros objetivos.

Una vez visionado, rechazado lo inservible y adquirido lo necesario nos dedicaremos a organizar el vestidor o armario. No todo el mundo tiene capacidad para disponer de un vestidor. A veces sólo contamos con mobiliario que nos limita mucho el espacio y debemos buscar soluciones. En mi caso personal sólo cuento con un armario empotrado de tres puertas por lo que he tenido que aprovechar otros espacios adyacentes para guardar y organizar la ropa de calle y la de casa. Estos espacios complementarios nos hacen igual avío para el cometido que debemos llevar a cabo. Cómodas, baúles, camas-baúles, etc., nos solucionarán la carencia de un vestidor. Lo primero que llevo a cabo cuando debo organizar un vestuario es separar por temporadas la indumentaria. Una vez llevado a cabo este proceso organizo en base a lo siguiente:

- Ropa de temporada de calle (de uso diario).
- Ropa de casa (prendas para vestir en la casa).
- Prendas atemporales (prendas de uso diario o no pero que pueden ser utilizadas a lo largo del año en cualquier estación tales como ropa deportiva, impermeables, etc.).

El espacio destinado a contener nuestra indumentaria, bien sea vestidor, armario u otros, debe ser segmentado para albergar:

- Ropa Doméstica: ropa interior y ropa de casa (pijamas, batas, etc.).
- Ropa de Deporte.
- Ropa de calle.
- Accesorios.
- Zapatos.

El grueso del espacio debe estar ocupado por las prendas que utilizamos a diario. La organización de las prendas puede llevarse a cabo por colores o por prendas. Yo personalmente me decanto por la segunda opción. Como hombre mi espacio está subdividido en los siguientes departamentos:

- Prendas para colgar: camisas, pantalones, cazadoras, chaquetas, trajes de chaqueta, prendas de abrigo.
- Prendas para doblar: camisetas, polos y jerséis.
- Accesorios: pañuelos de cuello, pajaritas, corbatas, cinturones y fulares.
- Zapatero.

Con la combinación de dichas prendas confeccionaremos nuestro *Outfit* diario. Me gusta mantener la ropa de casa junto a pijamas, batas, camisetas para dormir o cualquier otro tipo de prendas para vestir en la casa. Los calcetines y la ropa interior deben guardarse en espacios próximos ya que es lo primero que nos ponemos antes de vestirnos. Debemos de la misma manera reservar un espacio para bolsos, paraguas y sombreros.

La organización de un armario en definitiva debe ser funcional y práctica, fácil y sobre todo sujeta a unas normas y coordenadas. Dedicar el tiempo suficiente a configurar tus *Outfit*s diarios te eximirá de entuertos innecesarios. Es ésta otra labor que como *personal shopper* he tenido que llevar a cabo y es que el simple hecho de seleccionar las prendas cada día puede ser un enorme problema. En estos casos mi cometido es organizar los *Outfit*s diarios para un tiempo determinado que generalmente suele ser diez días contando solamente los días laborables. Dependiendo del espacio disponible organizo aquéllos colgándolos en un espacio del vestidor aparte, o simplemente contando con las prendas disponibles configuro para el cliente un listado de los mismos donde detallo pormenorizadamente cada prenda, accesorio, etc. Cuando debo organizar los *Outfits* siempre suelo disponer de prendas aleatorias que puedan suplir a otras que por cualquier razón no puedan ser utilizadas. Es decir, doy otras opciones a mi cliente. De esta manera intento «educar» sus sentidos para que pueda adquirir conocimientos y resarcir situaciones para ellos problemáticas.

Debo indicar que uno de los cometidos del *personal shopper* es atender, y a veces no todos los clientes se limitan a contratar un servicio y remunerarlo. Muchas personas llaman para pedir algún consejo de última hora o para que le ayudemos a seleccionar un *look* por algún tipo de imprevisto que le haya podido surgir. Mi consejo es que debemos ser flexibles y educados. Debemos atender a nuestro cliente aun fuera de nuestro cometido real y remunerado.

Una de las acciones puntuales del *personal shopper* con respecto a su cliente será la elaboración y organización de el equipaje correcto para un determinado viaje. Lo primero en preguntarse es: ¿dónde? ¿Cuándo? ¿Qué climatología impera en el lugar de destino? O ¿Qué tipo de actividades voy a realizar? Evidentemente no es lo mismo viajar a un crucero por el Caribe en el mes de febrero, ir de vacaciones de Navidad a París o Berlín o viajar a un país o ciudad determinados donde sabemos de antemano que vamos a realizar una serie de actividades u otras. Éstas son las primeras cuestiones que debo saber. Posteriormente divido el equipaje en dos: el de mano, que llevaré conmigo durante el viaje y el que irá en la maleta.

Debe imperar a la hora de organizar un equipaje un sentido práctico aplicable a la selección de las prendas y de los objetos. Debemos minimizar las opciones y abogar por las prendas versátiles con el objeto de obtener fáciles comodines. Debemos amortizar nuestro espacio adecuadamente. Pensemos que una maleta es nuestro armario a pequeñísima escala por lo que debemos estudiar detenidamente tanto el espacio como lo que necesitamos y queremos llevar. Comencemos con el bolso de mano. En él recomiendo llevar:

• Pastillero con los medicamentos que normalmente utilicemos. Yo recomiendo llevar entre estos, ansiolíticos, nolotil en ampollas y paracetamol. He tenido la mala suerte de sufrir algún dolor agudo durante un vuelo transoceánico y no contar con un medicamento adecuado para paliarlo.
• Una sudadera o rebeca cómoda.
• Un fular.
• Unos calcetines o zapatillas de viaje.

- Antifaz y tapones para los oídos.
- El libro de turno.
- Hilo dental.
- Una cajita de caramelos.
- Un pequeño bloc de notas.
- Un bolígrafo.
- Una crema hidratante.
- Una crema de labios.
- Las gafas de vista.
- Una almohada hinchable.
- Una lámpara de lectura.
- Un paraguas de viaje.

Antes de organizar el equipaje suelo utilizar la cama para colocar todo lo que en primer término quiero llevarme. Voy colocando prenda sobre prenda haciendo montículos de camisetas, pantalones o ropa interior. Una vez que he terminado inspecciono todo para ver si puedo prescindir de algo. A continuación meto todo lo que quiero llevarme por grupos en bolsas de tela y comienzo a rellenar la maleta. Intento hacer uso de los espacios sobrantes y también los huecos de los zapatos para rellenarlos con calcetines u objetos pequeños. Todas las prendas deben ser dobladas de una manera concreta que según los expertos evita la arruga excesiva y amortiza convenientemente el espacio. Así, por ejemplo, los pantalones los doblo primero longitudinalmente y luego en dos veces doblando primero hacia dentro las piernas y luego la parte superior. Las camisas las suelo doblar abotonándolas y siguiendo el patrón de como vienen empaquetadas. Hay un objeto que se vende precisamente para este propósito. Las chaquetas tienen una forma muy concreta y algo complicada para doblarse pero os aseguro que es absolutamente eficiente, sobre todo cuando la maleta no tiene portatrajes. Cerramos la botonadura. Luego doblamos las mangas hacia adentro quedando cruzadas sobre el frontal. Posteriormente doblaremos longitudinalmente la chaqueta pegando hombro con hombro hacia adentro. Finalmente doblaremos la chaqueta por la mitad. Las chaquetas y las prendas de abrigo las ubico en la parte superior de la maleta. Además de la indumentaria siempre llevo en mi equipaje una plancha portátil ya que hay hoteles que no tienen servicio de planchado. Una solución si no tienes plancha es colgar las prendas en el cuarto de baño y abrir el grifo de agua caliente. El vapor hará maravillas. Si tenéis oportunidad de poder conseguir un expulsa-vapor portátil (creo que aún no se venden en España) os lo recomiendo. Otros objetos que siempre llevo como parte de mi equipaje son un adaptador, un ladrón eléctrico y una loción antimosquitos.

V. El estilista y la televisión

Antes de aceptar la dirección de estilismo de un programa o personaje televisivo suelo plantear una serie de cuestiones previas que condicionarán, sin duda, mi decisión de participar o no en el proyecto, al margen de la tipología del cliente: cadena de televisión, productora o profesional conductor del posible programa.

La primera cuestión que suelo plantear es conocer si el cliente cuenta con presupuesto para llevar a cabo mi labor, es decir, si puedo permitirme poder comprar algún objeto o accesorio al que no pueda acceder si no es comprándolo. Por otro lado y dependiendo del prototipo físico del personaje al que deba asesorar y atender, hay muchas ocasiones en las que es imposible trabajar mediante la sesión de prendas por parte de los diferentes *showrooms* por lo que contar con un presupuesto para vestuario resuelve el entuerto.

Suelo aclarar a la empresa que contrata mis servicios que los gastos de tintorería y arreglos de alguna prenda que después de utilizada lo requiera correrán a cargo aunque siempre de acuerdo con mi supervisión. Será de mi competencia decidir qué tintorería y qué arreglista o sastre resarcirá cualquier contratiempo. Para llevar a cabo dicha competencia requiero a la empresa con la que firmaré el contrato una cantidad económica por adelantado para posteriormente justificar los gastos. Recomiendo que si sois responsables del vestuario lo seáis igualmente de su devolución o envío a su lugar de procedencia. El que la empresa que te contrata se haga cargo de estas cuestiones tiene su riesgo. Han sido muchas las ocasiones en las que la resolución de las cosas no se ha llevado a cabo como habíamos acordado. Las devoluciones de las prendas en mal estado, las devoluciones de las mismas fuera de plazo, etc., son circunstancias de las que se me ha hecho responsable por ser el profesional que había seleccionado y retirado dichas prendas.

Por otro lado aclaro a la empresa contratante que ella será quien debe hacerse cargo de inmediato del pago de cualquier prenda que por la causa que sea quede inservible después de ser utilizada. Esta cuestión no es muy frecuente pero no imposible por lo que es necesario conocer la disposición del cliente antes de tomar la decisión de realizar el trabajo. De la misma manera dependerá de aquélla igualmente tanto el planchado del vestuario como los arreglos que requiera el mismo después de haber realizado las pruebas convenientes.

Es importante que sepáis que generalmente cuando se lleva a cabo el estilismo en televisión éste no sólo abarca la competencia de vestir y asesorar a los conductores de un número determinado de programas ya que previamente suele haber grabaciones anteriores de promoción, presentación del programa a los medios o promociones publicitarias. Esto no suele estar claro en los contratos y por lo tanto el estilista se puede encontrar en el aprieto de tener que llevar a cabo una serie de funciones que no estaban anteriormente expuestas y claras. Es por ello por lo que debéis aclarar dichas cuestiones.

Todas estas medidas previsoras de posibles problemas, lejos de ser caprichosas, facilitarán sin duda la labor del estilista y relajarán el ambiente de trabajo en el plató. Generalmente planteo por escrito dichas premisas y requiero la firma de la persona responsable de mi contratación. A partir de ese momento comienzo mi trabajo con la firma de un contrato que fija mis condiciones económicas y mis competencias.

Cuando se trabaja como estilista en televisión hay una serie de normas recomendadas algunas de las cuales yo cuestionaría en base a la evolución y progreso de la iluminación e infraestructura así como en la actualización de cámaras y todo lo que ello conlleva.

Creo que hoy en día lo que hace unos años era impensable ahora, de acuerdo siempre con la opinión del equipo técnico y el director del programa, puede ser perfectamente factible. Yo recuerdo, por ejemplo, que hace unos años la aplicación de cualquier producto de maquillaje con matices satinados o brillantes era prohibitivo por parte de los cámaras e iluminadores. Ahora, sin embargo, no es ninguna barbaridad siempre que se tenga en cuenta que hay brillos molestos que el maquillador debe controlar realizando las pruebas de cámara pertinentes. Teórica e hipotéticamente las recomendaciones que el estilista de televisión debe tener en cuenta con el fin de reducir o anular su uso son:

- Camisas blancas, blusas, etc.: hay pérdida de detalles y modelado cuando las superficies saturan a blanco.
- Materiales lustrosos, satén, etc.: brillo intenso, sobre todo en los hombros que saturan a blanco o reflejan color cuando la iluminación es muy alta.
- Tonos claros: aumentan la talla, aunque las prendas claras amplias pueden parecer sin formas.
- Tonos oscuros: reducen el tamaño, perdiéndose fácilmente el modelado, en particular en los terciopelos oscuros.
- Colores fuertes y vibrantes: generalmente aparecen sobresaturados y se reflejan en el cuello y el mentón.
- Telas de rayas estrechas, cuadros o espigas: estos dibujos causan *moiré*, cruces de colores, arco iris y vibraciones. El detalle de color queda indefinido y desaparece con la distancia.

- Remates brillantes de lentejuelas o metálicos: se saturan con las luces. Se reflejan en las superficies próximas.
- Joyería o adornos vistosos, por ejemplo, collares de abalorios de pedrería y otros materiales muy reflectantes: por contacto con el micrófono personal producen tintineos y crujidos extraños. Reflejan brillos en el mentón, cuello y cara; producen destellos sobre todo cuando se usan filtros.
- Escotes muy bajos: en planos cortos producen sensación de desnudez. Es importante que tengamos en cuenta la forma del escote a la hora de seleccionar el *look* para evitar que la ubicación del micro resulte antiestética. Recomiendo evitar los cuellos *perkins*, los cisnes, etc.
- Fidelidad del color: ciertos colores se pueden realzar o distorsionar (azules, magentas, rojos fuertes...) en el proceso electrónico o de filmación.[26]

Personalmente estoy de acuerdo con muchas de estas normas aunque creo sinceramente que no tienen por qué ser aplicadas por decreto. Las pruebas se me antojan de suma importancia.

De mi primer contacto con el director o responsable del programa en cuestión requiero la información siguiente:

Descripción del programa

Franja horaria del programa

La franja horaria en la que se emitirá el programa determinará de manera crucial mi labor. Generalmente los programas pueden pertenecer a la franja horaria que sigue: matinal, sobremesa, tarde, *acess prime time* (entre las 21:30 horas y las 22:00 horas), prime time (entre las 22:00 horas y las 24:00 horas) y *late night* o también llamado de corte adulto. Evidentemente la hora en la que el programa se desarrolle ilustra a la perfección el camino que debemos tomar, aunque el horario no es determinante sin antes conocer el género del programa y la personalidad del presentador/a o conductor/a. Sí debemos conocer unas reglas básicas concernientes a la franja horaria, a saber:

Franja horaria matinal, sobremesa o tarde. Recomiendo evitar el uso de pedrerías, *pailettes*, encajes, complementos recargados, *looks* sofisticados y el color negro. Asimismo, deberíamos ser cautos y no abusar de escotes demasiado generosos, cortes demasiado transgresores y volúmenes *oversizes* en mangas, cuellos

---

26. Millerson, Gerald: *Técnicas de realización y producción en televisión,* Madrid, 1989, pág. 223.

y faldas. De cualquier manera, reitero, no debemos tomar decisiones hasta poseer toda la información.

Prime Time. Por el contrario, si el programa es emitido en *prime time* y siempre dependiendo del género del mismo deberíamos ser cautelosos con el uso de prendas de estilo *sport* muy pronunciado, prendas vaqueras, accesorios deportivos o bisutería realizada en materiales de aspecto y estilo playero, etc. Evidentemente huelga decir que hoy en día las normas o la etiqueta aplicadas a la moda son susceptibles, desde el libre albedrío, de ser aplicadas o no. No debemos olvidar que estamos bajo la batuta de la dirección del programa y de la opinión del personaje. El estilista siempre está a disposición de su cliente y debe ejecutar su trabajo desde la libertad pero haciendo uso del sentido común y de su posición dentro de un equipo de trabajo que tiene como objetivo la puesta a punto de un determinado programa de televisión. Es el sentido común el que debe dictarnos lo que denominaremos un «código de coherencia», coherencia con el carácter, horario y personaje.

Género del programa

Es importante para el estilista conocer el tipo de programa: informativo, *reality*, *magazine*, concurso, divulgativo, musical, gala, serie de televisión, etc. La definición del género del programa condicionará el trabajo del estilista. Reitero que debe primar en nuestras decisiones el uso del código de coherencia. A continuación expongo algunos ejemplos y consejos. De la series de televisión hablaremos más adelante.

Informativo

• Presentadora. Prendas acertadas: chaquetas. Camisas. *Twin set*s. Vestidos. Bisutería discreta y pequeña. Prendas no acertadas: escotes exagerados sobre todo el llamado «palabra de honor», ya que en los planos cortos la conductora parecería desnuda. Grandes estampados. Pedrerías. Encajes. Cuellos con aplicaciones en piel. Colores que puedan confundirse con el fondo. Bisutería *oversize*.

• Presentador. Prendas acertadas: Trajes de chaqueta. Camisas con corbatas o pañuelo de cuello. Cárdigan con camisa debajo y pañuelo o chaqueta. Prendas no acertadas: camisetas. Camisas de manga corta. Sudaderas o prendas demasiado *sports*. Jerséis. Prendas en colores que puedan confundirse con el fondo.

Evidentemente debemos ser conscientes de que los informativos deben caracterizarse por su objetividad, que a su vez debe primar en la imagen de los periodistas. Las prendas deben ser anodinas, evitando la exageración de los volúmenes y las excesivamente llamativas. Hay cadenas televisivas que son de talante más relajado a la hora de vestir a los presentadores. A mí personalmente me encanta ver a un chico joven presentando un informativo con una camisa, un cárdigan y un pañuelo en el cuello. También es normal que haya ocasiones en las que los informativos sean de carácter de autor, es decir, informativos donde la personalidad del periodista es muy acusada y su rostro resulta popular. En este tipo de informativos se suele personalizar la información, suelen tener un carácter más subjetivo tanto en el fondo como en la forma, lo que se traduce en que el presentador suele comentar las noticias dejando entrever su postura u opinión personal. En este tipo de casos, muy esporádicos por cierto, el estilista podrá tener más libertad a la hora de vestir al personaje, e incluso permitirse algunas licencias.

Hay un tema que me gustaría tratar en este punto y es el que yo denominado «ideología de prendas y *looks*». Sin duda la moda ilustra en muchos casos una filosofía o forma de pensar, una manera de entender la vida. En definitiva, la moda que llevamos nos define como personas, nos delata. Hagamos un ejercicio de visionado: si viéramos un informativo en televisión donde el periodista vistiese una camisa sin corbata y un cárdigan ¿Sabríamos cuál es el credo político de aquél? Bajo mi punto de vista, sin duda alguna. De una u otra forma debemos saber que el estilista es un profesional al servicio de un cliente. La personalidad del estilista prima siempre y cuando haya sido consensuadas sus opiniones y pretensiones con su cliente.

Debate

Los debates televisivos, género donde suelen intervenir el presentador o conductor, una serie de invitados y el público existente, pueden emitirse en cualquier franja horaria. Sea cual sea ésta, como estilista presto especial atención a las características y peculiaridades del moderador/a. Esto me parece crucial ya que no es lo mismo un debate moderado por Teresa Campos que por un profesional pero sin el bagaje ni la popularidad de aquélla. De cualquier manera, en uno u otro caso, cuando se trata de un debate siempre me decanto porque la imagen de los profesionales sea discreta. En un debate televisivo creo que lo realmente importante es el tema a debatir y sus conclusiones, tarea que suele ser llevada a cabo por los invitados del mismo.

Generalmente en este tipo de programas el profesional que lo conduce suele ejercer de moderador por lo que pienso que su imagen no debe pecar de excesivamente llamativa. El tema a tratar en el debate limita la labor del estilista ya que no es lo mismo un debate político que otro que verse sobre personajes de la prensa del corazón. Mi consejo es que el estilista aplique algo tan simple y paradójicamente tan complicado como el sentido común. ¿Sería apropiado vestir a la moderadora de un debate que versara sobre el maltrato a la mujer con un vestido de Cavalli de escote pronunciado en tejido de punto de seda con *print* de leopardo, accesorios *oversize* en cristal de *swarosky* y sandalias doradas? ¿Sería correcto ataviar al conductor de un debate en horario de tarde sobre la educación infantil con un pantalón vaquero y una camisa?

Sirvan estos dos ejemplos para ilustrar que la idea fundamental que debe primar en la mente del estilista es la del estudio, observación y aplicación de un criterio coherente que responda al planteamiento de dicho estudio. El resto responderá al sentido de la estética y la sensibilidad.

Hay una cuestión que me gustaría tratar y aclarar por la de veces que como profesional me ha sido planteada. No siempre un «vestido largo» se debe considerar de gala. Hay vestidos largos cuya forma, tejido y estilo permiten que sean utilizados en multitud de ocasiones ya que sabemos que un vestido largo puede resultar bastante informal. Personalmente, los llamados «vestidos de gala» sólo los he utilizado en televisión en galas especiales, entrega de premios o puntualmente en programas donde la ocasión lo requería como, por ejemplo, una gala final de un concurso televisivo de género musical en franja de *prime time*.

Estructura y duración del programa

Como estilista es mi obligación conocer la estructura del programa entendiendo como tal la composición del mismo. Es conveniente saber si el presentador va a desplazarse de zona, si permanecerá durante el programa sentado o de pie, o alternará ambas posiciones, si se moverá de posición en el plató o si subirá o bajará escaleras. Dependiendo de la estructura del programa conoceremos cada uno de esos detalles que se me antojan fundamentales a la hora de seleccionar los *looks* que llevará el personaje. Por ejemplo, si sabemos que el personaje tiene que bajar una escalera nos cercioraremos de que el zapato elegido es el idóneo y no resta seguridad al profesional. Si caminará por el plató debemos de saber de qué material está construido el piso para prever una situación embarazosa si el personaje se resbala. La duración del programa condicionará sin duda nuestro trabajo ya que es posible que decidamos utilizar más de un *look* a lo largo del mismo y por otro lado que debamos estar siempre en alerta por una excesiva sudoración del profesional o una presencia acusada de arrugas en el vestido, etc. Asimismo, el conocimiento por parte del estilista de la planimetría del programa en términos generales (planimetría fija o variada) hará más fácil nuestro trabajo en lo concerniente a la selección de los *looks*. Esta cuestión queda muy clara en el caso de los informativos donde generalmente el plano será fijo, circunstancia determinante para decantarnos por una u otra imagen.

Conocimiento del diseño del plató y el atrezo

Generalmente en los programas de televisión donde he tenido la posibilidad de trabajar, la figura del estilista no ha supuesto para el resto del equipo, salvo para el presentador/a, un profesional al que haya que tener demasiado en cuenta. Sin duda, el desconocimiento por parte de dicho equipo de que la importancia de la imagen del presentador/a es crucial en la valoración por parte del espectador del programa en cuestión es la causa de esa realidad. Mi objetivo como estilista es que la imagen de mi cliente sea perfecta y para ello recomiendo que expongamos a la dirección del programa todas aquellas cuestiones que necesitemos para conseguir nuestro objetivo. Sé que mis excesivas preguntas y mis peticiones han podido causar molestia a algún profesional del equipo del programa.

Desde la educación, pero con asertividad, debemos, como profesionales, imponer nuestro criterio y hacer al resto del equipo valorar nuestro trabajo, entre otras cosas, porque si no hay vestuario y estilista no hay presentador. Para ejercer mi profesión con seguridad y soltura es imprescindible obtener toda la información que consideremos oportuna para llevar a buen puerto mi trabajo. Entre otras cosas necesito saber cómo será el diseño, el color y las dimensiones del plató así como el material de atrezo que se utilizará. El conocimiento de estos datos facilitará mi trabajo. Sabré qué color no debo utilizar en el *look* del profesional para evitar el monocronismo o si la silla, taburete o sofá donde estará sentado el presentador puede resultar inapropiada según el *look* seleccionado. Las pruebas me parecen de vital importancia para evitar posibles entuertos. Por ejemplo, si seleccionamos un *look* compuesto por un vestido cortado a la cintura y fruncido, y la presentadora estará apoyada en un taburete durante la conducción del programa, recomiendo que visionemos por cámara cómo resulta visualmente, ya que probablemente al apoyarse el vestido podría desestructurarse dando al personaje un volumen que en cámara resultará tremendamente molesto.

Las dimensiones del plató, si efectivamente el profesional estará en continuo movimiento, condicionarán nuevamente la selección del vestuario. Si es así, debemos ser prudentes en la selección del calzado y en la estrechez de las faldas para evitar que el personaje se sienta incómodo cuando se mueva. De la misma manera aconsejo que en este caso evitemos ataviar al profesional con accesorios demasiado exagerados o fabricados con material metálico a fin de evitar un continuo tintineo que resultará molesto.

Una vez resueltas mis dudas me centro en el profesional al que tengo que asesorar. Conocer el papel que dicho profesional ejercerá en el programa es importante para mí. No es lo mismo asesorar a un mero conductor que a un profesional estrella. Generalmente éste último suele tener una personalidad muy acusada, lo que se traduce normalmente en que su estilo, cuestionable o no, suele estar muy definido.

A mi encuentro con el personaje antecede la recopilación de información sobre el mismo. Suelo visionar vídeos para estudiar de antemano al personaje, definir su estilo, apuntar datos sobre su físico y observar sus movimientos. Como estilista al personaje:

- Le escucho para comprenderle.
- Intento conocer qué le preocupa de su imagen.
- Le observo.
- Le recomiendo.
- Le propongo.
- Le explico mi forma de trabajar.
- Le expongo la dinámica y la logística de trabajo.

Una cuestión de suma importancia es exponerle al personaje que a partir de ese momento te conviertes en su guía y en la persona que le solucionará cualquier problema relativo a su imagen. Como estilista intento ganarme la confianza del personaje cuidando al dedillo su imagen y controlando una serie de cuestiones ajenas a la indumentaria pero complementarias a la misma e igualmente importantes como son el maquillaje y la peluquería. Esta última cuestión suele ocasionar entre los profesionales encargados de la peluquería y el maquillaje entuertos peliagudos que pueden evitarse si actuamos con talento y educación.

Yo personalmente no ejerzo como estilista si no puedo tener competencia en las labores de maquillaje y peluquería. Un *look* puede tener muchas lecturas dependiendo de cómo se complemente tanto en lo concerniente a los accesorios como al diseño del maquillaje y la peluquería. Creo en un *look* conformado como un «todo» perfectamente empastado y ejecutado. Me gusta controlar al equipo de profesionales que se encargarán de realizar el maquillaje y la peluquería, explicar mi criterio y controlar su ejecución. Es por ello por lo que me encanta contar con un equipo seleccionado por mí personalmente lo que sin duda hace más fácil mi trabajo. Cuando esto no es posible, suelo reunirme con los profesionales para dejarles claro mis pretensiones para con la imagen que deseo proyectar del personaje. Siempre debemos recordar que todos los profesionales somos un equipo con el mismo objetivo: una imagen del personaje sin mácula.

Una vez claro esta serie de datos suelo rellenar una ficha cuyo modelo reproduzco a continuación:

Estilismo

Datos sobre el programa
- Género.
- Franja horaria.
- Periodicidad.
- Duración.
- Información sobre el plató.
- Información sobre el atrezo.

Datos sobre el personaje

Datos personales
- Nombre.
- Teléfono (personal o agente).
- Edad o franja de la misma.

Datos profesionales
- Medidas.
- Número de pie.
- Talla.
- Fisionomía.
- Preferencias estéticas.

Tipo de prendas
- Qué le gusta y qué no de sí misma/o.
- Peculiaridades.

Notas
- ¿Cómo se expresa el personaje?
- ¿Cómo gesticula?
- ¿Cómo se mueve?

El conocimiento de todos los datos acerca del personaje facilitará nuestro trabajo. Tendremos claro qué estilo debe prevalecer y qué prendas y accesorios debemos evitar. Así, por ejemplo, si observando al personaje notamos que gesticula excesivamente con las manos debemos descartar el uso de accesorios, como pulseras o anillos, de tamaño significativo, ya que de lo contrario el accesorio podría llamar excesivamente la atención del espectador.

El siguiente paso será el de explicarle al personaje nuestras conclusiones y proponerle una serie de imágenes prototipo sobre lo que, según nuestro punto de vista, sería apropiado. Trato de que esas imágenes sean integradas, es decir, completas en cuanto a su contenido: tipología de las prendas, formas, colores, opciones de peluquería y maquillaje, etc. Es importante que tengamos claro que el estilista es un asesor, no un dictador, lo que significa que cada propuesta expuesta debe estar respaldada por una explicación y unos objetivos con el fin de que el personaje las entienda y apruebe. Sólo la seriedad y el trabajo bien hecho harán que el personaje acceda a la imposición de una imagen que quizás no estaba considerada en su registro. A veces tenemos la certeza de que nuestra imagen es la acertada en base a unos criterios personales imbuidos de subjetividad. Esto, sin duda, complica nuestro trabajo como estilista para con el personaje al que debemos llevar a nuestro terreno desde argumentos serios y demostrables, comprensibles y expuestos de forma profesional.

Debemos, en estos casos, actuar con cautela e ir, poco a poco, haciendo ver al personaje la conveniencia de un cambio de imagen. La imposición rotunda nunca será el mejor camino para conseguir nuestros propósitos. Hay veces, no obstante, que conseguimos tener un entendimiento profesional con nuestro cliente. Personalmente la renuncia a llevar a cabo nuestro trabajo se me antoja una postura respetable y acertada. El estilista debe ser un «creador de imágenes», nunca un «recadero» de las mismas. Estas son decisiones muy personales que deben ser maduradas teniendo claro lo que deseas, cómo quieres llevar a cabo tu trabajo y cómo quieres que sea tu trayectoria profesional.

El vestuario y los accesorios que vestirá el presentador/a lo gestionaremos mediante el acuerdo con *showrooms* o tiendas propias o multimarcas. El trabajar directamente con *showrooms* de marcas facilitará nuestro trabajo tanto por la gran oferta de prendas y la gran variedad de las mismas, como por la tranquilidad que nos aportará pensar que dichas prendas no serán posteriormente a su uso expuestas a la venta. Cuando los *looks* proceden de tiendas debemos trabajar con sumo cuidado y esmero ya que esas prendas serán puestas a la venta una vez devueltas. El que los *showrooms* estén ubicados en la misma ciudad donde se graba o emite el programa en cuestión es una circunstancia favorable ya que de lo contrario se encarecería el presupuesto para la productora o la cadena con las partidas correspondientes a la recepción y el envío de las prendas que seleccionaríamos mediante el visionado de *fotobooks* o trasladándonos directamente a visitar cada *showroom*. Algo que debemos tener en cuenta es que las prendas de *showrooms* varían entre la talla 36 y 40 dependiendo del diseñador o firma. Cuando el personaje que tenemos que asesorar tiene una talla superior no tendremos más remedio, con las peculiaridades y los entuertos que entrama, que acordar la cesión del vestuario a tiendas, generalmente a cambio de contraprestaciones publicitarias que no deben ser competencia del estilista. Esto mismo ocurre con los accesorios.

Una vez usadas, debemos llevar las prendas a la tintorería con el objeto de devolverlas en perfecto estado. Yo personalmente trabajo con tintorerías que me garantizan un óptimo resultado y me ofrecen garantías. No suelo trabajar con empresas que me sean impuestas por la cadena o productora si soy el único responsable del vestuario del personaje tanto de su selección como de su recogida y devolución.

Si el personaje en cuestión está en el lugar de trabajo días antes de la realización del programa me gusta mostrar y probar los *looks* seleccionados con tiempo suficiente para poder reaccionar y buscar otras alternativas si no estamos lo suficientemente seguros. Normalmente me encanta probar al personaje los diferentes *looks* de manera integral, es decir, con los accesorios y, por supuesto, con la peluquería y el maquillaje que creo apropiado. Desafortunadamente esto no es tarea fácil debido a la premura con la que solemos trabajar y la indisponibilidad del personaje. En estos casos suelo informar a éste de mis propuestas y mis decisiones con el objeto de que se sienta tranquilo y seguro.

De los *looks* probados suelo trabajar sobre dos cambios con el fin de poder solventar por cualquier motivo de uno a otro cambio.

No obstante, considero que es fundamental llevar a cabo las posibles pruebas de los diferentes *looks* al menos un día antes del programa con el fin de poder sin dilación resarcir cualquier contratiempo, como ajustes de prendas o necesidad de localizar cualquier cosa que estimemos necesaria. Es importante que en estas pruebas contemos con la presencia de un arreglista de vestuario con el fin de que sea dicho profesional quien entalle o coja un dobladillo.

El colofón de esta, a veces, ardua tarea debería ser la realización de una prueba de cámara con el profesional vestido, maquillado y peinado. Y digo debería, porque frecuentemente esta pretensión es difícil de llevar a cabo por cuestiones técnicas ajenas a nuestro trabajo. De cualquier manera insisto en ello. Me gusta estar seguro de que el o los *looks* seleccionados dan bien en cámara, no ocasionan problemas con la luz o los *prints* de los tejidos y sobre todo de que el personaje se siente cómodo. Me tranquiliza ver las prendas expuestas al movimiento del personaje cuando camina o se sienta. Hay prendas que quedan muy bien mientras el presentador permanece inmóvil, y horrorosas, por el contrario, cuando se les imprime movimiento Sea como fuere, el estilista debe estar pendiente en todo momento y conocer el set donde el profesional ejercerá su trabajo.

El día de la realización del programa la jornada comienza para mí con la organización del camerino, donde los *looks* se ajustan si es necesario, se planchan y se cuelgan, los accesorios se despliegan, se forran las suelas del calzado, etc. Me encanta personalizar el camerino con unas flores, con algún capricho que al personaje le guste, con velas de olor y música agradable. Creo que debemos de hacer lo posible para que «nuestro cliente» se sienta a gusto y relajado. Masajear, aplicar cremas agradables en las piernas y una mascarilla desestresante suelen ser remedios muy bien venidos. Tomar una infusión calmante o aplicar un colirio de manzanilla en los ojos antes de maquillar suele dar estupendos resultados. Maquillaje, peluquería, vestuario y aplicación de un perfume son los pasos que recomiendo antes de colocar la petaca de sonido y el micro en el personaje antes de salir a plató. En éste suelo ubicarme donde me indiquen los realizadores, si bien exijo poder estar cerca del personaje con el objeto de no apartar mis ojos del mismo, observándole en todo momento. Suelo controlar la ubicación de peluqueros y maquilladores para posibles retoques y tener siempre a mano una serie de objetos:

- Un cambio de *look* de repuesto.
- Set de costura.
- Acerico con alfileres, imperdibles y agujas ensaltadas con hilos en colores neutros.
- *Klinex*.
- Un cambio de ropa interior.
- Pegamento de contacto inmediato.
- Toallitas quitamanchas.
- Papel celo.
- Gomillas abiertas.
- Vaporeta manual portátil.
- Secador (para poder secar sin dilación posibles cercos de sudor).

Una vez iniciada la emisión suelo observar en los monitores de control cómo resulta la imagen del personaje con el fin de ajustar, cambiar o simplemente dar el visto bueno. El visionado del programa posteriormente a su emisión es un arma importante para mí y un método infalible para no volver a cometer errores.

Como conclusión a este apartado creo importante dar un par de consejos a los profesionales de estilismo que me parecen cruciales: el estilista debe ejercer su trabajo sin presión, dejando claro su cometido y su papel, haciendo saber al resto del equipo cuál es su sitio y su función. En televisión, ganarse el respeto de los demás profesionales sobre todo cuando se trabaja en directo suele ser complicado. Tener una actitud asertiva, que no soberbia ni maleducada, se me antoja fundamental.

Un género que va tomando auge en la programación televisiva son las series de producción propias. El término «estilista» o «figurinista», apelativo que suele aparecer en algunas series, tiene como objetivo fundamental la dirección de un equipo de trabajo cuya función será crear, diseñar y ejecutar la imagen de los diferentes personajes que integran el elenco de la serie de televisión. Los integrantes del equipo de profesionales difieren en uno u otro caso según los créditos de las series televisivas que hemos analizado, sin duda, debido a la complejidad que entrama la serie televisiva y al número de personajes que actúen en ella. Generalmente el *staff* de trabajo dedicado al vestuario de una serie de televisión suele constar de un director/a, figurinista o estilista jefe, estilistas, sastres, auxiliares y ayudantes.

Definamos la logística de producción en lo concerniente al vestuario de una serie de televisión:

Conocimiento de la serie

• Concepto. Antes de formar equipo, el director de imagen de la serie, es decir, el o la responsable del vestuario e imagen, debe conocer el «concepto» de la serie: su argumento. Esto le dará la información necesaria para valorar la viabilidad del proyecto, el número de profesionales que debería integrar el equipo de trabajo, así como el tiempo que necesitaría para llevar a buen puerto el proyecto. En esta primera reunión suele tratarse el presupuesto disponible en lo concerniente a la partida de vestuario y estilismo.

• Duración: un dato que debe estar claro es la duración de la serie en cuanto a plan de rodaje, es decir, en cuánto tiempo se tiene prevista la realización. Conocer el número de capítulos, la duración de los mismos y el número de temporadas previstas en principio, son datos que el estilista debe conocer antes de comenzar un posible proceso de elaboración y de producción.

• Conocimiento del contexto histórico. Las series o miniseries de televisión se pueden dividir en género histórico o actual. Las históricas se suelen definir como todas aquellas series o películas que no se desarrollan en cuanto a su argumento en el momento presente, es decir, pueden estar en un contexto pasado o futuro. Las series llamadas actuales son aquéllas en las que la acción se desarrolla en el momento actual. Evidentemente, el hecho de que sean históricas o actuales condiciona absolutamente el plan de trabajo de los profesionales de la imagen y el estilismo. Las series históricas suelen tener necesidades lógicas como un *staff* de profesionales numeroso, un período de información y elaboración más largo y laborioso y, por supuesto, un encarecimiento significativo de las partidas presupuestarias. Por el contrario, las series de género actual suelen resultar menos arduas y dificultosas, aunque la constatación de la dificultad o no de las mismas va a depender siempre del conocimiento de una serie de datos anteriormente expuestos: duración, número de personajes, *planning* de trabajo, etc.

• Conocimiento del entorno geográfico. Históricas o actuales, las series o las películas se desarrollan en uno o varios entornos geográficos Los estilistas deben tener constancia y controlar toda esta información. Haciendo uso de algunos ejemplos, si la serie en cuestión trata de la vida de un grupo de personas que viven los problemas cotidianos de la actualidad, sería importante conocer el «ámbito» en el que viven. No sería lo mismo tipificar visualmente a personas que vivieran en una capital de provincias del norte de España que del sur, así como no sería lo mismo que lo hicieran en un ámbito rural o urbano.

• Conocimiento del concepto socioeconómico. El conocimiento del nivel socioeconómico al que pertenecen los personajes de la serie en cuestión es igualmente determinante. Dicho nivel condicionará sin duda la forma de vestir de aquéllos. En qué ambientes se mueven los personajes, si hay varios niveles socioeconómicos en el desarrollo del guión, o si dichos ambientes se entremezclan, etc., es una información necesaria e importante que condicionará el diseño del vestuario y la planificación de su elaboración.

Definición de los personajes

Conocer tanto el número como la tipología de los personajes que participarán en la serie será un paso más definitivo en la progresión del trabajo del estilista. Los personajes se definirán como principales, secundarios y extras. En muchos casos, el figurinista, director o estilista, si bien es responsable de la imagen global de los personajes de la serie, sólo tiene como cometido la labor del diseño y elaboración del vestuario de los actores principales y secundarios, quedando relegado de su competencia vestir a los extras y personajes de carácter puntual. Cuando se da esta circunstancia la labor de equipo es fundamental para conseguir una imagen unitaria.

Evolución de los personajes

Es necesario para el estilista conocer qué personajes de la serie evolucionan como seres humanos a lo largo de la misma: crecen, cambian, maduran, etc. Sin duda, el ser humano pasa a lo largo de su vida por una continua evolución que queda patente, entre otras muchas cosas, en su imagen. El estilista debe conocer «al dedillo» al personaje, su carácter, su percepción de la vida y del tiempo, la escala de valores por la que se rige su vida. Creo que el estilista debe sentirse actor para desde su piel discernir cómo piensa y, por tanto, cómo se vestiría. Una vez obtenida toda la información sobre los personajes, suelo realizar una ficha del personaje y del actor o actriz que lo interpreta, lo que, sin duda, facilitará mucho mi trabajo de investigación. Al final de este capítulo reproduzco el modelo de aquélla.

Timing de producción

Es el conocimiento de la logística del rodaje. El estilista deberá tener claro las fechas y los espacios de rodaje a fin de poder planificar su trabajo.

Definición del proceso de documentación y fuentes

Una vez obtenida toda la información por parte del director de estilismo, se debe proceder a la exposición de la misma al equipo de trabajo con el objeto de comenzar la logística de investigación, diseño y fabricación. Será el momento de hacer partícipe a aquél del guión de la serie, de los personajes o de la evolución de los mismos, todo un *brainstorming* de datos e ideas que promoverán cuestiones, propuestas y definición de las fuentes de las que se harán uso para lograr la veracidad de l resultado final.

Propuestas a la dirección de la serie

El director de imagen presentará al director de la serie los *looks* de los diferentes personajes atendiendo a un guión personalizado, el estudio de los personajes y una argumentación que justifique adecuadamente la selección y elección de aquéllos. Generalmente el director de la serie puede en este momento opinar, aconsejar o proponer algún cambio. El «Ok» por parte de la dirección pondrá en marcha el proceso de producción.

Producción de los looks

Suele ser un proceso arduo lleno de creatividad y búsqueda, un camino apasionante que culminará con el visionado completo de los *looks*. Las prendas y los accesorios en una serie de televisión pueden tener una procedencia muy variada, a saber:
- Diseño y fabricación propia.
- Compra en lugares especializados o en tiendas.
- Alquileres en centros especializados.
- Retirada de prendas en los diferentes *showrooms*.

Según la tipología de la serie, el género, los personajes, etc., se utilizarán unos medios u otros. Lo que sí está claro es que todo es válido, desde crear hasta revisionar. Quizás las series de época son las más complicadas ya que el proceso hasta dar con los *looks* adecuados es mucho más complejo.

Diseño del planning de rodaje

La tarea de organizar el *planning* de rodaje en lo concerniente a vestuario puede ser muy variada dependiendo del equipo de trabajo y de la dirección del mismo.

Generalmente la casi totalidad de las fuentes consultadas coinciden en que el *planning* se lleva a cabo organizando los *looks* de los personajes siguiendo el orden del guión, si bien conociendo y teniendo claro que el guión no tiene por qué rodarse en orden cronológico. La ropa seleccionada se prueba, se varía si es necesario, se plancha y se complementa. Hay profesionales que requieren la existencia de dos o más *looks* iguales para un personaje determinado, generalmente los principales, a fin de poder contar con prendas sustitutas de ocurrir cualquier entuerto que podría hacer retrasar el rodaje.

Rodaje

Durante el rodaje se ejecutará la que llamaremos «ficha de secuencia», donde se especificará el *look* completo de cada personaje. Esta descripción debe ser absolutamente exhaustiva a fin de evitar errores del llamado *raccord* o «continuidad». Una secuencia es una serie de planos o escenas que forman parte de una idéntica unidad narrativa. Hasta que no se termina una secuencia los encargados del vestuario deben controlar absolutamente que el *look* sea el mismo que en el plano o escena anterior, que los complementos estén ubicados de la misma manera, etc. Debemos tener en cuenta que una secuencia no tiene por qué rodarse con continuidad real, lo que hace que al control de la imagen se le deba prestar una atención muy especial.

Esta misma disciplina se aplicará a la totalidad de todo aquello que tenga relación con el personaje, desde su actitud, hasta su posición o atrezo, entre otras cuestiones. Son diversos estadíos de continuidad, un orden lógico con el objetivo de no romper en el receptor, es decir, el espectador, la ilusión de secuencia, de realidad. La función global del control del *raccord* compete a la figura del *script*, el o la profesional que tiene como objetivo la memorización de cada plano desde todas las perspectivas y matices. Aun así, suele haber profesionales del vestuario que llevan complementando la labor del *script* en este tema. Una vez finalizado el rodaje de un capítulo, el equipo de imagen debe pasar a la dirección el listado de los créditos que deben constar en dicho capítulo y que hacen referencia a las firmas colaboradoras que a cambio de contraprestaciones publicitarias han cedido cualquier tipo de prendas, objetos o complementos.

Ficha personaje
- Nombre de la serie
  * Concepto.

* Contexto social.
* Contexto histórico.
- Personaje
  * Nombre.
  * Características físicas.
  * Características psíquicas.
  * Peculiaridades.
  * Evolución cronológica.
  * Definición del personaje (Se suele describir el personaje desde el punto de vista del figurinista o director de estilismo desde un punto de vista personal con todos sus matices, peculiaridades, etc. Es aquí donde el profesional del vestuario puede imprimir su sello, puede crear).
- Datos sobre el actor/actriz
  * Datos personales.
  * Nombre.
  * Medidas.
  * Características físicas.
  * Puntualizaciones personales concernientes a peculiaridades físicas o psíquicas (Es importante aclarar que este tipo de datos es absolutamente confidencial. Hay actores que se sienten incómodos enseñando por ejemplo sus pies. Son datos que el director de imagen debe tener en cuenta aunque las decisiones y apreciaciones del actor deben consensuarse con el director de la serie o la película).

Ficha secuencia
- Serie.
- Número capítulo.
- Número secuencia.
- Descripción de la secuencia.
- Personajes que intervienen.
- Descripción vestuario y complementos.
- Personaje 1: nombre (esto se repite con cada personaje).
  * Vestuario.
  * Complementos.
  * Ubicación de los mismos.
  * Peculiaridades.
  * Otros datos.

Esta ficha suele complementarse con una foto que ratifica lo expuesto por escrito.

Las armas del estilista

VIII

Las armas del estilista

··

En este capítulo he querido informar al lector de las armas con las que el estilista puede contar para llevar a cabo la realización de su trabajo. Dichas armas o recursos serán, según mi punto de vista, tanto el material e instrumentos de trabajo que quedará especificado en el epígrafe denominado «la maleta del estilista», como los espacios proveedores de prendas y accesorios que complementarán un *look* determinado.

Tiendas y showrooms

Cuando el estilista para llevar a cabo su trabajo necesita hacer una labor de búsqueda puede acudir a dos tipos de espacios comerciales: tiendas especializadas o espacios multimarca o los denominados «*showrooms*». Las primeras se caracterizan por la facilidad y la rapidez para conseguir un producto u objeto determinado, si bien el tenerlos que devolver después de su uso para ser vendidos puede conllevar a posibles entuertos que evitaremos cuidando que se devuelvan en las mismas condiciones en las que fueron retiradas. Recomiendo siempre enviar por escrito a la dirección de la tienda todos los datos concernientes al tipo de acto o soporte publicitario para el que se utilizará el material retirado, así como la formalización de un albarán de salida del mismo. Asimismo, aconsejo que antes de retirar las prendas y/o accesorios, el estilista se cerciore de que el estado de las mismas es el correcto y haga saber a los profesionales de la tienda cualquier anomalía que pueda apreciar. Esto evitará problemas a la hora de la devolución ya que en muchas ocasiones se le reprocha al estilista que el uso o la devolución de las prendas no ha sido la correcta. Una vez devuelto el material retirado suelo hacer un certificado que debe ser firmado por la dirección de la tienda donde queda especificado que aquél ha sido entregado en perfecto estado.

Me parece de ética profesional el abonar, por parte del estilista o empresa que le represente, cualquier prenda o accesorio que por cualquier motivo se devuelva en mal estado. El estilista y su equipo deben cuidar las prendas con esmero a la hora de utilizarlas. Ojo con el maquillaje, los surcos de sudor o el estado del entorno donde se llevará a cabo el trabajo.

Otra forma de nutrirse de prendas y accesorios es a través de los diferentes *showrooms*, espacios destinados a albergar las colecciones de moda y accesorios de firmas, marcas y diseñadores. Hay *showrooms* individuales, es decir, que albergan una sola colección, y otros que engloban varias. Los *showrooms* son visitados por los estilistas de moda para llevar a cabo el *shopping*, es decir, la selección de prendas y accesorios necesarios para llevar a cabo una sesión fotográfica u otro cualquier evento de moda cuyo objetivo no sea otro que la promoción de la firma de moda o diseñador. Son las propias empresas de moda las que pagan a estos *showrooms* para que muevan mediáticamente sus productos. La publicación en cualquier medio de comunicación visual de productos de una determinada firma es crucial para conseguir la promoción de dicha firma, estrategia fundamental e importantísima arma de venta del producto de moda. El *shopping* puede hacerse directa o indirectamente, es decir, pateándose uno a uno hasta localizar las prendas requeridas o a través de web especializadas donde, en apartados concretos, el estilista puede visionar las colecciones de moda como *vogue.es/com* o *In Style*. En tales páginas, los diferentes *looks* aparecen individualizados con un número que son requeridos al *showroom* correspondiente. Yo personalmente recomiendo retirar las prendas directamente en el *showroom,* ya que así puedes ver el *look* y decidir realizar algunos cambios sobre la marcha. A esto debemos añadir que no todos los accesorios y prendas que podemos encontrar en los *showrooms* constan en las diferentes web. Una vez realizado el *shopping* y después de haber recibido el material, recomiendo encarecidamente el estilista compruebe cuidadosamente que el albarán esté perfectamente redactado, que coincidan las prendas enviadas con las especificadas en dicho albarán y que todo el material esté en perfecto estado. Si no es así debemos de ponernos en contacto con la persona encargada del *showroom* y ponerle al tanto de la situación. Con ello nos evitaremos muchos problemas. En el apéndice encontraréis un listado completo de dónde podéis conseguir las prendas de las firmas de moda más importantes.

La maleta del estilista

Para ejercer su trabajo el estilista y su equipo necesitan de una serie de elementos que creemos, si no vitales, sí de importante ayuda. Hemos redactado un listado de objetos y de elementos que, por nuestra experiencia, recomendamos para realizar nuestro trabajo sin dificultad. Quizás algunos de ellos nos pueden parecer extraños o impropios, pero puedo asegurar que todos y cada uno de los que detallamos a continuación han sido utilizados en alguna ocasión. La relación de los elementos y objetos integradores de ese extraño equipaje es fruto de la experiencia y de la improvisación. Por supuesto, «la maleta del estilista» que hemos llegado a definir ha sido fruto de la multitud de experiencias que hemos vivido en las numerosas producciones llevadas a cabo, tanto desfiles como sesiones fotográficas para catálogos, editoriales, etc. Han sido tan variadas y, a veces, tan surrealistas las condiciones en las que hemos trabajado, que no hemos tenido más remedio que «buscarnos la vida» improvisando desde un vestuario portátil hasta el forro de una suela para proteger los zapatos. Esta lista no pretende configurar un «dogma» pero sí recomendar que más vale prevenir que curar y que, aunque cada «maestrillo tiene su librillo», nuestra retahíla puede ser de gran utilidad para todos aquéllos que quieran trabajar en una profesión tan apasionante. Ni que decir tiene que nuestros consejos son de régimen abierto por lo que iremos, sin duda, ampliándolos, cambiándolos o descartándolos. He de confesar que mi equipo no para ni un solo momento. Todo es lícito cuando se trata de poder hacer tu trabajo lo mejor posible y con la mínima dificultad.

Costurero

Agujas. Hilos en colores variados. Alfileres de cabecilla. Alfileres sin cabecilla. Tijeras. Metro. Dedal. Muñequera. Cortauñas. Hilos ensartados de colores negro, marrón, blanco y azul. Corchetes. Broches. Muestra de botones variados en tamaño y color. Máquina de coser portátil.

Ropa interior y doméstica

Delantales portadores. Zapatillas. Braguita tanga color piel. Sujetador sin tirantes color piel. Medias variadas en cuanto a colores. Toallas. Calcetines de medias. Bata o batín. Manta o fular.

Elementos protectores

Cinta protectora de zapatos. Suelas protectoras. Plantillas. Hule transparente protector de zapatos.

Elementos limpiadores

Toallitas limpiadoras. Abrillantadores de calzado. Amoniaco. *Spray* quita olores. Cepillo para ropa. Quita bolitas. Cepillo de dientes. Bastoncillos. Alcohol. Toallitas quitaesmalte. Toallitas quitamanchas. Algodón.

Mobiliario

Mesa plegable. Silla plegable. Sombrilla. Paraguas. Trozo de moqueta. Alfombrilla para los pies. Percheros. Perchero portátil. Plancha de vapor. Tabla de plancha. Termo portátil de vapor. Vestuario portátil. Cuerda tendedero y pinzas. Perchas. Bolsas portadoras para la ropa.

Elementos de higiene

Bolsas de plástico para los pies. Quita durezas. Desodorante. Lima de uñas.

Otros

Laca. Secador. Calzador. Hombreras. Tiritas. Esparadrapos. Crema hidratante de cuerpo. Alambre en varios tamaños. Alicates. Pegamento de contacto. Esmalte transparente. Gomillas.

Apéndice

IX

Apéndice

En este apartado y, a modo informativo, he intentado recoger información de carácter diverso que puede ser de gran ayuda al futuro estilista profesional. Por un lado, atendiendo a diferentes fuentes de información, he querido configurar un listado de las principales escuelas de estilismo en nuestro país, centrándome en las dos principales ciudades desde el punto de vista formativo: Madrid y Barcelona.

Yo, personalmente, no me eduqué profesionalmente en ninguna escuela, por lo tanto, no tengo suficientes juicios de valor para calibrar el nivel cualitativo de dichos centros profesionales. Sí debo indicar que de todas las escuelas y centros de formación encontrados, considero que las indicadas a continuación reúnen, al menos teóricamente, un nivel profesional aceptable.

De cualquier manera, recomiendo que el futuro profesional estudie las diferentes ofertas hasta encontrar y decantarse por el centro correspondiente. He adjuntado, por otro lado, un listado de *showrooms*, en el que el estilista podrá encontrar las prendas necesarias de las principales firmas y diseñadores nacionales e internacionales.

Escuelas y centros de formación de estilismo

- Esdi, Escola Superior de Disseny. Barcelona.
- Esme, Escuela Superior de Moda y Empresa. Madrid.
- Centro Superior de Diseño de Moda. Madrid.
- Cev, Escuela Superior de Comunicación, Imagen y Sonido. Madrid.
- Idep, Instituto Superior de Diseño. Barcelona.
- Ied, Instituto Europeo Di Desing. Madrid-Barcelona.
- Escuela Superior de Diseño y Moda Felicidad Duce. Barcelona.
- Escuela de Diseño C. Fashion University. Madrid.
- *New art*. Escuela de Escaparatismo & Estilismo. Madrid-Barcelona.
- Escuela de Diseño y Moda Velez-Per. Madrid.
- Fashion School Center. Madrid.

Diseñadores nacionales
Cibeles

....

Adolfo Domínguez
Pol. Ind. San Cibrao das Viñas, calle 4, 32901, Orense.
Prensa: Raquel Cibrán
Tlf.: 988 39 87 92
press@adolfodominguez.com

Ágatha Ruiz de la Prada
Jose Ortega y Gasset 5, 4º izda., 28001, Madrid
Prensa: Leticia Cano
Tlf.: 913 10 40 93
605 97 22 69
comunicación@agatharuizdela-prada.com

Alianto
Diputación, 248- 3º 2ª, 08007, Barcelona
Prensa: Algobonito.
Tlf.: 915 77 26 93
algobonito@algobonito.com
www.algobonito.com

Alma Aguilar
C- Villanueva, 13, 28001, Madrid
Prensa: Beatriz Mira Hafner
Tlf: 618154165
comunicación@almaaguilar.com

Amaya Arzuaga
Crta Madrid-Irún km. 202'5, 09340, Lerma, Burgos
www.amayaarzuaga.com
María Agudo
Tlf.: 91 319 96 09.
Fax: 91 319 43 79
maria@amayaarzuaga.com

Ana Locking
Hortaleza 108, 3º dcha., 28004, Madrid
Prensa: Finally.
Tlf.: 91 5215028
Fax: 91 5215471.
rguerrero@finallypress.com
cmartin@finallypress.com

Andrés Sardá
Santa Eulalia, 5-7, 08012, Barcelona

Prensa: XX Ester Gallen
Tlf.: 93 452 65 00.
Fax: 93 452 65 01
ester@xxlcomunicacion.com

Ángel Schlesser
Cardenal Cisneros, 84, 28010, Madrid
Anabel Martí
Tlf.: 91 431 24 68
628 52 34 39
anabelm@angelschlesser.com

Anke Schlöder
Carmen, 8, 28013 Madrid
Paloma Morales Aguado
Tlf: 649 19 21 13
pauloskamar@hotmail.com

Antonio Alvarado
Cuca Guixeras.
Tlf. 917811030
juantxo@cucaguixeras.com

Antonio Miró
Avda. Mare de Deu de Mon-serrat, 43, 08970, Barcelona.
Globally: MarcSorli
Tlf: 93 238 68 20
91 781 39 87
Fax: 91 781 39 88
marc.sorli@globally.es

Carlos Díez
Diezdiez@mac.com.
Bonjour comunicación
Cristhian Ruíz- Bidebarrieta
Tlf. 91 319 82 44

Carmen March
Núñez de Balboa 9, 1º dcha, 28001, Madrid Algo Bonito.
Tlf.: 91 577 26 93
algobonito@algobonito.com
marta@algobonito.com

Davídelfín
Jorge Juan, 31, 28001, Madrid
Globally.
Tlf.: 91 781 39 87
Fax: 91 781 39 88

Devota & Lomba
San Mateo, 20-1º dcha., 28004, Madrid. Angela Ortíz
Tlf.: 91 308 60 20
Tlf.: 667 65 08 95
Fax: 91 310 39 57
angelaortiz@devotaylomba.com.

Dolores cortés
Padre Lluís María Llop, 82, 12540, Villareal, Castellón
Prensa: Cristina Arana, Equipo singular
Tlf.: 91 787 46 00
Fax: 91 787 78 96
cristina.arana@equiposingular.es

Duyos
Hortaleza, 64, 3ºc, 28004, Madrid
Blanca Zurita.
Tlf.: 91 360 55 15
blanca@bzprensa.com

El Delgado Buil
Lledó 4-6, local 6, 08002, Barcelona
info@eldelgadobuil.com
Orbyce, Silvia Rubió
Tlf.: 93 200 19 44
producción@orbyce.com
sr.comunicacion@orbyce.com

Elio Berhanyer
Fortuny, 19, 28010, Madrid
Berhanyer Comunicación
Almudena Madrid
Tlf.: 91 3195641 - 655 45 98 42
almudena_madrid@hotmail.com

Francis Montesinos
Trinitarios, 12, 46003, Valencia
Sandra Alcaráz
Tlf.: 96 391 28 44
Fax: 96. 3924439
prensa@francismontesinos.com

Guillermina baeza
Carmen Karr, 13-15 bajos, 08034, Barcelona
Conchita Vilella,
Tlf.: 91 308 06 07

Nano estudio
Tlf.: 91 309 35 02
marc.torralba@conchitavilella.com
comunicación@nanoestudio.com

Hannibal laguna
Jorge Juan, 35, 28001, Madrid
Año Cero comunicación: Elsa Martínez, Alba González
Tlf.: 91 594 34 54 - 639612262
Fax: 91445 09 32.
elsa@cerocomunicacion.com
alba@cerocomunicacion.com

Ion fiz
Valencia, 210, 08011, Barcelona
Globally. Eva Rey.
Tlf: 91 781 39 87
Fax: 91 781 39 88
eva.Rey@globally.es

Javier Larrainzar
Castelló, 16, 28001 Madrid
Convoca. Cristina Gispert
Tlf.: 93 414 38 55
cgispert@convoca.com

Jesús del pozo
Ronda de Toledo 1, local 6002, 28005, Madrid Marta Barcia.
Tlf.: 91 531 90 49
Tlf.: 679 433 285
showroomprensa@jesusdelpozo.com

José Castro
Llul, 47-49. Ático 3, 08005, Barcelona
www.Castroestudio.com
José Castro Estudio
Marta Millán - Alice Dessaint
Tlf.: 93 300 36 54
prensa.Josecastro@gmail.com

José miró
Rambla de los Ducs de Palma, 15. 1º, 07303, Palma-Baleares
Prensa: José Miró
Tlf.: 971 22 71 82
Fax: 971 72 12 13
info@josemiro.com

Juana Martín
Rodrigo,12, 14002, Córdoba

La Comunicación Consulting
Lali Ortega
Tlf.: 91 1819707 - 699 489 515
Laliorce@terra.es
prensajuanamartin@lacomunicacionconsulting.com

Juanjo Oliva
Nuñez de balboa, 9, 28001 Madrid
Finally. Rosa Guerrero
Tlf.: 91 5215028
Fax: 91 5215471
rguerrero@finallypress.com

Kina Fernández
Avda. Finisterre, 295, 15008, A Coruña
Carla Cociña
Tlf.: 981 26 22 00
Fax: 981 26 62 99
prensa@kinafernandez.es

Krizia Robustella
C- Montsió. 6, 08003, Barcelona
Krizia Robustella Prensa
Tlf.: 655 523 001
Fax: 93 268 26 68
r_krz@hotmail.com
info@34pressroom.com

Lemoniez
General Arrando 34 2º Dcha., 28010, Madrid
Prensa Lemoniez
Tlf.: 91 702 13 82
Fax: 91 702 03 32
lemoniez@lemoniez.com

Lydia Delgado
Séneca, 28, 08006, Barcelona
www.lydiadelgado.es
Virginia Herrero
Tlf.: 609 85 19 53
virginiaherrero@virginizia.com

María Barros
Villanueva, 23. 3º Dcha
28001 Madrid
Adriana Jaramillo
Tlf.: - Fax: 91 578 33 53
Comunicación@mariabarros.es

María Escotés
Corredera Baja de San Pablo,

47, 28004, Madrid
Prensa: María Escoté - Renier Guerra
Tlf: 91 523 90 53
645 89 53 97
mariaescotebyleswing@gmail.com

María Lafuente
Legión, 7. 1º entro., 24003, León
Eva Suárez
Tlf.: 91 380 35 21
669 17 80 40
comunicación@marialafuente.es

Miguel Palacios
Monte Esquinza 24 - 1º Izda., 28010, Madrid
Gadea Maier Pan De Soraluce
Tlf.: 91 319 46 70
610 00 69 48
Fax: 91 310 34 54
prensamiguelpalacios@gmail.com

Miriam Ocariz
Ribera de Axpe, 11-b, 48950, Erandio, Vizcaya
T. Vis. T Comunicación
Raquel Rodríguez
Tlf.: 91 702 20 57
Fax 91 702 19 78
showroom@tvist.es; raquel@tvist.es

Montse Bassons
C- Joan Toruella I Urbina 9-11, 08758, Cervelló, Barcelona
Prensa: Epicentric
Marta Herrero
Tlf: 91 444 51 14
Fax: 91 444 53 99
herrero@epicentrics.com

Nicolás Vaudelet
C- Antonia Díaz nº 7, 41001, Sevilla
Globally. Carmen Villegas
Tlf.: 91 781 39 87
Fax: 91 781 39 88
carmen.villegas@globally.es

Roberto Torretta
Fereluz -17, 28039, Madrid
María Fitz-James Stuart

Tlf.: 91 435 50 11
maria@cienvolando.es

Roberto Verino
C- Pontevedra, 2-4, San Cibrao
Das Viñas, 32900, Ourense
The Withe Office
Ángeles Moya.
Tlf: 91 391 04 52
Fax: 91 702 70 86
angelesmoya@twocomunica-
cion.com

Serguei Povaguin
C- General Castaños, 2ª. Dcho
C-D, 08003, Barcelona
Matteo Colombo
Tlf: 93 310 0083 - 653 478 221
info@sergueipovaguin.com

Sita Murt
Sor Rita Mercader, 22, 08700,
Igualada
Tlf.: 93 803 74 11
Xxl Comunicación
Alex Estilles, Ester Gallem
Tlf.: 93 452 65 00
Fax: 93 452 65 01
ester@xxlcomunicacion.com

Tcn
C- Rial Bellsolell, 30, 08358,
Arenys De Munt. Barcelona
Globally
Carmen Villegas - María de la
Puerta
Tlf: 93 238 68 20-91 781 39 87
Fax: 91 781 39 88
carmen.villegas@globally.es
maria.delapuerta@globally.es

Victorio & Lucchino
Padre Luís María Llop, 4,
41004, Sevilla
Prensa: Gablons Vicente Suárez.
Tlf.: 91 598 33 90-93 241 46 50
Fax: 93 200 91 56
vicente.suarez@glabons.com

Diseñadores París

Af Vandevorst
16, Villa Gaudelet, 75011 París
Kuki De Salvertes - Sébastien
De Brito C-O Totem
Tlf.: 01 49 23 79 79

Fax: 01 49 23 79 90
john.f@totemfashion.com

Adam Jones
Myriam Quinones
Tlf.: 01 45 23 30 84
Fax: 01 45 23 30 84
commercial@adamjones-paris.
com

Agnès B
38, Avenue George V, 75008,
París
Marie Schneier, Martine
Coureau
Tlf.: 01 40 73 81 15
Fax: 01 40 73 81 16
presse@agnesb.fr

Akris
6, Avenue Pierre 1er de Serbie,
75116, París
Mylène Garcia
Tlf.: 01 47 23 51 61
Fax: 01 47 23 07 77
mylene.garcia@akris.ch

Alena Akhmadullina
Laurent Suchel, Carine Za-
chowski
Tlf.: 01 42 21 34 89
Fax: 01 42 21 91 88
carine@suchelpresse.com

Alexander Mcqueen
4-6, Rue du Braque, 75003
París
Kcd París, Txampi Diz
Tlf.: 01 49 96 20 70
Fax: 01 49 96 20 71
alexandermcqueen@kcdworld-
wide.fr

Alexis Mabille
Favori París, Grégoire Marot,
Laetizia Saubesty
Tlf.: 01 42 71 20 46
Fax: 01 42 74 48 62
laetizia@favoriparis.com

Andrea Crews
Station Service, Jean François
Soler
Tlf.: 01 42 21 36 36
Fax: 01 42 21 36 38
contact@stationservice.fr

Andrew Gn
79, Rue du Temple, 75003, París
Sophie Michal
Tlf.: 01 44 61 74 00
Fax: 01 44 61 04 01
smichal@andrewgn.fr

Ann Demeulemeester
184, Rue Saint-Maur,75010,
París
Michèle Montagne
Tlf.: 01 42 03 91 00
Fax: 01 42 03 12 22
press@michelemontagne.com

Anne Valérie Hash
Claire Joly
Tlf.: 01 48 87 97 41
Fax: 01 48 87 97 46
Press@a-v-h.com

Atelier Gustavo Lins
Tlf.: 01 42 72 37 24
Fax: 01 42 71 03 92
mail@gustavolins.com

Atsuro Tayama
71, Rue du La Fontaine Au Roi,
75011, París
Quartier Général, Sylvie Vaulet
Tlf.: 01 43 38 80 70
Fax: 01 43 38 80 66
qg@quartier-general.com

Azzaro
Bismarck Phillips Communicatons
& Media
Tlf.: 01 42 96 66 66
Fax: 01 42 96 28 83
parisrsvp@bpcm.com

Balenciaga
40, Rue du Cherche-Midi,
75006, París
Lionel Vermeil, Adeline Hoffmann,
Aurore Probst
Tlf.: 01 56 52 17 17
Fax: 01 56 52 17 10

Balmain
4-6, Rue du Braque, 75003,
París
Kcd París, Txampi Diz
Tlf.: 01 49 96 20 70
Fax: 01 49 96 20 71
balmain@kcdworldwide.fr

Barbara Bui
43, Rue dus Francs Bourgeois, 75004, París
Pascale Landot, Marjorie Andres
Tlf.: 01 44 59 94 07-08
Fax: 01 44 78 98 81
press@barbarabui.fr

Bernhard Willhelm
16, Villa Gaudelet, 75011 París
Kuki De Salvertes - Sébastien de Brito
C-O Totem
Tlf.: 01 49 23 79 79
Fax: 01 49 23 79 90
Jonathan@totemfashion.com

Bless
Pressing
Tlf.: 01 42 01 51 00
Fax: 01 42 01 50 99
contact@pressingonline.com

Bruno Pieters
33, Avenue De L'Opéra, 75002, París
Relative - Mo
Tlf.: 01 44 77 93 60
Fax: 01 44 77 93 70
ferlina@relativemo.com

Cacharel
36, Rue Tronchet, 75009, París
Laura Guillermin, Annabelle Dos Santos
Tlf.: 01 42 68 38 88
Fax: 01 42 68 38 77
presse@cacharel.fr

Cathy Pill
Bruno Michel C-O 2e Bureau
Tlf.: 01 42 33 93 18
Fax: 01 40 26 43 53
bruno@brunomichel.com

Celine
38, Avenue Montaigne, 75008, París
Valérie Lebérichel
Tlf.: 01 55 80 12 84
Fax: 01 55 80 13 92
valerie_leberichel@celine.fr

Cerruti
3, Place de la Madeleine, 75008,

París
Bérénice Clin, Cristina Marangoni
Tlf.: 01 53 30 19 33-36
Fax: 01 53 30 19 43

Chanel
29-31, Rue Cambon, 75001, París
Fleur Girardet, Laurence Delamare
Tlf.: 01 42 86 28 00
Fax: 01 42 86 29 95
presse.mode@chanel-corp.com

Chapurin
Bismarck Phillips Communicatons & Media
Tlf.: 01 42 96 66 66
Fax: 01 42 96 28 83
parisrsvp@bpcm.com

Chloé
5-7, Rue Percier, 75008, París
Marie Jacoupy, Julien Mayer
Tlf.: 01 44 94 33 56
Fax: 01 44 94 33 55
julien.mayer@chloe.com

Christian Dior
11, Rue François 1er., 75008, París
Valériane Van Der Noordaa, Camille Litvine
Tlf.: 01 40 73 54 27
Fax: 01 40 70 90 32
clitvine@christiandior.fr

Christian Lacroix
79, Rue du Monceau, 75008, París
Macha Eliez, Laure Du Pavillon, Elisabeth Bonnel
Tlf.: 01 42 68 79 05
Fax: 01 42 68 79 51
presse@christian-lacroix.com

Christian Wijnants
Agentur V, Pauline Hoch
Tlf.: 00 49 30 420 16 200
Fax: 00 49 30 420 16 266
pauline@agenturv.de

Christophe Guillarmé
Thierry Marsaux
Tlf.: 01 42 25 21 41

Fax: 01 72 70 33 64
presse@guillarme.fr

Collette Dinnigan
8, Rue dus Capucines, 75002, París
Bismarck Phillips Communicatons & Media
Tlf.: 01 42 96 66 66
Fax: 01 42 96 28 83
parisrsvp@bpcm.com

Comme Des Garcons
Marilyn Porlan
Tlf.: 01 47 03 60 90
Fax: 01 42 96 20 33
marilyn.porlan@comme-des-garcons.com

Commuun
Adeline Amiel-Donat
Tlf.: 06 64 87 26 70
Fax: 01 42 87 79 13
Press@commuun.com

Costume NaTional
8, Rue dus Capucines, 75002, París
Bismarck Phillips Communicatons & Media
Tlf.: 01 42 96 66 66
Fax: 01 42 96 28 83
parisrsvp@bpcm.com

Dévastée
Catherine Miran, Valérie Lecomte
Tlf.: 01 42 36 15 15
Fax: 01 42 36 99 07
valerie.l@mpressoffice.com

Dice Kayek
50, Rue Etienne Marcel, 75002, París
Catherine Miran, Valérie Lecomte
Tlf.: 01 42 36 15 15
Fax: 01 42 36 99 07
valerie.l@mpressoffice.com

Dress 33
Bismarck Phillips Communicatons & Media
Tlf.: 01 42 96 66 66
Fax: 01 42 96 28 83
parisrsvp@bpcm.com

Dries Van Noten
3, Rue du Plâtre, 75004, París
Patrick Scallon, Daphnée
Devichi
Tlf.: 01 42 74 44 07
Fax: 01 42 74 45 22
press@driesvannoten.fr

Elie Saab
Gwenn Decca
Tlf.: 01 42 56 77 69
Fax: 01 42 56 77 76
gwennd@eliesaab.com

Emanuel Ungaro
2, Avenue Montaigne, 75008,
París
Tl, Tina Lignell, Bénédicte del
Pozo
Tlf.: 01 53 57 00 06
Fax: 01 53 57 00 08
ungaropresse@ungaro.com

Escada
18, Rue du Paradis, 75010 París
Alexis Barichella
Tlf.: 01 49 70 15 15
Fax: 01 49 70 15 00
alexis.barichella@escada.fr

Estrella Archs
Kuki De Salvertes - Sébastien
de Brito
C-O Totem
Tlf.: 01 49 23 79 79
Fax: 01 49 23 79 90
Karim@totemfashion.com

Etcetura
L'appart Pr, Caroline Bonnet
Tlf.: 01 44 55 04 70
Fax: 01 44 55 04 79
press@lappartpr.fr

Fatima Lopes
L'appart Pr, Caroline Bonnet
Tlf.: 01 44 55 04 70
Fax: 01 44 55 04 79
press@lappartpr.fr

Felipe Oliveira Baptista
2e Bureau, Sylvie Grumbach
Tlf.: 01 42 33 93 18.
Fax: 01 40 26 43 53
mail@2e-bureau.com

Féraud
2 Rue du Bassano, 75016, París
Press Office
Tlf.: 01 49 52 43 82
Fax: 01 49 52 44 01
s.galinier@feraud-fashion.com

Franck Sorbier
6, Rue Jean-Pierre Timbaud,
75011, París
Isabelle Tartière
Tlf.: 01 43 38 52 00
Fax: 01 43 38 24 02
contact@francksorbier.com

Gareth Pugh
Mandi Lennard Publicity Ltd,
Mandi Lennard
Tlf.: 00 44 207 729 2770
Fax: 00 44 207 729 2771
garethpugh@ml-Pr.com

Gaspard Yurkievich
243, Rue Saint-Martin, 75003,
París
Virginie Bergeron
Tlf.: 01 42 77 42 46
Fax: 01 42 77 42 47
virginie@gaspardyurkievich.com

Giambattista Valli
33, Avenue de L'Opéra, 75002
París
Relative - Mo
Tlf.: 01 44 77 93 60
Fax: 01 44 77 93 70
olivier@relativemo.com

Giles
Relative - Mo
Tlf.: 01 44 77 93 60
Fax: 01 44 77 93 70
mesh@relativemo.com

Givenchy
3, Avenue George V, 75008,
París
Caroline Deroche Pasquier
Tlf.: 01 44 31 51 22-68
Fax: 01 44 31 49 03
presse@givenchy.fr

Guy Laroche
35, Rue François 1er., 75008,
París
Orianne Gauthier

Tlf.: 01 40 69 68 10. Fax: 01 40
69 68 30
orianne.gauthier@guylaroche.
com

Haider Ackermann
184, Rue Saint-Maur, 75010,
París
Michèle Montagne
Tlf.: 01 42 03 91 00. Fax: 01 42
03 12 22
press@michelemontagne.com

Haltbar
Agentur V, Pauline Hoch
Tlf.: 00 49 30 420 19 200
Fax: 00 49 30 420 19 266
pauline@agenturv.de

Hermès
13-15, Rue du La Ville L'évê-
que, 75008, París
Ina Delcourt, Sophie Seibel-
Traonouïl
Tlf.: 01 40 17 47 06
Fax: 01 40 17 48 39

Hervé Léger by Max Azria
3, Rue D'uzès, 75002, París
Stéphanie Azria, Stéphanie
Larre
Tlf.: 01 53 00 75 72
Fax: 01 53 00 75 30
stephanie.Larre@bcbg.Eu

Hiroko Koshino
Mf Communication, Sabine
Mosser
Tlf.: 01 40 41 93 06
Fax: 01 40 41 98 40
sabine@minouchefenech.com

Hussein Chalayan
8, Avenue Du Président Wilson,
75116, París
Karla Otto París
Tlf.: 01 42 61 34 36
Fax: 01 42 61 58 91
mail2@karlaotto.com

Impasse De La Défense
*Beat*rice Manson Communica-
tion & Cie
Tlf.: 01 44 83 97 38
Fax: 01 53 34 06 38
beatrice@beatricemanson.com

Ingrid Vlasov
Kuki De Salvertes - Sébastien
de Brito. C-O Totem
Tlf.: 01 49 23 79 79
Fax: 01 49 23 79 90
sebastien@totemfashion.com

Isabel Marant
6, Rue du Braque, 75003, París
Kcd París, Clémentine Mon-
tesano
Tlf.: 01 49 96 20 70
Fax: 01 49 96 20 71
isabelmarant@kcdworldwide.fr

Issey Miyake
5, Place Des Vosges, 75004,
París
Véronique Vasseur
Tlf.: 01 44 54 56 01
Fax: 01 42 77 38 08
pressdept@issey-Europe.com

Jasmin Santanen
Caroline Petin
Tlf.: 01 45 08 12 83
Fax: 01 42 71 38 59
press@jasminsantanen.com

Jean Paul Gaultier
325, Rue Saint-Martin, 75003,
París
Jelka Music
Tlf.: 01 72 75 83 00
Fax: 01 72 75 83 96
jmusic@jpgaultier.fr

Jean-Charles de Castelbajac
10, Rue Vauvilliers, 75001, París
Alexandra Derouin
Tlf.: 01 55 34 10 20
Fax: 01 55 34 10 11
aderouin@jc-De-Castelbajac.
com

Jeanpa Ulknott
2e Bureau, Sylvie Grumbach
Tlf.: 01 42 33 93 18
Fax: 01 40 26 43 53
mail@2e-Bureau.com

Jeremy Scott
14, Rue Portefoin, 75003, París
People's Revolution, Pablo Olea
Tlf.: 01 42 71 70 54
Fax: 01 42 71 76 55

pablo.olea@peoplesrevolution.
com

John Galliano
60, Rue D'avron, 75020, París
Delli Avdali
Tlf.: 01 55 25 11 50
Fax: 01 55 25 11 13
davdali@johngalliano.com

John Ribbe
40, Avenue Ledru-Rollin,
75012, París
Frédérique Lorca
Tlf.: 01 53 17 06 37
Fax: 01 43 47 28 08
f.lorca@*Liberty*surf.fr

Junko Shimada
84, Rue Beaubourg, 75003,
París
Cristofolipress, Josiane Cris-
tofoli
Tlf.: 01 44 84 49 49
Fax: 01 44 84 49 50
info@cristofolipress.fr

Junya Watanabe
Marilyn Porlan
Tlf.: 01 47 03 60 90
Fax: 01 42 96 20 33
press@comme-des-garcons.com

Karl Lagerfeld
12, Rue Vivienne, 75002, París
Caroline Lebar, Caroline
Fragner
Tlf.: 01 44 50 22 00
Fax: 01 44 50 22 05

Kenzo
18 Rue Vivienne, 75002, París
Adriano Rossi
Tlf.: 01 73 04 21 95-96
Fax: 01 73 04 21 93
presse@kenzo.fr

Kris Van Assche
6 Rue du Braque, 75003 París
Cyril Caron, Kcd París, Guillau-
me Delacroix
Tlf.: 01 49 96 20 70
Fax: 01 49 96 20 71

Kris Van Assche
Kris Van Assche, Cyril Caron &

Kcd París, Guillaume Delacroix
Tlf.: 01 48 04 52 45
Fax: 01 48 04 03 65

Lanvin
15-22, Rue du Faubourg St
Honoré, 75008, París
Hania Destelle, Isabelle Tasset
Tlf.: 01 44 71 33 35
Fax: 01 44 71 32 20
itasset@lanvin.com

Lefranc.ferrant
Bismarck Phillips
Communicatons & Media,
Julien Oliva
Tlf.: 01 42 96 66 66
Fax: 01 42 96 28 83
julien@bpcm.com

Léonard
46, Rue du L'arbre Sec, 75001,
París
Mf Communication, Minouche
Fenech
Tlf.: 01 40 41 93 06
Fax: 01 40 41 98 40
sylvie@minouchefenech.com

Lie Sang Bong
Cristofolipress, Josiane Cris-
tofoli
Tlf.: 01 44 84 49 49
Fax: 01 44 84 49 50
info@cristofolipress.fr

Limi Feu
Coralie Gauthier, Noriko
Chikamori
Tlf.: 01 42 78 94 11
Fax: 01 42 78 87 59

Loewe
1, Rue François 1er., 75008,
París
Manuela Suárez De Poix, Cons-
tance Eusebio
Tlf.: 01 56 43 46 20-21
Fax: 01 56 43 46 24

Louis Vuitton
2, Rue du Pont-Neuf, 75001,
París
Isabella Capece Galeota, Aude
MesRié
Tlf.: 01 55 80 30 23

Fax: 01 55 80 37 35
a.mesrie@fr.vuitton.com

Lucien Pellat-Finet
54, Rue Etienne Marcel, 75002,
París
Karla Otto París, Michel Hakimian,
Hervé Ragot
Tlf.: 01 42 61 34 36
Fax: 01 42 61 58 91
mail2@karlaotto.com

Luis Buchinho
Public Image Pr
Tlf.: 01 42 76 00 00
Fax: 01 42 76 05 15
everyone@publicimagepr.com

Lutz
51, Rue dus Petites Écuries,
75010, París
Station Service, Jean François
Soler
Tlf.: 01 42 21 36 36
Fax: 01 42 21 36 38
contact@stationservice.fr

Maison Martin Margiela
163 Rue Saint-Maur, 75011,
París
Samantha Garrett
Tlf.: 01 44 53 63 20
Fax: 01 44 53 63 36
presse@margiela.com

Manish Arora
16, Villa Gaudelet, 75011, París
Kuki De Salvertes - Sébastien
De Brito C-O Totem
Tlf.: 01 49 23 79 79
Fax: 01 49 23 79 90

Marani
On Consulting París, Nathalie
Ours
Tlf.: 01 73 54 19 50
Fax: 01 73 54 19 50
soline@onconsulting.fr

Marc Le Bihan
12, Cité Dupetit-Thouars,
75003, París
Cécile Guyenne
Tlf.: 01 42 77 14 64
Fax: 01 53 31 05 19
presse.marclebihan@free.fr

Marie Bishara
Sylvie Guérin - Angelotti.com
Tlf.: 01 40 41 93 06
Fax: 01 40 41 98 40
sylvie@minouchefenech.com

Marithé & Francois Girbaud
46, Rue du L'arbre Sec, 75001,
París
Mf Communication, Sabine
Mosser
Tlf.: 01 40 41 93 06
Fax: 01 40 41 98 40
sabine@minouchefenech.com

Martin Grant
10, Rue Charlot, 75003, París
Maud Michel
Tlf.: 01 42 71 39 49
Fax: 01 42 71 37 77
maud@martingrantparís.com

Miu Miu
18, Avenue Matignon, 75008,
París
Yannick Angelloz
Nicoud, Judith Stora
Tlf.: 01 56 21 30 70
Fax: 01 56 21 30 93
Francepressoffice@miumiu.com

Moncler Gamme Rouge
Angelo Sensini Communication
Tlf.: 01 47 70 50 40
Fax: 01 47 70 50 41
contact@angelosensinicommu-
nication.com

Montana
24, Place Du Général Catroux,
75017, París
Cécile Chary
Tlf./Fax: 01 56 21 16 00
presse@montana.fr

Moon Young Hee
Michèle Montagne
Tlf.: 01 42 03 91 00
Fax: 01 42 03 12 22
press@michelemontagne.com

Mulberry
Relative - Mo
Tlf.: 01 44 77 93 60
Fax: 01 44 77 93 70
ferlina@relativemo.com

Nina Ricci
17, Rue François 1er., 75008,
París
Nicolas Frontière
Tlf.: 01 40 88 64 39
Fax: 01 40 88 65 38
presse@nina-Ricci.fr

Paco Rabanne
6, Boulevard Du Parc, 92200,
Neuilly
Julien Bessaud
Tlf.: 01 40 88 46 31
Fax: 01 40 88 45 49
julien.bessaud@pacorabanne.fr

Paul & Joe
Jean-Marc Fellous, Elodie
Hazen
Tlf.: 01 42 33 20 33
Fax: 01 40 26 31 73
jmfellous@hotmail.com

Paul Smith
Sophie Boilley
Tlf.: 01 53 63 13 19
Fax: 01 53 63 13 24
sophie.boilley@paulsmith.co.uk

Paule Ka
223, Rue Saint-Honoré, 75001,
París
Véronique Zucca
Tlf.: 01 40 29 03 06
Fax: 01 40 29 00 03
veronique.zucca@pauleka.fr

Peachoo+Krejberg
184, Rue Saint-Maur, 75010,
París
Michèle Montagne
Tlf.: 01 42 03 91 00
Fax: 01 42 03 12 22
press@michelemontagne.com

Pierre Cardin
27, Avenue De Marigny, 75008,
París
Jean-Pascal Hesse
Tlf.: 01 42 66 95 53
Fax: 01 40 06 03 81
jphesse@pierrecardin.fr

Pierre Hardy
Marion Daumas-Duport
Tlf.: 01 53 19 11 19

Fax: 01 53 19 10 83
marion@pierrehardy.com

Proenza Schouler
Pr Consulting París, Nathalie
Ours
Tlf.: 01 73 54 19 52
Fax: 01 73 54 19 54
clementine@prconsultingparís.net

Rick Owens
7 Bis, Place Du Palais Bourbon,
75007, París
Tlf.: 01 45 50 70 14
Fax: 01 47 05 57 60
press@rickowens.eu

Rm By The Designer Roland Mouret
Dm Média, Dovie Mamikunian
Tlf.: 01 40 26 55 55
Fax: 01 40 26 49 49
louise@dmmedia.fr

Rochas
Karla Otto París
Tlf.: 01 42 61 34 36
Fax: 01 42 61 58 91
mail2@karlaotto.com

Roger Vivier
Sonia Ben Maaouia, Sophie
Wittmer
Tlf.: 01 53 43 00 00
Fax: 01 53 43 00 09

Rue du Mail (By Martine Sitbon)
Pr Consulting París, Nathalie
Ours
Tlf.: 01 73 54 19 50
Fax: 01 73 54 19 50
clementine@prconsultingparís.net

Sharon Wauchob
33, Avenue De L'Opéra, 75002,
París
Relative - Mo
Tlf.: 01 44 77 93 60
Fax: 01 44 77 93 70
magali@relativemo.com

Shiatzy Chen
2e Bureau, Sylvie Grumbach
Tlf.: 01 42 33 93 18
Fax: 01 40 26 43 53

mail@2e-Bureau.com

Sonia Rykiel
175, Boulevard Saint-Germain,
75006, París
Edouard Schneider
Tlf.: 01 49 54 60 00
Fax: 01 49 54 66 17
presse@soniarykiel.fr

Sophia Kokosalaki
Karla Otto París, Virginie
Trapenard
Tlf.: 01 42 61 34 36
Fax: 01 42 61 58 91
virginie@karlaotto.com

Stella Mccartney
38, Rue du Temple, 75004, París
Arabella Rufino
Tlf.: 01 53 00 93 00
Fax: 01 42 36 98 72

Talbot Runhof
Relative - Mo
Tlf.: 01 44 77 93 60
Fax: 01 44 77 93 70
flo@relativemo.com

Ted Lapidus
13, Rue Pierre Leroux, 75007,
París
Julie Rebeyrol
Tlf.: 01 53 77 55 40
Fax: 01 42 89 38 85
lebureaudejulie@wanadoo.fr

Thierry Mugler
49 Avenue De L'Opéra, 75002,
París
Service De Presse
Tlf.: 01 53 05 25 82
Fax: 01 53 05 25 98
presse@thierrymugler.net

Tim Hamilton
Kuki De Salvertes - Sébastien
De Brito C-O Totem
Tlf.: 01 49 23 79 79
Fax: 01 49 23 79 90
karim@totemfashion.com

Tim Van Steenbergen
Kuki De Salvertes - Sébastien
De Brito C-O Totem
Tlf.: 01 49 23 79 79

Fax: 01 49 23 79 90
jonathan@totemfaShion.com

Tsumori Chisato
8, Rue Saint Roch, 75001, París
A-Net Europe
Tlf.: 01 55 28 34 40
Fax: 01 55 28 34 49
press@anet-Europe.com

Valentino
8, Place Vendôme, 75001, París
Olivia Berghauer
Tlf.: 01 55 35 16 24
Fax: 01 55 35 16 20
olivia.berghauer@valentino.com

Vanessa Bruno
Marie-Anne Capdeville
Tlf.: 01 40 26 70 65
Fax: 01 40 26 70 67
marie-anne.capdeville@
vanessabruno.fr

Véronique Leroy
Tlf.: 01 42 01 51 00
Fax: 01 42 01 50 99
contact@pressingonline.com

Viktor & Rolf
Karla Otto París
Tlf.: 01 42 61 34 36
Fax: 01 42 61 58 91
mail2@karlaotto.com

Vivienne Westwood
13, Rue du Mail, 75002, París
Marion Boucard
Tlf.: 01 49 27 05 09
presse@viviennewestwood.fr

Wunderkind
Ic Insight Communications
Tlf.: 01 42 84 19 09
Fax: 01 42 84 40 31
icparís@icinsightcommunica-
tions.cc

Yohji Yamamoto
155, Rue Saint-Martin, 75003,
París
Coralie Gauthier, Noriko
Chikamori
Tlf.: 01 42 78 94 11
Fax: 01 42 78 87 59

Yves Saint Laurent

7, Avenue George V, 75008
París
Tlf.: 01 56 62 64 00
Fax: 01 56 62 65 06
presse@Fr.Ysl.com

Zucca

217, Rue Saint-Honoré, 75001,
París
Jérôme Momenteau
Tlf.: 01 42 96 02 64
Fax: 01 42 96 06 88
zuccapress@anet-europe.com

Diseñadores Londres
....

Adidas By Stella Mccartney

6 Langley Street, London,
Wc2h 9ja
Sales contact, Antje Wenner
antje.wenner@adidas.com
Tlf.:(+)49 (0) 91 3284 3317
Press Contact
Laura Coveney
laura.coveney@adidas.com
Tlf.:(+)44 (0) 20 7670 2700
www.stellamccartney.com

Antonio Berardi

Gibo Showroom
Sales contact, claudiapanigadi@
gibo-co.com
Tlf.:(+)39 (0) 25 7480 61
Press contact, Annika Kleinen
annika@tcs-uk.net
Tlf.:(+)44 (0) 20 7938 5048

Aquascutum

2 Kensington Square, London,
W8 5ep, Uk Stockists
Aquascutum, 100 Regent Street,
London
www.net-a-porter.com
Sales contact, Julia Benson
julia.benson@aquascutum.com
Tlf.:(+)44 (0) 20 7675 9302
Fax:(+)44 (0) 20 7675 9183
Press Contact
Charlotte Bingham At Tcs
aquascutum@tcs-uk.net
Tlf.:(+)44 (0) 20 7938 5048
Fax:(+)44 (0) 20 7938 1200
Www.Aquascutum.com

Basso And Brooke

29-35 Rathbone Street, Lon-
don, W1t 1nj
Sales contact, Maria Iannotta
At Breramode
breramode@breramode.com
Tlf.:(+)39 (0) 2 5501 5997
Press Contact, Nell Trotter At
Blow Pr
info@blow.Co.uk
Tlf.:(+)44 (0) 20 7436 9449
www.Bassoandbrooke.com

Burberry Prorsum

Horseferry House, Horseferry
Road, London, Sw1p 2aw
Sales contact, Helen Costello
helen.costello@burberry.com
Tlf.:(+)44 (0) 20 3367 3406
Press Contact, Amy Elderton
amy.elderton@burberry.com
Tlf.:(+)44 (0) 20 3367 3992
Fax:(+)44 (0) 20 3367 4912
www.Burberry.com

Charles Anastase

C-O Relative|Mo, 10 Red-
church Street, London, E2 7dd
Sales contact, Persephone
Kessanidis
info@charlesanastase1979.com
Tlf.:(+)33 (0) 68 0662 788
Press Contact, Relative|Mo
charlesanastase@relativemo.com
Tlf.:(+)44 (0) 20 7749 4510
www.Charlesanastase1979.com

Christopher Kane

Sales contact, In House
sales@christopherkane.co.uk
Tlf.:(+)44 (0) 20 7241 7690
Press Contact, Justine Fairgrieve
christopherkane@relativemo.
com
Tlf.:(+)44 (0) 20 7749 4510
Fax:(+)44 (0) 20 7749 4509

Clements Ribeiro

17 Alexander Street, London,
W2 5nt
Sales contact
Claire Davies
Claire@clementsribeiro.com
Tlf.:(+)44 (0) 20 7229 9704
Press Contact, Teresa Ramsden
teresa@browerlewispr.com

Tlf.:(+)44 (0) 20 7259 1552
Liana Graves
Liana@browerlewispr.com
Tlf.:(+)44 (0) 20 7259 1561
www.clementsribeiro.com

Danielle Scutt

Biscuit Building, 10 Redchurch
Street,
London, E2 7dd
Sales contact, Polly King
polly@rmo-sales.com
Tlf.:(+)44 (0) 20 7749 7710
Press contact, Justine Fairgrieve
daniellescutt@relativemo.com
Tlf.:(+)44 (0) 20 7749 4510
www.daniellescutt.com

Duro Olowu

365 Portobello Road, London,
W10 5sg
Sales contact, Yemisi Browne
sales@duroolowu.com
Tlf.:(+)44 (0) 20 8960 7570
Fax:(+)44 (0) 20 8960 7570
Press Contact, Jasmine Sevan
jasmine@relativemo.com
Tlf.:(+)44 (0) 20 7749 4510
www.Duroolowu.com

Fashion East

91 Brick Lane, London, E1 6ql
Sales contact, Lulu Kennedy
lulu@fashioneast.co.uk
Tlf.:(+)44 (0) 20 7770 6150
Press Contact, Lulu Kennedy
lulu@fashioneast.co.uk
Tlf.:(+)44 (0) 20 7770 6150
www.fashioneast.Co.uk

Fashion Fringe

www.fashionfringe.Co.uk
Img Fashion Europe
1st Floor, 8 Flitcroft Street,
London
Wc2h 8dj
Sales contact
Caroline Gladstone
caroline.gladstone@imgworld.
com
Tlf.:(+)44 (0) 20 8233 6511
Press Contact
Katherine Clarke
katherine.Clarke@sput-
nikcomms.co.uk
Tlf.:(+)44 (0) 20 7439 2780

Graeme Black
151a Sydney Street, London,
Sw3 6nt
Sales contact, In House
sales@graemeblack.com
Tlf.:(+)44 (0) 20 7565 0066
Press contact, Niamh Reid At
Luchford Apm
niamh@luchfordapm.com
Tlf.:(+)44 (0) 20 7631 1000
www.GraemeblAck.com

House Of Holland
House Of Holland Ltd, Unit
3e, 35 Charlotte Road, London,
Ec2a 3bs
Sales contact, Jessica Fletcher
jessica@houseofholland.co.uk
Tlf.:(+)44 (0) 20 7033 2700
Fax:(+)44 (0) 20 7033 2700
Press contact, Caroline Adams
At Tcs
henryholland@tcs-uk.net
Tlf.:(+)44 (0) 20 7938 5048
Fax:(+)44 (0) 20 7938 1200
www.Houseofholland.co.uk

Issa London
Unit 11-12, 90 Lots Road,
London, Sw10 0qd
Sales contact, Saskia Terzani
saskia@issalondon.com
Tlf.:(+)44 (0) 20 7352 4241
Press contact, Mesh Chhibber
issa@relatIvemo.com
Tlf.:(+)44 (0) 20 7749 4510
www.issalondon.com

Jaeger London
Jaeger House, 57 Broadwick
Street, London, W1f 9qs
Sales contact, Adrian Mcallister
adrian.mcallister@jaeger.co.uk
Tlf.:(+)44 (0) 20 7200 4108
Press contact
Louisa Hopwood At Modus
louisah@moduspublicity.com
Tlf.:(+)44 (0) 20 7331 1460
www.Jaeger.Co.uk

Jasmine Di Milo
Press contact, *Beat*rice Savoretti
Tlf.: 020 7893 8086
*beat*rice.savoretti@jasminedi-
milo.com
Sales contact, Elisabeth Wilson

Tlf.: 020 7893 8915. Fax: 020
7893 8087
elisabeth.wilson@jaminedimilo.
com

Jonathan Saunders
353-355 Goswell Road, Islin-
tong, London, Ec1v 7jl
Tlf.: 020 7833 8448. Fax: 020
7278 0074
Sales contact, Yvie Hutton
yvie@jonathan-saunders.com
Press contact
The Communication Store
2 Kensington Square, London,
W8 5ep
Tlf.: 020 7938 5048
Ali Lowry, ali@tcs-uk.net
Charlotte Argyrou

Josh Goot
Building 1, 40-46 Mcevoy
Street, Waterloo, Nsw, Austalia,
2017
Sales contact,
Cecilia Krusman At Rain-
bowwave
cecilia@rainbowwave.com
Tlf.:(+)44 (0) 20 7352 0002
Press contact
George Macpherson At
Starworks London
joshgoot@starworkslondon.com
Tlf.:(+)44 (0) 20 7318 0400
www.Joshgoot.com

Julien Macdonald
Showrooms London
Biscuit Building
10 Redchurch Street, 3rd floor,
londone 27d
Sales contact
pollykingpolly@rmo-sales.com
Tlf.:(+)44 (0) 20 7749 7710
Fax:440 20 7749 4509
Press contact
saraforagejulienmacdonald@
relativemo.com
Tlf.:(+)44 (0) 20 7749 4510

Kinder Aggugini
4c Cleveland Square, London,
W2 6dh
Sales contact, Linda Black
sales@aggugini.com
Tlf.:(+)44 (0) 20 7402 0245

Press Contact, Anna Marie Scott
At Purple Pr
annamarie@purplepr.com
Tlf.:(+)44 (0) 20 7434 7045
www.Aggugini.com

Louise Goldin
Biscuit Building, 10 Redchurch
Street, London, E2 7dd
pollyking-rmosalespolly@rmo-
sales.com
Tlf.:4402077494500
Fax:(+)44 (0) 20 7749 4509
Press contact
justinefairgrievelouisegoldin@
relativemo.com
Tlf.:(+)44 (0) 20 7749 4510
Fax:(+)44 (0) 20 7749 4509

Lp.Bg
First Floor, 31 Lower Clapton
Road, London, E5 0ns
Sales contact
bengrimesbengrimes@wearel-
pbg.com
Tlf.:(+)44 (0) 79 0290 2123
Press contact, Hannah Oyeleye
press@Wearelpbg.com
Tlf.:(+)44 (0) 75 9020 8239
www.Wearelpbg.com

Luella
2nd Floor, Como House, 15
Wrights Lane, London
W8 5sl
Sales contact
Myriam B Chahine
myriam.chahine@club21.Co.uk
Tlf.:(+)44 (0) 20 7368 8880
Press contact
Annika Kleinen (Show Req's
Only)
luella@tcs-Uk.net
Tlf.:(+)44 (0) 20 7938 5007
www.Luella.com

Marios Schwab
Unit D, Studio 2, 23-25 Arcola
Street, London, E8 2dj
15 Flood Street, London, Sw3
5st
Sales contact, Sophie Wright
sophie@mariosschwab.com
Tlf.:(+)44 (0) 20 7249 3202
Fax:(+)44 (0) 20 7249 3202
Yiannis Vajenas

yiannis@rainbowwave.com
Tlf.:(+)44 (0) 20 7352 0002
Fax:(+)44 (0) 20 7352 0005
Press contact
George Macpherson At Star-
works London
george@starworkslondon.com
Tlf.:(+)44 (0) 20 7318 0400
Fax:(+) (0) 20 7318 0401
www.Mariosschwab.com

Mark Fast
35 Heddon Street, London,
W1b 4br
Sales contact
Mark Fast Sales Office
sales@markfast.net
Tlf.:(+)44 (0) 79 5667 5785
Press Contact
Charlotte Delahunty At Finch
& Partners
press@markfast.net
Tlf.:(+)44 (0) 20 7851 7151
Www.Markfast.net

Matthew Williamson
46 Hertford Street, London
W1j 7dp
United Kingdom
Tlf.: +44 20 7491 6220
Fax: +44 20 7491 6252
Sales contact
Sales@matthewwilliamson.
co.uk
Press Contact
Rachel Brandrick
Matthew Williamson Ltd.
46 Hertford Street
London W1j 7dp
Tlf.: +44 20 7491 6220
Fax: +44 20 7491 6252
press@matthewwilliamson.
Co.uk
www.Matthewwilliamson.Co.uk

Meadham Kirchhoff
Unit 5, 27b Belfast Road, Lon-
don, N16 6un
Sales contact
Rainbowwave
info@rainbowwave.com
Tlf.:(+)44 (0) 20 7352 0002
Press Contact, Kara Goodley
kara@goodleypr.Co.uk
Tlf.:(+)44 (0) 20 7493 9600
www.Meadhamkirchhoff.com

Modernist For Ghost
182 Mare Street, London, E8
3re
Sales contact, sales@ghost.co.uk
Tlf.:(+)44 (0) 20 7479 2870
Fax:(+)44 (0) 20 7479 5791
Press Contact, Kim Blake
press@ghost.Co.uk
Tlf.:(+)44 (0) 20 7479 2870
Fax:(+)44 (0) 20 7479 5791
Nell Trotter At Blow Pr
Nell@blow.Co.uk
Tlf.:(+)44 (0) 20 7436 9449
www.Modernistonline.com

Mulberry
The Rookery, Chilcompton,
Somerset, Ba3 4eh
Tlf.: 01761 234 230
Mail-Order@mulberry.com
Press Contact, Vanessa Lunt
41-42 *New* Bond Street, Lon-
don, W1s 2ry
Tlf.: 020 7491 4323
Sophiem@mulberry.com
www.Mulberry.com

Nathan Jenden
265 W 37th Street, *New* York,
Ny 10018
Sales contact, Vinay Melwani
vinay@melwaniagency.com
Tlf.:(+)44 (0) 78 8757 5726
Press Contact
Jasmine Sevan
jasmine@relativemo.com
Tlf.:(+)44 (0) 20 7749 4510
www.Nathanjenden.com

Nicole Farhi
16 Fouberts Place, London,
W1f 7pj
Sales contact, Nicole Rudolph
rudolphn@nicolefarhi.com
Tlf.:(+)44 (0) 20 7036 7500
Fax:(+)44 (0) 20 7036 7501
Press Contact, Maddy Platt
plattm@nicolefarhi.com
Tlf.:(+)44 (0) 20 036 7513
Holly Rakison, rakisonh@
nicolefarhi.com
Tlf.:(+)44 (0) 20 036 7512
www.Nicolefarhi.com

Osman Yousefzada
3 *New* Quebec Street, London,

W1h 7re
Sales contact, Stephanie Dawes
stephanie@osmanyousefzada.
com
Tlf.:(+)44 (0) 20 7724 9414
Press Contact, Anna Morel At
Bryan Morel Pr
anna@bryanmorelpr.Co.uk
Tlf.:(+)44 (0) 20 7437 5654
Fax:(+)44 (0) 20 7437 5560
www.Osmanyousefzada.com

Paul Smith
20 Kean Street, London, Wc2b
4as
Sales contact, Stuart Howie
Stuart.Howie@paulsmith.Co.uk
Tlf.:(+)44 (0) 20 7836 7828
Fax:(+)44 (0) 20 7379 4924
Press Contact, Zoe Meads
zoe.meads@paulsmith.co.uk
Tlf.:(+)44 (0) 20 7257 6664
Fax:(+)44 (0) 20 7240 1297
www.Paulsmith.Co.uk

Peter Jensen
Studio 1c, 18-24 Shacklewell
Lane, London
E8 2ez
Sales contact, Gerard Wilson
gerard@peterjensen.co.uk
Tlf.:(+)44 (0) 20 7249 6894
Press Contact, George Ma-
cpherson At Starworks London
peterjensen@starworkslondon.
com
Tlf.:(+)44 (0) 20 7318 0400
www.Peterjensen.Co.uk

Peter Pilotto
182 Mare Street, London, E8
3re
Sales contact
Maria Lemos - Larissa Allan
At Rainbowwave
info@rainbowwave.com
Tlf.:(+)44 (0) 20 7352 0002
Katie Lawrance, Studio As-
sistant
contact@peterpilotto.com
Tlf.:(+)44 (0) 20 7514 2129
Press Contact
Amy Strang At Tcs
amy@tcs-Uk.net
Tlf.:(+)44 (0) 20 7938 1010
www.Peterpilotto.com

Ppq
3b 18 Phipp Street, London,
Ec2a 4nu
Sales contact, Victoria Butler
victoria@ppqclothing.com
Tlf.:(+)44 (0) 20 7033 6666
Press Contact, Amanda Harding
At Purple Pr
amandah@purplepr.com
Tlf.:(+)44 (0) 20 7439 9888
www.Ppqclothing.com

Pringle Of Scotland
www.Pringlescotland.com
141 Sloane Street, London,
Sw1x 9ay
Sales contact, Laura Nelson
laura.nelson@pringlescotland.
com
Tlf.:(+)44 (0) 20 7259 1660
Fax:(+)44 (0) 20 7259 1696
Press Contact, Tiffany Pearce
show@pringlescotland.com
Tlf.:(+)44 (0) 20 7259 1660
Fax:(+)44 (0) 20 7259 1696

Richard Nicoll
Studio 1, 19-23 Kingsland
Road, London, E3 8aa
Sales contact, Polly King
polly@rmo-Sales.com
Tlf.:(+)44 (0) 75 1575 4430
Press Contact, Bianca Fincham
bianca@tcs-Uk.net
Tlf.:(+)44 (0) 20 7938 1010
www.Richardnicoll.com

Roksanda Ilincic
Unit 12 Waterhouse, 8 Orsman
Road, London, N1 5qj
Sales contact, Zoe Olive
zoe@roksandailincic.com
Tlf.:(+)44 (0) 20 7729 4800
Fax:(+)44 (0) 20 3222 0012
Press Contact, Mandi Lennard
Publicity Ltd
roksandailincic@ml-Pr.com
Tlf.:(+)44 (0) 20 7729 2770
Fax:(+)44 (0) 20 7729 2771
www.Roksandailincic.com

Sykes
Unit 4, 18 All Saints Road, London, W11 1hh
Sales contact, Jennifer KingSbery At Cd Network
Jennifer@cdnetworkny.com
Tlf.:(+)1 (0) 21 2206 7179
Press contact, Sara Forage
sara@relativemo.com
Tlf.:(+)44 (0) 20 7749 4510
www.Sykeslondon.com

Todd Lynn
27 Bloomfield Road, Bromley,
Br2 9ry
Sales contact, Todd Lynn
info@toddlynn.com
Tlf.:(+)44 (0) 20 8466 0404
Press Contact, Bianca Fincham
At Tcs
bianca@tcs-Uk.net
Tlf.:(+)44 (0) 20 7938 5048
www.Toddlynn.com

Twenty8twelve
Modus Publicity, 10-12 Heddon Street,
London, W1b 4by
Sales contact, Danielle Dawson
danielle@1927london.com
Tlf.:(+)44 (0) 20 7384 1907
Fax:(+)44 (0) 20 7384 1907
Press Contact, Sarah Morton
sarahm@moduspublicity.com
Tlf.:(+)44 (0) 20 7331 1461
Fax:(+)44 (0) 20 7331 1444
Giorgina Whittaker
giorginaw@moduspublicity.com
Tlf.:(+)44 (0) 20 7331 1426
Fax:(+)44 (0) 20 7331 1444
www.Twenty8twelve.com

Unique
Topshop Press Office, Colegrave House, 70 Berners Street,
London, W1t 3nl
Sales contact, Rachael Proud
Rachael.Proud@topshop.com
Tlf.:(+)44 (0) 20 7291 2112
Press Contact, Liz Shuttleworth
Liz.Shuttleworth@topshop.com
Tlf.:(+)44 (0) 20 7927 1484
Julia Melbourne,
Julia.Melbourne@topshop.com
Tlf.:(+)44 (0) 20 7291 2476
www.Topshop.com

Vivienne Westwood Red
44 Conduit Street, London,
W1s 2yl
Sales contact, Charlotte Malfait
charlotte@vivienNewestwood.
co.uk
Tlf.:(+)44 (0) 20 7287 7108
Fax:(+)44 (0) 20 7287 7771
Press Contact
Hongyi Huang
Hongyi@vivienNewestwood.
Co.uk
Tlf.:(+)44 (0) 20 7287 3188
www.VivienNewestwood.com

Diseñadores Milán
....

Alberta Ferretti
Effe Group
Monica Paparcone, Via
Donizetti, 48, 20122 Milano
02-760591 02-782373
ufficiostampa@aeffe.com

Albino
Albino Srl, Enrico Della
Svizzera
Via Giacinto Gallina, 1, 20129
Milano
02-73953654 02-97067237
press@albino-Fenizia.com

Aquilano E Rimondi
Barbieri & Ridet, Murielle
Ridet
Corso Di Porta Romana, 98,
20122 Milano
02-58328232 02-58325625
pressoffice@barbieriridet.com
info@barbieriridet.com

Blumarine
Blufin Spa, Giorgio Ed
Emanuela
Barbieri Via Borgospesso, 21,
20121 Milano
02-784694 02-780242
info@blufin.It

Bottega Veneta
Bottega Veneta, Fiore Fanelli
Viale Piceno, 15-17, 20129
Milano
02-70060611 02-70060612

Dsquared2
Edoardo Perazzi, Via Tortona,
27, 20144 Milano
02-42297890 02-42296164

edoardo.perazzi@dsquared2.com
loredana.pina@dsquared2.com
mariangela.monti@dsquared2.com

Dsquared2
Staff International, Spa Alessio Cian Seren
Via Del Progresso, 10
36025 Noventa Vicentina
0444-784500 0444-784580
press*@staff*international.com

Emilio Pucci
Otto, Srl Karla Otto
Via Dell' Annunciata, 2
20121 Milano
02-6556981 02-29014510
mail@karlaotto.com

Emporio Armani
Ufficio Stampa, Via Bergog-none, 46
20144 Milano
02-831061

Etro
Victoria Hennessy
Via Spartaco, 5, 20135 Milano
02-550201 02-55020281
Federica.Ernst@etro.com
Alessandra.Tirolo@etro.com

Fendi
Fendi Ufficio Stampa Roma
Cristiana Monfardini
Via Del Leoncino, 5 187 Roma
06-334501 06-33450310
Ufficio.Stampa@it.fendi.com

Fendi F
Endi Ufficio Stampa Milano
Via Sciesa, 3 20135 Milano
02-540231 02-5402367
Press.Office@it.fendi.com
Francesco Scognamiglio
Guitar Srl Marta Godi
Via Le Montello, 14, 20154
Milano
02-316659 02-34534186
Advguitar@guitar.It

Gabriele Colangelo
Guitar Srl Marta Godi
Via Le Montello, 14, 20154

Milano
02-316659 02-34534186
Advguitar@guitar.It

Gianfranco Ferre'
Gianfranco Ferre' Spa
Via Pontaccio, 21, 20121 Milano
02-72134201 02-72134204
Pressferre@gianfrancoferre.com

Giorgio Armani
Ufficio Stampa
Via BergOgnone, 46
20144 Milano
02-831061

Gucci
Guccio Gucci Spa Giulia Masla
Via Broletto, 20-22, 20121 Milano
02-88005300 02-88005221
Prmilan@gucci.It

Iceberg
Gilmar Spa, Manuela Galli
Via Palermo, 10, 20121 Milano
02-77719555 02-77719556
Mgalli@gilmar.It

Jil Sander
Otto, Srl Karla Otto
Via Dell' Annunciata, 2, 20121 Milano
02-6556981 02-29014510
Mail@karlaotto.com

Just Cavalli
Roberto Cavalli Licenze
Massimo Veneziano Broccia
Via Gesu', 19
20121 Milano
02-7626761 02-76267639
Infolicenze@roBertocavalli.It

Luisa Beccaria
Attila & Co Srl Paola Tanza-rella
Via Guerrazzi, 1, 20145 Milano
02-349728 02-34970741
Paola.Tanzarella@attila.It

Maurizio Pecoraro
Barbieri & Ridet, Murielle Ridet
Corso Di Porta Romana, 98,

20122 Milano
02-58328232 02-58325625
Pressoffice@barbieriridet.com
Info@barbieriridet.com

Max Mara
Giorgio Guidotti
Piazza Liberty, 4
20121 Milano
02-777921 02-77792801
Proffice@maxmara.It

Missoni
Missoni, Anna Maria Altamura
Via T. Salvini, 1 20122, Milano
02-76001479 02-783322
Press@missoni.It

Moschino
Moschino, Sarah Monti
Via San Gregorio, 28, 20124 Milano
02-6787731 02-67877301
Smonti@moschino.It

Moschino Cheap And Chic
Moschino, Sarah Monti
Via San Gregorio, 28, 20124 Milano
02-6787731 02-67877301
Smonti@moschino.It

Pollini
Pollini Spa Serena Valente
Via Bezzecca, 5, 20135 Milano
02-54116677 02-54108155
Serena.Valente@pollini.com

Prada
Prada Spa, Via Fogazzaro, 36, 20135 Milano
02-541921 02-54192930
Ufficio.Stampa@prada.com

Roberto Cavalli
Roberto Cavalli Benedetta Bizzi
Via San Primo, 2-A, 20121 Milano
02-3968031 02-39680339
Press@robertocavalli.It

Salvatore Ferragamo
Salvatore Ferragamo Italia
Spa Marco Brusamolin
Via Borgospesso, 2, 20121 Milano

02-77111444 02-76004554
Marco.Brusamolin@Ferragamo.com

Salvatore Ferragamo Accessori
Salvatore Ferragamo Italia
Spa Marco Brusamolin
Via Borgospesso, 2, 20121
Milano
02-77111444 02-76004554
Marco.Brusamolin@Ferragamo.com

Versace
Gianni Versace Spa
Isabel Harvie Watt Clavarino
Via BorgospEsso, 15-A, 20121
Milano
02-760931 02-76093244
Press@versace.It

Diseñadores Nueva York

3.1 Phillip Lim
Company: Kcd, 450 West 15th
Street, #604,
New York, Ny 10011
T. 212 590 5100
F. 212 590 5101
Request@kcdworldwide.com

Academy Of Art University
Company: Academy Of Art
University
Contact: Ian Mackintosh
T. 415 618 3849
F. 415 618 3803
Imackintosh@academyart.Edu
Company: Haven Llc
Contact: Meredith Lambert
T. 212 810 4490
F. 212 810 4439
Aau@havenllc.com

Adam
Paul Wilmot Communications
581 6th Avenue
New York, Ny 10011
Contact: Tj Allers
T. 212 206 7447
F. 212 206 7557
Tallers@greatpress.com

Alexandre Herchcovitch Bpcm
550 Broadway, 3rd Floor, *New*

York, Ny 10012
Contact: Fernanda Valente
T. 646 747 3018
F. 212 741 0630
Ahshow@bpcm.com
Www.Bp.fashiongps.com

Allude
Company Agenda
648 Broadway, #705, *New* York,
Ny 10012
T. 212 358 9516
F. 212 358 9523
Allude@companyagenda.com

Andy & Debb
Seventh House
Contact: Matt Kays
263 11th Avenue, 3rd Floor,
New York, Ny 10001
T. 646 619 6842
F. 212 763 8940
Matt@seventhhousepr.com

Anna Sui
Kcd
420 West 15th Street, *New*
York, Ny 10011
Contact: Marissa Menzel
T. 212 590 5100
F. 212 590 5101
Request@kcdworldwide.com

Argentine Designer Collections
Cicognani Communications
Designers: Benito Fernández, Cardón, Eufemia, Fabián Zitta, Min
Agostini, Pablo Ramírez
Contact: Alejandra Cicognani
T. 212 452 1662
F. 212 452 1662
Communications@acicognani.com

Arise African Collective
Paul Wilmot Communications
581 6th Avenue, *New* York, Ny
10011
Contact: Jennifer Nilsson-Weiskott
T. 212 206 7447
F. 212 206 7557
Jnw@greatpress.com

Badgley Mischka
Badgley Mischka

Designers: Mark Badgley And
James Mischka
550 7th Avenue, 22nd Floor,
New York, Ny 10018
Contact: Tara Levy
T. 212 730 0030
F. 212 391 2057
Tlevy@iconixbrand.com

Bcbgmaxazria
Designer: Max Azria
1450 Broadway, 17th Floor,
New York, Ny 10018
Contact: Patrick Mcgregor
T. 212 704 4722
F. 212 398 1142
Bcbgspring10info@bcbg.com

Brian Reyes
Designer: Brian Reyes
304 Hudson Street, 5th Floor,
New York, Ny 10013
Contact: Edith Taichman
T. 212 488 3800
F. 212 488 3804
Edith@brianreyes.com
Hl Group
A. 853 Broadway, 18th Floor,
New York, Ny 10003
T. 212 529 5533. F. 212 529
2131
Brianreyes@hlgrp.com

Calvin Klein Collection
Designer: Francisco Costa
A. 205 W. 39th Street
New York, Ny 10018
Contact: Nacole Snoep
Womensrunwayshow@ck.com

Carlos Miele
Designer: Carlos Miele
Contact: Emilia Cima
T. 646 336 6068. F. 646 336
6690
Emilia@carlosmiele.com
Foreign Press:
Contact: Francisca Macedo
T. 55 11 3488 1339
F. 55 11 3488 1338
Studio@carlosmiele.com
Bpcm
550 Broadway, 3rd Floor,
New York, Ny 10012
Contact: Fernanda Valente
T. 646 747 3018. F. 212 741

0630
Carlosmiele@bpcm.com
Www.Bp.fashiongps.com-
MediareqUests

Carolina Herrera
Designer: Carolina Herrera
Contact: Phoebe Gubelmann
T. 212 944 5757
F. 212 944 7996
Chpress@cherrera.com
Ao Production
T. 212 462 4425. F. 212 462
4426
Carolinaherrera@aoproduction.
com

Cesar Galindo
Cese, Llc
225 West 35th Street, *New*
York, Ny 10001
Designer: Cesar Galindo
T. 212 714 1177
F. 212 947 9063
Abkorine@adkfashions.com
Bluecashew
Contact: Sean B Nutley
T. 845 687 0294. F. 845 687
0326
Sean@bluecashew.com

Chado Ralph Rucci
People's Revolution
62 Grand Street, 3rd Floor,
New York, Ny 10013
T. 212 274 0400
F. 212 274 0448
Requests@peoplesrevolution.
com

Charlotte Ronson
Seventh House
Contact: Matt Kays
263 11th Avenue, 3rd Floor, Ny,
10001
T. 646 619 6842
F. 212 763 8940
Matt@seventhhousepr.com

Chocheng
Shin Advisors, Llc
30 East 76th Street, *New* York,
Ny 10021
T. 212 439 0049. F. 646 390
1690
Chocheng@shinadvisors.com

Christian Siriano
Paul Wilmot Communications
581 6th Avenue
New York, Ny 10011
Contact: Marisa Danson
T. 212 604 9285
F. 212 206 9166
Mdanson@greatpress.com

Custo Barcelona
Asi Marketing
Designer: Custo Barcelona
145 Spring Street, 7th Floor,
New York, Ny 10012
Contact: Minerva Arboleya
T. 212 925 3408
Mini@asi-Mkt.com

Cynthia Steffe
Creative Director: Shaun
Kearney
550 7th Avenue, 10th Floor,
New York, Ny 10018
Contact: Sasha Stiles
T. 212 556 3007
F. 212 302 1254
Sstiles@cynthiasteffe.com
Brand Building Communica-
tions
156 5th Avenue, Ph1, *New*
York, Ny 10010
Contact: Laura Thomas
T. 212 343 8917
F. 212 343 8916
Cs@brandbuildingnyc.com

Davidelfin
People's Revolution
62 Grand Street, 3rd Floor,
New York, Ny 10013
T. 212 274 0400
F. 212 274 0448
Requests@peoplesrevolution.
com

Dennis Basso
Bpcm
550 Broadway, *New* York, Ny
10012
Contact: Kari Talley
T. 646 741 0141
F. 212 741 0630
Dennisbasso@bpcm.com
Www.Bp.fashiongps.com
Mediarequests

Derek Lam
Bpcm
550 Broadway, *New* York, Ny
10012
T. 646 747 3016
F. 212 741 0630
Dereklam@bpcm.com
Www.Bp.fashiongps.com-
Mediarequests

Diane Von Furstenberg
Designer: Diane Von Fursten-
berg
440 West 14th Street, *New*
York, Ny 10014
Contact: Emese Szenasy
T. 212 463 6633
F. 212 741 8273
Request@dvf.com
Kcd, 450 West 15th Street,
#604,
New York, Ny 10011
T. 212 590 5100. F. 212 590
5101
Request@kcdworldwide.com

Dkny
Designer: Donna Karan
550 7th Avenue, 15th Floor,
New York, Ny 10018
Contact: Carla Morte
T. 212 789 1574
Cmorte@dkintl.com

Donna Karan *New York*
Donna Karan International
DEsigner: Donna Karan
550 7th Avenue, 15th Floor,
New York, Ny 10018
Contact: Sarah Lane
T. 212 789 1618
Slane@dkintl.com

Doo.Ri
Kcd, 450 West 15th Street,
#604,
New York, Ny 10011
T. 212 590 5120
F. 212 590 5101
Request@kcdworldwide.com

Duckie Brown
Duckie Brown
Designers: Daniel Silver And
Steven Cox
321 West 13th Street, 3a,

New York, Ny 10016
Contact: Daniel Silver
T. 212 675 8627
F. 212 989 0506
Daniel@duckiebrown.com

Erin Wasson X Rvca
Designer: Erin Wasson
Press@erinwasson.com

Georges Chakra
Onna Group
Designer: Geroges Chakra
Onna Center, Bldg 25, Matar
Abou. Jawdeh Street, Jal El Dib,
Lebanon
Contact: Zeina Adaime
T. +961 4 711 611
Zeina@georgeschakra.com
Rogers & Cowan
919 3rd Avenue, 18th Floor
New York, Ny 10022
Contact: Caroline Curtis
T. 212 445 8447
F. 212 445 8477
Georgeschakra@rogersand-
cowan.com

Gottex
Atelier Creative Services
161 West 54th, 12th Floor,
New York, Ny 10019
Contact: Marla Shavitz
T.212 247 9299
F. 212 247 9298
Gottex@atelierpr.com

Hervé Léger By Max Azria
Designer: Max Azria
1450 Broadway, 17th Floor,
New York, Ny 10018
Contact: Patrick Mcgregor
T. 212 704 4722.
F. 212 398 1142
Hlspring10info@bcbg.com

Isaac Mizrahi
Designer: Isaac Mizrahi
475 10th Avenue, 4th Floor
New York, Ny 10018
Contact: Meghan Horstmann
F. 347 727 2479
Meghan@isaacmizrahiny.com

Jill Stuart
Alison Brod Pr

Contact: Pam Morris
T. 212 230 1800
Jillstuart@alisonbrodpr.com

Lacoste
Designer: Christophe Lemaire
551 Madison Avenue, *New*
York, Ny 10022
Contact: Melissa Little
T. 212 822 6982
F. 212 896 6339
Mlittle@lacoste-Usa.com

Leifsdottir
Designer: Johanna Uurasjarvi
209 W. 38th Street, 7th Floor,
New York, Ny 10018
Contact: Sara Goodstein
T. 646 728 2155
F. 212 431 6086
Sgoodstein@anthropologie.com

Lela Rose
Krupp Group
180 Varick Street, Suite 1010,
New York, Ny 10014
Contact: Sidney Prawatyotin
T. 212 462 4014
F. 212 462 4241
Lelarose@kruppgroup.com

Mara Hoffman
People's Revolution
62 Grand Street, 3rd Floor,
New York, Ny 10013
T. 212 274 0400
F. 212 274 0448
Requests@peoplesrevolution.
com

Maria Pinto
Company: Studio Pr
10 East 38th Street, *New* York,
Ny 10016
Contact: Cara Mccormick
T. 212 696 1321
Rsvp@studio-Pr.com

Max Azria
Designer: Max Azria
1450 Broadway, 17th Floor,
New York, Ny 10018
Contact: Patrick Mcgregor
T. 212 704 4722
F. 212 398 1142
MaxazriasprinG10info@bcbg.com

Michael Angel
Bpcm
550 Broadway, 3rd Floor
New York, Ny 10012
Contact: Kari Talley
T. 646 741 0141
F. 212 741 0630
Michaelangel@bpcm.com
Www.Bp.fashiongps.com-
Mediarequests

Michael Kors
Designer: Michael Kors
11 West 42nd Street, 20th Floor,
New York, Ny 10036
Contact: Leah Jacobson
T. 212 201 8207
F. 646 354 4807
Leah.Jacobson@michaelkors.
com

Milly By Michelle Smith
Designer: Michelle Smith
265 West 37th Street, 20th
Floor,
New York, Ny 10018
Contact: Beth Rothenberg
T. 212 921 7800
Brothenberg@millyny.com

Monarchy Collection
Designer: Eric Kim
2444 Porter Street, Suite M,
Los Angeles, Ca 90021
Contact: Tracie May-Wagner
T. 213 408 0020
F. 213 408 0050
Spring2010@monarchycollec-
tion.com
Mao Pr
580 Broadway, #506,
New York, Ny 10012
Contact: Brynne Formato
T. 212 226 8510
F. 212 226 7559
Brynne@maopr.com

Nanette Lepore
Company: Hood Public
Relations
11 West 49th Street, Suite 3b,
New York, Ny 10025
Contact: Christy Hood
T. 212 932 3615
F. 212 865 9876
Chood2@nyc.Rr.com

Narciso Rodríguez
Pr Consulting
304 Hudson Street,
New York, Ny 10013
Contact: Kate Etter
T. 212 228 8181
F. 212 228 8787
Narcisorodriguez@prconsulting.
net

Nicholas K
People's Revolution
62 Grand Street, 3rd Floor,
New York, Ny 10013
T. 212 274 0400
F. 212 274 0448
Requests@peoplesrevolution.
com
Nicole Miller
Designer: Nicole Miller
525 7th Avenue, 20th Floor
New York, Ny 10018
Contact: Eric Delph
F. 212 391 1349

Pamella Roland
Contact: Kenneth Marks
T. 212 246 7955
F. 212 246 8617
Kmarks@pamellaroland.com

Ports 1961
Atelier Creative Services
161 West 54th, 12th Floor,
New York, Ny 10019
Contact: Marla Shavitz
T.212 247 9299
Xt 10. F. 212 247 9298
Ports1961@atelierpr.com

Ralph Lauren
Designer Ralph Lauren
Contact: Molly Biscone
F. 212 857 2584
Fashionshow@poloralphlauren.
com

Rebecca Taylor
Designer: Rebecca Taylor
Contact: Antonella Spina
T. 212 704 0607
F. 212 704 0628
Antonella@rebeccataylor.com
Laforce+StevEns
132 West 21st Street, New York,
Ny 10011

Contact: Lauren Kanter
T. 212 242 9353
F. 212 242 9318
Rebeccataylor@laforce-Stevens.
com

Rosa Chá
Paul Wilmot Communications
581 6th Avenue, New York, Ny
10011
Contact: Rebecca Goodman
F. 212 206 9166
Rosacha@greatpress.com

Tadashi Shoji
Tadashi Shoji & Associates
Designer: Tadashi Shoji
Contact: Georgia Ganjeh
3016 E. 44th Street, Los Ange-
les, Ca 90058
T. 213 627 7145
F. 213 627 1580
Georgia@tadashicollection.com
Bpcm
550 Broadway, New York, Ny
10012
Contact: Kari Talley
T. 646 741 0141
F. 212 741 0630
Tadashi_shoji@bpcm.com
Www.Bp.fashiongps.com-
Mediarequests

Thuy
Designer: Thuy Diep
Contact: Michael Sambrano
T. 646 429 9521
F. 646 758 8152
Pr@thuyNewyork.com
Krupp Group
Contact: Sidney Prawatyotin
180 Varick Street, Suite 1010,
New York, Ny 10014
T. 212-462-4014
F. 212-462-4241
Thuy@kruppgroup.com

Tibi
Designer: Amy Smilovic
Contact: Liz Walker
T. 212 966 3773
F. 212 966 2961
Rsvp@tibi.com

Tommy Hilfiger
Paul Wilmot Communications

581 6th Avenue, New York, Ny
10011
Contact: Rocco Venneri
T. 212 206 7447
F. 212 206 9166

Toni Francesc
Tony Francesc S.L.
Designer: A. Francesc Ortega
Barcelona@tonifrancesc.com
Feinberg Pr
Contact: Cece Feinberg
T. 212 939 7265
F. 646 224 2271
Rsvp@Feinbergpr.com

Toni Maticevski
Factory Pr
580 Broadway, Suite 600
New York, Ny 10012
Contact: Saba Ebrahimi
T. 212 941 7057
F. 212 941 7058
Saba@Factorypr.com

Tony Cohen
Seventh House
Contact: Matt Kays
263 11th Avenue, Ground
Floor,
Ny, Ny 10001
T. 646 619 6842
F. 212 763 8940
Matt@seventhhousepr.com

Tory Burch
Designer: Tory Burch
11 West 19th Street, 7th Floor,
New York, Ny 10010
Contact: Susie Draper
T. 646 723 6611
F. 646 514 4143
Susie@toryburch.com

Tracy Reese
Laforce+ SteVens
132 West. 21st Street,
New York, Ny 10011
Contact: Lisa Hofstetter
T. 212 242 9353
F. 212 242 9318
Tracyreese@laforce-Stevens.
com

Trias
Company: Paul Wilmot Com-

259

munications
581 6th Avenue, *New* York, Ny
10011
Contact: Jennifer Nilsson-
Weiskott
T. 212 206 7447
F. 212 206 7557
Jnw@greatpress.com

Tuleh
Designer: Bryan Bradley
181 Chrystie Street, *New* York,
Ny 10002
Contact: Marco Cattoretti
T. 212 979 7888
F. 212 979 9997
Info@tuleh.com
C&M Media
307 Seventh Avenue,
Ste. 1801, *New* York, Ny 10001
Contact: Julie Beynon
T. 646 336 1398
F. 646 336 1401
Julie@cmmediapr.com

Twinkle By Wenlan
Laforce+Stevens
132 West 21st Street, *New* York,
Ny 10011
Contact: Lindsey Ridell
T. 212 242 9353
F. 212 242 9318
Twinkle@laforce-Stevens.com

Vassilios Kostetsos
Designer: Vassilios Kostetsos
Contact: Sophia De Ball
T. 210 360 7354
F. 210 364 3902
Info@kostetsos.Gr

Venexiana
Designer: Kati Stern
335 West 35th Street, 8th Floor,
New York, Ny 10001
Contact: Reco Winn
T. 212 629 6868
Reco@katisternvenexiana.com
Company: Communa-K Inc.
123 Bank Street, 380, *New* York,
Ny 10014
T. 212 229 0800

Vivienne Tam
Designer: Vivienne Tam
Contact: Allison Lubin

T. 212 840 6470
F. 212 768 0622
Allisonl@viviennetam.com

Whitney Eve
People's Revolution
62 Grand Street, 3rd Floor,
New York, Ny 10013
T. 212 274 0400
F. 212 274 0448
Requests@peoplesrevolution.
com

Willow
Willow Ltd.
Designer: Kit Willow
Contact: Shay Thomas
Shay@Willowltd.com
Y-3
Designer: Yohji Yamamoto
Contact: Theodora Sopko
T. 212 271 7568
F. 212 271 7591
Theodora.Sopko@adidas.com

Yeohlee
Designer: Yeohlee Teng
Contact: Jackie Rosenthal
Press@Yeohlee.com
Yigal Azrouël
Rsvpyigal@starworksny.com

Glosario

X
Glosario

ACTING. Vocablo utilizado en el argot del campo de las modelos para describir la actitud que éstas deben tener en cualquier trabajo que realicen.

AD HOC. Locución latina que significa «para esto». Se puede traducir en sentido amplio como «específico» o «específicamente». En moda se utiliza para referir un elemento u objeto que se ha realizado específicamente para un uso o *look* determinado.

ALAMARES. Cierre de macho y hembra realizada en pasamanería, piel o cualquier otro material.

 ANKH. Antiguo símbolo egipcio que simboliza la vida eterna y la reencarnación.

ARTY. Vocablo utilizado para designar prendas y accesorios con un alto componente de diseño y vinculación con las artes plásticas.

BALMORAL. Tipo de bota de media caña masculina con cordones utilizadas con *looks* de mañana o tarde.

BANDEAU. Cinta o turbante estrecho para la cabeza aunque también se utiliza para designar una banda de tejido elástico para envolver el contorno del pecho.

BARCROFT. Zapato con las puntas decoradas.

BEEFROLL. Mocasín con antifaz que se caracteriza por tener los bordes del mismo en forma de rollo.

BOATERS. También llamado *canotiers*. Sombrero de paja de ala recta y copa baja rodeada por una cinta.

BOLSILLO CIGARRETE. Tipo de bolsillo en forma de media luna

BOLSILLO TICKET POCKET. Bolsillo pequeño situado sobre el bolsillo inferior de una chaqueta llamado así por ser el bolsillo donde se guardaban los *tickets* o entradas de cualquier espectáculo.

BONDAGE. Del inglés *to bind* o «maniatar», es una denominación aplicada a los encordonamientos eróticos ejecutados sobre una persona vestida o desnuda. En moda se utiliza para referir prendas como ligueros, medias o corsés o para definir el estilo lencero.

BOOK. *Curriculum* visual de una modelo. Recopilación de imágenes publicadas de los diferentes trabajos de aquélla.

BOOKING DIRECTO. Contratación de una modelo que se desplaza desde el extranjero sin haber sido vista en persona por el cliente.

BLUCHER. Zapato de cordones que se diferencia del *oxford* en que la parte lateral del zapato va cosida por fuera de la parte delantera. La lengüeta sobresale. También denominado *Derby*.

BROGUE. Zapato acordonado con decoración de dibujos agujereados.

BUZO. Jersey con capucha generalmente realizado en algodón. También se denominan las piezas de indumentaria de cuerpo entero como por ejemplo los monos masculinos de trabajo.

CACHEMIRA. Tipo de lana procedente de una raza de cabra que vive en la cordillera del Himalaya de excelente calidad muy apreciada.

COLA REAL. Tipo de vestido con cola que arrastra en forma circular varios metros.

COMPOSIT. Tarjeta de presentación de una modelo que resume con una serie de imágenes el *book* de aquélla donde constan además sus medidas y peculiaridades físicas.

CUELLO CISNE. También llamado cuello tortuga.

CUELLO TORTUGA. Forma de cuello que cubre la totalidad del mismo.

CUSTOMIZAR. Modificar una herramienta, objeto o prenda con el objeto de diferenciarla y personalizarla.

CROSS DRESSING. Indumentaria de mujer para hombre o viceversa.

 CRUZ CELTA. Cruz cuya iconografía es una fusión entre la cruz católica y la cultura ancestral irlandesa. Es un símbolo de eternidad.

CHETWYND DE CHURCH. Clásico *full brogue*.

CHORRERA. Volante de pequeño tamaño fruncido o plisado que se dispone en forma de cascada en la pechera de las camisas o en cualquier otra parte del vestido.

CHOMBAS. Polo. Camiseta abierta y abotonadas hasta el pecho con cuello.

CHUKKABOOT. Bota acordonada con suela gorda de goma.

CHUPA. Tipo de chaqueta corta al talle que se aplica a una variada tipología de las mismas como vaqueras, de cuero, etc.

DERBY. Tipo de calzado también denominado *blucher*.

 DIANA MOD. Icono que identifica el movimiento *mod*. Está basada en las siglas RAF (*Royal Air Force*) utilizado en los aviones durante la segunda guerra mundial.

DHOTIS. Especie de taparrabos de algodón propio de la India que se ata a la cintura.

DRESS CODE. Vestidos de *cocktail* con apariencia de costura por el uso de materiales y terminación.

FALDA LAPI. Falda estrecha por debajo de la rodilla.

FAKES. Vocablo que se utiliza para designar lo «falso» con apariencia de original.

 FLOR DE LIS. Es la representación de la flor del lirio. Simboliza realeza.

FULL BROGUE. Zapato *oxford* con punteados y dibujos en la puntera y las alas.

GUARDAPOLVO. También llamado «Polvorino», es una prenda amplia de tejido ligero en forma de abrigo que se utiliza para llevar encima del traje masculino. Tuvieron su auge en los años ochenta del siglo XX.

GLITTER. Palabra inglesa que se utiliza en moda para definir lo «brillante».

HORROR VACUI. Expresión que designa la actitud o costumbre de cargar de adornos o motivos decorativos cualquier superficie sin mesura ni medida.

JARETAS. Costura doble que se hace en la ropa en forma de tablas.

LEGATE. Clásico zapato *oxford* con punteado en las costuras.

LOAFERS. Mocasines.

LOOK. Vocablo utilizado para designar una imagen con un estilo determinado.

 MARTILLO DE THOR. Símbolo del paganismo germano que ejemplifica la fuerza.

MIX. Acción de mezclar.

MONKSTRAP. También denominado *monks*. Zapato con hebillas.

MUESCA. Tipo de solapa cuyos picos señalan hacia abajo.

MUST. Vocablo utilizado para destacar las prendas o accesorios más destacados y requeridos por el público.

OPERA PUMPS. Zapato de charol con lazada utilizada para la ópera o fiestas de etiqueta

OUTFIT. Atuendo completo de una persona.

OVERSIZE. De gran tamaño.

PAILETTE. Lentejuelas.

PATCHWORK. El término designa un tejido compuesto por trozos de tejido cosidos entre sí.

PEA COAT. Tradicional chaqueta naval americana con dos bolsillos exteriores y uno interior abotonada con botones grabados con anclas.

PENNY. Mocasín con antifaz en la lengüeta.

PERICÓN. Abanico de gran tamaño.

PICARDÍA. Nombre que se utilizó en los años 50 en España para describir a un camisón corto.

PIN UP. Es una expresión americana literalmente traducida como «pegar arriba» aplicada a las modelos femeninas guapas y exuberantes que aparecían en los calendarios que se hicieron muy popular entre los soldados durante la segunda guerra mundial.

POLKA DOTS. Lunares.

PLAIN. Zapato oxford clásico con cinco pares de agujeros para acordonarlos y con un fino pespunteado en la puntera.

PLANTIP BLUCHER. Zapato Deby o Blucher cuando lleva adornos.

PLASTRÓN. Pieza suelta que se cose en las prendas. Se suele utilizar para designar un tipo de bolsillo cosido sobre la prenda.

PRINT. Motivo decorativo de diversas formas, estilos y nomenclaturas plasmados en prendas, tejidos y accesorios.

RED CARPET. En inglés «alfombra roja» es una expresión que se utiliza para designar un tipo de vestido de gala o fiesta.

RELOJERO. Tipo de bolsillo sito en la parte superior del pantalón de pequeño tamaño.

RUFFLES. Volantes.

SARI. Rectángulo de tejido que forma un vestido sobre el cuerpo utilizado por las mujeres hindúes.

SHAGGY. Vocablo utilizado en moda para definir un tipo de *look* desgreñado, casual e informal.

SHOWROOM. Expresión que posee dos acepciones en el sector de la moda. Por una parte, designa un desfile de modelos de forma discreta y moderada encaminado normalmente a la venta de una colección a los posibles compradores. Por otra, designa a espacios de muestra de diferentes colecciones de moda y accesorios de diversos diseñadores y firmas, con el objeto de ofrecer el producto a los medios de comunicación y agentes de personalidades populares, con el fin de que éstas los luzcan en diferentes actos de carácter mediático.

SHOPPING. Acción de comprar o visitar un nutrido número de tiendas o *showrooms*.

SKINNY. Adjetivo de la lengua inglesa que se traduce como «estrecho». En el argot de la moda se aplica para designar los pantalones «pitillos».

SLIM. Adjetivo de la lengua inglesa que se traduce como «delgado» o «esbelto». En el argot de la moda se aplica tanto a las personas como a sensaciones y prendas.

SLIPPERS. Son zapatillas de terciopelo con forro acolchado bordada en la pala delantera.

STRETCH. Vocablo utilizado en el argot de la moda para referir lo elástico o ajustado.

TARGET. Segmento de mercado al que va dirigido un bien, ya sea producto o servicio. Generalmente se define en términos de edad, género o variables socioeconomicas. En el argot de la moda se utiliza para designar la franja de edad a la que va dirigido un determinado estilo o prenda.

TASSEL. Zapato con borlas en el empeine

VESTIDO JOYA. Vestido que por sus materiales y terminación adquiere un carácter significativo y deslumbrante.

VINTAGE. Término que designa cualquier objeto antiguo, de diseño artístico y factura de calidad. En moda se utiliza para designar prendas y accesorios de épocas pasadas firmadas por diseñadores reconocidos.

WRAP DRESS. Vestido de corte envolvente.

XL o XXL. Abreviatura de la expresión inglesa *extra large* que define un tipo de tallaje, en este caso «grande» y «extra grande». En el argot de la moda se utiliza como adjetivo para definir prendas, objetos u accesorios de gran tamaño.

Bibliografía

XI

Bibliografía

AMBROSE, Gavin y HARRIS, Paul, *Diccionario visual de la moda*, Barcelona, Ed. Gustavo Gili, 2008.

BANDRÉS OTO, Maribel, *El vestido y la moda*. Barcelona, Larousse Editorial, 1998.

BAUDOT, François, *Moda y Surrealismo*, Madrid, Ed. Asppan, 2003.

————, François, *La moda del siglo XX*. Barcelona, Ed. Gustavo Gili, 2008.

BRAND, Jan y TEUNISSEN, José, *Moda y accesorios*. Barcelona, Ed. Gustavo Gili, 2009.

CAPRILE, Lorenzo, *Vamos de boda: reglas de oro para el traje de novia, madrina y demás invitadas*. Madrid, Ediciones Temas de Hoy, 2006.

CIRLOT, Juan Eduardo, *Arte del siglo XX*, Barcelona, Editorial Labor, 1972.

COLE, Drusilla, *Estampados*, Barcelona, Ed. Art Blume, 2008.

DAVIES, Hywel, *100 nuevos diseñadores de moda*. Barcelona, Ed. Art Blume, 2009.

EDWARDS, Clive, *Cómo leer estampados*, Madrid, Lisma Ediciones, 2009.

FAERNA GARCÍA-BERMEJO, José María y GÓMEZ CEDILLO, Adolfo, *Conceptos fundamentales de Arte*, Madrid, Alianza Editorial, 2000.

FELICETTI, Cinzia, *¡Absolutamente Glam!*, Barcelona, Ediciones B, 2007.

GONZÁLEZ JIMÉNEZ, Pedro, *Escuela de Modelos: manual para llegar a ser modelo*. Córdoba, Editorial Almuzara, 2008.

HALBREICH, Betty y WADDYKA, Sally, *Secretos de una experta del mundo de la moda*. Barcelona, Ediciones Oniro, 1998.

HEBDIGE, Dick, *Subcultura: el significado del estilo*, Barcelona, Ediciones Paidós, 2004.

HENDERSON, Veronique y HENSHAW, Pat, *Mi color perfecto*, Barcelona, Ediciones B, 2006.

LITTLE, Stephen, *Ismos para entender el arte*, Madrid, Ediciones Turner, 2004.

MAENZ, Paul, Art Decó, 1920-1940: formas entre dos guerras, Barcelona, Ed. Gustavo Gili, 1994.

MILLERSON, Gerald, *Técnicas de realización y producción en televisión*, Madrid, Instituto Oficial de Radio y Televisión, 1991.

MULVEY, Kate y RICHARDS, Melissa, *La mujer en el siglo XX: décadas de belleza*, Barcelona, Ediciones Tres Torres, 1998.

OLIVÉ, Elisabet y MONTSE Guals, *Y yo, ¿Qué me pongo?,* Barcelona, Editorial Timun Mas, 2010.

RIVIÈRE, Margarita, *Diccionario de la Moda*, Barcelona, Grijalbo, 1996.

ROCHA, Servando, Agotados de esperar el fin. Barcelona 2008.

ROETZEL, Bernhard, *El Caballero,* Barcelona,1999.

SEELING, Charlotte, *Moda. El siglo de los diseñadores*, 2000.

SENZ BUENO, Silvia, *La belleza del siglo, los cánones femeninos en el siglo XX.* Barcelona, Ed. Gustavo Gili, 2006.

STANGOS, Nikos, *Conceptos de arte moderno,* Madrid, Alianza Editorial, 2009.